刘庆华 主编

坚守与创新

基于区域实践的线上教学研究

山东城市出版传媒集团·济南出版社

图书在版编目（CIP）数据

坚守与创新：基于区域实践的线上教学研究 / 刘庆华
主编. -- 济南：济南出版社，2022.11
ISBN 978-7-5488-5048-9

Ⅰ. ①坚… Ⅱ. ①刘… Ⅲ. ①中小学—网络教学—教
学研究 Ⅳ. ①G434②G632.0

中国版本图书馆CIP数据核字(2022)第227818号

坚守与创新：基于区域实践的线上教学研究
JIANSHOU YU CHUANGXIN：JIYU QUYUSHIJIAN DE XIANSHANG JIAOXUE YANJIU

刘庆华　主编

出 版 人	田俊林
责任编辑	李圣红　陶　静　董慧慧
装帧设计	谭　正
出版发行	济南出版社
地　　址	济南市二环南路1号
邮　　编	250002
印　　刷	三河市同力彩印有限公司
版　　次	2022年11月第1版
印　　次	2022年12月第1次印刷
成品尺寸	170mm×240mm　16开
印　　张	24
字　　数	300千
书　　号	ISBN 978-7-5488-5048-9
定　　价	79.00元

编 委 会

主　　编　刘庆华

副 主 编　武先玲　王梦璐

编写人员　（按姓氏笔画排序）

　　　　　王 凯 王 坤 王 战 刘 琳

　　　　　刘 慧 周恋琦 蔺立华

序

变"应急之举"为"常时之需"

——对当前中小学线上教学的思考

自 2020 年新冠肺炎疫情爆发以来，国内小范围疫情偶有频发，线上教学、居家学习由学生作文中的畅想演变为现实。疫情爆发时期，很多中小学教师尝试探索了丰富的线上教学模式，客观上提升了社会各界对教育信息化的重视程度，加速了教育信息化的发展。疫情常态化时期，线上教学既是抗击疫情的应急之举，也是未来教育信息化发展的必经之路。

一、线上教学的价值彰显

"线上教学"并非全新概念，新冠肺炎疫情爆发之前，多是以慕课（MOOC）、微课等形式开展。疫情期间，直播、点播等大规模应急远程教学应运而生，线上教学形式呈现多音合奏样态。与传统的线下教学相比，线上教学具有不可忽视的优势。

首先，线上教学打破了时空限制，能够实现教育资源的供给创新。在互联网信息技术的加持下，线上教学冲破了教室的场域限制，瓦解了学习资料的时间阻隔，学生能够整合不同时间、不同类型的学习资源，做到随时随地学习。学校及教师突破了教育服务供给的惯性思维，能够充分整合并利用线上教育资源，为学生提供更加智能、便捷和个性化的教学与指导。

其次，线上教学突破了教育资源的流转壁垒，能够优化教育资源结构。线上教学冲淡了教育发达地区与薄弱地区的差距，以更为高效的方式实现了教育资源的共建、共融与共享，使优质教育资源向教育相对薄弱地区输送。网络所能覆盖之处，即为优质教育资源可达之所，这为实现基础教育公平、有质量地发展提供了有力保障。同时，各级教研部门通过组建名师指导团队，开展线上主题教研、集体备课等活动，能够打破区域及学校壁垒，消融各学科教师"教学自立、教学自负，最终导致教学自缚"的局面，实现教师互通、互学，更有利于教师专业素养的整体提升。

最后，线上教学基于数据支持教学决策，能够助力学生个性化发展。目前一些线上教学平台能够实现对学习过程及结果的数据记录，借助全过程、伴随式的数据采集、分析与总结，教师能够更为全面、清晰地掌握学生的学习状态和效果，实现课前精准定教、课中有的放矢、课后及时帮扶，因材施教，促进学生个性化发展。

二、线上教学的现实困境

自启动线上教学以来，济南市各学校及时构建线上教学管理机制，科学合理设置线上课程内容，积极探索线上教学实施策略，线上教学平稳有序开展。但在巡课过程中，我们发现仍存在诸多问题。例如，教师对线上教学资源缺乏有效的二次开发与个性建构；线下教学设计与教学模式被照搬到了线上，师生、生生互动受限，教师运用技术促进学生自主合作与探究学习、支持评价与诊断等方面的探索不够深入，教学效果欠佳；线上教学硬件设备与软件技术难以满足学生的个性化学习需求，等等。此外，随着疫情形势得到有效控制，济南市部分区域学生可自愿参加返校全封闭管理学习或居家线上学习，这意味着教师需要同时兼顾线上和线下教学，同时关注线上和线下学生的学习状态与情绪变化，教学挑战再升级。

三、线上教学由"应急之举"变"常时之需"的现实路径

疫情常态化时期，线上教学对学校教育的影响注定会持续下去，以往线下教学和线上教学相对分离的格局被打破，融合教学出现并兴起。如何适应这种育人新模式，拥抱教育新常态，将线上教学真正由"应急之举"转变为"常时之需"？我们提出以下几点思考。

（一）转变教育教学观念，揭示线上教学基本规律

首先在基础教育课程改革的背景下，树立正确的教育教学观念是有效开展线上教学的重要前提，我们应明确线上教学的最终价值是立德树人。2019年党中央、国务院在《关于深化教育教学改革 全面提高义务教育质量的意见》中指出，坚持立德树人，着力培养担当民族复兴大任的时代新人。线上教学拥有线下所不具备的互联网信息技术优势，其技术性价值应在实现立德树人的终极性价值中彰显，即线上教学应始终秉持育人性，充分发挥资源与技术优势，以实现学生德智体美劳综合素质全面发展。

其次，我们应正确看待线上"教"与"学"的关系。"教"与"学"互为条件，任何一方缺失都会使教学活动不复存在。教学是在教师指导下的学生学习活动，教师是主导，学生是主体，"学"是"教"主导下的主体，"教"是对"学"的主导。线上教学应秉持二主性，在关注学生线上学习过程与效果的同时，也应坚持教师的主导作用，教师的线上教学设计、对教育资源的二次开发与利用质量深刻影响着学生的学习效果。

最后，我们应尝试归纳并揭示线上教学基本规律。线上教学的时空场域与线下教学不同，二者在教学时长、方式、评价及反馈等方面也存在较大差异，线上教学具有独特性。目前，不少区县教育部门和学校尝试探索一些有效的线上教学做法，形成了基于学段或学科特点的线上教学范式，但这些做法与经验仍是相对零散的、个人的，像是一颗颗没有被线穿起来的珠子，缺乏系统性，难以构建起具有普遍指导意义的线上教学体系。我们应深刻认识到线上教学并

非线下教学的简单复制，直播也不是线上教学的唯一选择。我们不仅要洞察线上教学的基本特征，归纳线上教学的基本方法，还要总结线上教学的共性问题，揭示线上教学的基本规律，构建具有普遍指导价值的线上教学方法理论，将线上教学之优势最大化，线上教学之不足最小化。

（二）统筹线上资源开发与利用，构建自主合作与探究学习好生态

当前，国家中小学智慧教育平台、济南市教育资源公共服务平台等为师生提供了丰富的线上教育教学资源，但有教师指出，由于学习时间有限，加之线上教育资源种类繁多，学生自主选择学习的针对性不强、积极性不高，尤其是小学生和初中生。这不仅强调了教师对线上教育资源进行优化整合和二次开发的重要性，还促使我们关注一个更为深刻的问题——线上教育教学资源如何才能服务学生自主学习，构建学生的自主合作与探究学习的良好学习生态。

在资源平台建设方面，应进一步统筹线上教育资源平台建设，研究并制定济南市线上教育教学资源质量评价标准。按照"整体统筹、层级建设、体系融合"的平台建设思路，充分发挥各层级线上资源平台的优势，实现各类线上资源的相互补充、相互支撑、相得益彰。基于2021年教育部等五部门印发的《关于大力加强中小学线上教育教学资源建设与应用的意见》，我们要进一步规范济南市、各区县及学校资源平台建设，立足国家和省市平台资源，开发校本课程和地方特色课程资源，避免重复开发、资源浪费，发挥线上教学资源平台的整体效益。同时，制定济南市线上教育教学资源质量评价标准，始终把好政治关，保证科学性，突出育人性，引导建设系列化、规范化和精品化资源，充分发挥评价标准对教师教学的示范引领和导向作用。

在资源内容方面，应统一思想与标准，重视电子教材建设，构建学生自主学习清单。当前的线上资源多以课堂教学实录为主，从实践的角度来看，学生缺乏自主筛选资源的时间与能力，因而其适用主体更倾向于教师而非学生。由于缺乏相应的学习资料，教师的教学课件或网络版教案成为学生学习的主要依

据。很多粗心的学生常常丢失纸质版学案资源，因此教师通常会在授课中将内容粘贴到屏幕上，或通过人人通等平台将电子版材料发送给学生。教师们探索出的好的做法在一定程度上能够提高教学效率，但缺乏系统的学习资源显然不利于学生的自主性、个性化、探究性学习，长此以往也会加重教师的负担。因此，我们应重视线上电子教材建设，在开发课堂教学实录的同时，着手研究构建学生自主学习清单，充分发挥网络信息技术优势，满足学生自主探究、个性化学习需求，助力教师分层教学。

此外，还应不断加强线上教育教学资源建设队伍的培养。一方面，要致力于打造一支懂教学、会技术的线上资源研发骨干团队，定期研发更新资源，保证线上教学资源开发与课程教学实施同步，资源内容与时俱进；充分发挥骨干团队的引领与带动作用，积极推动信息技术与学科教学的深度融合、创新实践。另一方面，以济南市教育教学研究院为引领，开展诸如"线上＋线下"混合式教学模式与策略系列研究、主题研讨、典型经验交流、优秀成果提炼推广等活动，为教师提供系统化、科学化的线上教学指导，提升教师优化整合与二次开发线上资源的意识与能力。

（三）充分发挥名师瀑布效应，实现教师信息素养新突破

近年来，我国高度重视教师信息技术应用能力的建设。2014 年，教育部发布《中小学教师信息技术应用能力标准（试行）》。2019 年，教育部计划实施全国中小学教师信息技术应用能力提升 2.0 工程（简称"2.0 工程"），提出了"教师三十个能力点"的建设内容与评估思路，鼓励教师探索线上教学，引导教师提升在线教学能力，以整校推进和校本教研的形式推进教师全员能力提升，推进线上教学常态化应用。疫情期间的大规模线上教学无疑为"2.0 工程"的推进提供了良好的基础，有的教师游刃有余，但有的教师仓促应对，难以适应，教师的信息化能力尚有很大的提升空间。

一方面，应精准定位教师培训，系统、有序地推进"线上＋线下"混合教

序

学的常态化发展。由于教师应用软件技术能力不佳而影响线上教学质量的状况屡见不鲜，"2.0 工程"提醒我们只关注教师的信息技术硬件能力远远不够，提升教师的软件能力势在必行。我们应组织教师认真学习并研究"2.0 工程"内容，充分调研了解教师的信息技术能力现状、特点及发展需求，制订具体可行的培训实施方案，采用分阶段、分批次、分主题等形式系统地、有序地推进教师培训，促进混合教学常态化发展。另一方面，充分发挥优秀教师线上教学能力的"瀑布效应"，成立教师智囊团。有不少教师在线上教学中表现突出，能够快速适应线上教学环境，信息技术使用得心应手，教学形式灵活多样，教学资源整合利用高效，学生的线上学习效果突出。我们应充分借助这一批优秀教师群体的力量，通过开展教研活动、组建工作室或工作坊等形式逐步影响和带动更多教师参与线上教学形式创新、线上教育资源研发，促进整个教师群体的共同发展。

（四）构建教育教学大数据平台，打造现代智慧教研新环境

2022 年线上教学重启以来，在济南市教育局统筹协调、各部门通力配合下，济南市教育教学研究院出台了"线上巡课 12 条"，制订了特色线上学习指南，拿出了线上教学提质增效的"济南方案"。各级学科教研员化身"插班生"，拿着课表"推门"进入全市各个区县的不同班级巡课，洞察线上教学问题，发现典型优秀做法。同时，通过定期线上教研活动、线上磨课等活动引领教师共同探索线上教学新方法，教研员及教师们的努力无疑为打造现代智慧教研新环境开了一个好头。未来，济南市教育教学研究院将致力于建设数字教研中心，创设全方位、立体化的数字教研环境，不断完善提升网络教研平台功能；发挥基础教育教研基地、学科教研示范校的引领、辐射与带动作用，开展以育人发展为目标、学科教学为依托、混合式教研为路径的各类主题教研活动；探索构建智慧教研新模式，借助大数据等信息技术，积极构建济南市教育教学大数据平台和教与学诊断系统，使线上教研活动更具科学性、针对性和有效性，使智

慧教学研究更加规范化、体系化。

（五）优化网络基础设施，丰富在线教育平台功能

当前，济南市绝大多数中小学校实施线上教学的软件以钉钉和腾讯系列为主，这两类软件最大可能地迎合了一般化的线上教学需求，但其功能与特点不同，教师一般会综合应用多种软件或工具开展线上教学。此种举措虽然在短时间内能够应线上教学之急，但难以成为长久之计。各类软件频繁切换，操作流程繁琐复杂，教师、学生甚至是家长都难以负荷。"一家三口六点半准时起床，就是为了迎接女儿八点开始的期中考试，非常无奈！钉钉群监考，人人通APP答题卡，有些题需要在答题卡上直接做，有些题需要将答案写到纸上再一道题一道题上传。不仅同时用到2台甚至是3台设备，还需要家长帮助孩子上传答案，稍微弄不清楚流程，孩子就会没有成绩。"（摘自网名为"胖媛儿YYW"2022年5月8日的微博）不仅如此，此类由企业开发的免费软件不仅以公开学校的整体教育数据为代价，获取的学生数据也缺乏系统性、连贯性。学校及教师不具备积累、分析、利用平台数据的主导权，这其实阻碍了信息技术赋能学校教育的最大化。

基于此，一方面，我们需要深入分析线上教学需求，制订科学的线上教学"济南方案"，积极寻求企业优质资源的支持与网络信息技术合作，依托济南市教育资源公共服务平台，综合分析各类软件优势，深入研发集课前预习、线上学习、课后复习、作业任务清单、考试评价反馈等多功能于一体简单易操作的线上教学平台，避免教师和学生多软件、多设备的频繁切换，实现教师的教学数据和学生的学习数据系统化、过程化、可视化，提供基于学情画像的高质量学习资源供给和个性化服务。另一方面，我们应积极争取政府对教育系统优质网络资源等硬件的支持，保证教育系统在任何情况下都能够使用较好的网络通道与资源。加快技术迭代步伐，加快教育网络陈旧设施改造。加强市、区县和学校基础网络、数据机房、云服务、视频会议系统的运行维护和安全保障，

序

做好网络运行分析检测，及时处置相关问题，为线上教学提供稳定可靠的网络空间与环境。

（六）丰富家庭教育指导方式与服务内容，打造新型家校共育共同体

传统的线下教学往往被学者们描述为"黑箱"，"黑箱"之外的人对于其中发生的一切不得而知。线上教学一定程度上破除了"黑箱理论"，家长或多或少地参与到教学中来，近距离且全程监督学生学习。尤其是对小学生和初中生而言，他们尚不完全具备脱离真实的课堂情境独立学习的能力，其学习意识和行为更多地需要在教师及家长的共同约束下产生，家庭环境的重要性愈发凸显。然而，线上教学并未能完全改变家长的教育理念与教育行为，家长依然存在的教育焦虑与不当的教育参与方式极易使学生产生负面情绪，造成学生学习倦怠，不利于线上教学的良性开展。如何在原有家校合作的基础上，借助信息化、智能化技术重塑家长角色，打造新型家校协同共育模式，是我们的工作重点。

当今社会，教育竞争越来越激烈，教育压力只增不减，大部分家长在不同方面表现出不同程度的教育焦虑，如升学择校焦虑、孩子未来发展焦虑、亲子互动焦虑等。疫情常态化时期，教学方式的骤变更是让家长措手不及，对信息技术支持教育缺乏了解无疑加剧了家长的教育焦虑。一方面，我们应充分利用"泉家共成长"家庭教育平台、线上家长学校及线上家长会等形式提供家庭教育指导与资源推送，尝试构建"线上＋线下"混合家长学校模式，扭转家长的教育理念，重塑家长教育角色。另一方面，我们应考虑借助网络信息技术手段减轻家庭教育负担，通过信息技术实现学生学情数据家校共享，为家长的教育参与提供数据支持。这不仅能够实现家校精准协同共育，还能帮助家长认识并能深刻理解教育中正在发生的信息技术革命，有助于家长信息素养的提升。

刘庆华 / 济南市教育教学研究院党委书记、院长

目录

第一章

线上巡课　把控方向
——济南市教研巡课实录与学习指南

　　编者按：线上教学是抗击疫情的必然之举，亦是教育的责任担当。它是当前一线教师教育教学能力提升的"必修课"，也是未来教育与信息化融合发展的"必选项"。新冠肺炎疫情发生以来，济南市教育局统筹协调，各部门通力配合，家、校、社多方合作，济南市线上教学少了曾经的忙乱、焦虑，短时间内便趋于平稳、理性。

　　教育教学研究从来都是在实践中思索、在思索中改进的螺旋上升过程。作为教学的研究者、服务者和指导者，济南市各级教研员第一时间走进线上班级，深入线上课堂，开展线上教研。线上巡课成为日常，网络教研成为常态。

　　对于教学管理者来说，"巡课"一词久已有之，《说文解字》中说，"巡，延行貌"，本义为周行察看。"周行"，就要走遍角角落落，巡看方方面面；"察看"，就要仔细观察、且察且思。巡课，既要巡管理、看机制，更要察课堂、究学理；既要找经验、看问题，也要提建议、明方向。同时，我们也注意到，线上教学蕴含着教育创新和教学改革的契机，它让教育更有力量；线上巡课开创了另外一种教育教学研究方式，它让研究更有温度。

第一节　学科线上巡课实录

济南市初中道德与法治学科线上教学巡课录

初中道德与法治学科是"立德树人"的关键课程。各位教师积极主动适应疫情形势下教学方式的转变，精心备课，认真上课，充分利用各种信息手段助力课堂教学，线上教学亮点凸显，主要表现在以下几个方面：

一、重视集体教研，提高备课实效

学科组充分发挥备课团队的集体力量，根据线上教学实际情况加强集体教研，围绕教学设计、作业设计、资源改编、质量提升等开展研讨。集体备课基本做到了"四备"：备教材，认真研究教材，理顺教学主要内容及重难点，精心设计适合线上的教学活动，启发学生思维，促进课堂生成；备学生，研究学生居家学习情况及心理状态，及时发现线上教学存在的问题，帮助学生解决线上学习的困惑；备教法学法，根据线上教学实际情况选择合适的教学方式和教学方法，及时予以学生线上学习的方法引领；备流程，不断熟悉利用软件进行线上授课的流程，提前熟悉课件及教学内容，进行模拟授课，为线上教学做好充分准备。

线上集体备课打破了地域时空的界限，方便了不同区域间的教学交流。4月份，天桥区联合南山区进行了一次横跨泉城南北的线上联合集体备课。为了开展本次线上集备，两个区的教师们组成合作研讨小组，在组长的带领下分工合作，完成初步的集备。线上研讨中，主持人主备并牵头做好协调工作，教师们围绕热点专题展开研讨，各抒己见，集中智慧。共享屏幕及时标注并展示集备建议，让参与教师的思维紧跟集备的研讨过程。充分的准备和针对性的研讨避免了时间浪费，提高了集体备课的效率。

二、关注时政热点，增强课堂时效

道德与法治课程以社会发展和学生生活为基础，立足于发展学生核心素养，引导学生逐步形成正确的价值观、必备品格和关键能力。在教学内容及素材的选择上要体现社会发展要求，以学生的真实生活为基础，坚持学科逻辑和生活逻辑相统一，增强内容的针对性和现实性，突出问题导向，正视关注度高、涉及面广的问题，引导学生发现问题、分析问题、解决问题，提升道德理解力和判断力。在巡课中，我们发现教师们在线上教学中通过"时政播报"等教学环节，将"冬奥精神""社会动态清零""国家安全日教育"等时政热点引入课堂，引导学生关注社会生活，聚焦社会热点，观察体验并深入了解真实的社会大课堂，增强了课堂教学的时效性，让线上的思政小课堂与社会大课堂同频共振，提高学生的思辨能力，让学生学会运用所学内容解决社会生活中的真实问题，增强社会责任感，厚植家国情怀，充分发挥了道德与法治这一学科的育人功能。

三、整合教学内容，培养思维能力

线上教学课时一般时长较短，结合初中学生学习专注力和思维力的特点，教师们在授课中注重整合教学内容，进行大单元或单元整体教学设计，注重构建思维导图，引导学生理解并掌握教材核心内容，通过聚焦生活主题、创设多样化的教学情境，引导学生开展自主探究，在感悟中认识社会、学会做事、学会做人；让学生在发现问题、解决问题的过程中培养思维能力，在思考、讨论、交流中生成新知、培养能力、升华情感，形成正确的价值观、必备品格和关键能力，并引导学生内化于心、外化于行，效果突出。

四、改变教学方式，注重课堂互动

不同于面对面的课堂教学，线上教学属于虚拟课堂，所以不能将线下教学方式简单地搬到线上，教师要及时改变教学方式。巡课中，我们发现有的教师讲课情绪饱满，态度自然，及时关注学生的课堂学习情况，上课节奏紧凑；课堂语言讲解清晰，指令语简要明确，条理清晰，语速适中，必要时有停顿，保证学生有时间内化和思考，这些做法很好地提升了线上教学的效果。同时，线上教学受时空限制，师生互动受限，教师要采用多种方式增强课堂的互动性，让学生能始终参与课堂学习。教师要精心设计教学互动问题，通过问题链带动学生积极思考，并积极尝试课堂举手抢答、点名连麦、投票、答题卡等方式，让学生参与课堂互动，提升线上教学的实效性。

五、开展多元评价，激发学生兴趣

线上授课隔着屏幕，拉开了师生的课堂距离，往常课堂上鼓励的眼神、期待的微笑、微微点头的肯定等及时回应的课堂评价在线上教学中难以发挥作用。在线上教学中，教师们注重通过鼓励性的语言对学生的课堂学习表现进行评价，坚持"点多面广、积极评价"的原则，采用定期表彰、线上颁奖等形式激励学生，调动学生参与线上学习的积极性。同时，教师也要不断探索开发更多的评价方式，重视过程性评价，既要关注学生的学习结果，也要关注学生的学习过程，发挥评价对学习过程的导向性作用，提高学生解决问题的能力；探索增值评价，关注学生思想品德的发展和进步，注重对学生的激励。采用多元化评价，从评价方式上采用自评、互评等多种形式的评价；从评价内容上既关注对学习内容的评价，也要关注对学生学习态度和方法的评价，以评促学，引导学生在获得知识、技能的同时，养成自主学习的能力。

在巡课中，我们也发现线上教学面临以下问题，制约了线上教学的效率。主要表现在：第一，有的教师缺乏创新，只是将原来的线下教学简单地搬运复制到线上，形式比较单调，导致学生对课堂兴趣不足。第二，线上教学缺乏有效的互动，教师化身"主播"后，不知如何与学生进行互动交流，导致整个线上教学过程过于沉闷，影响课堂即时生成。第三，在开展线上教学时都是采用网络直播软件，有的教师信息素养不足，在线上教学过程中直播软件或硬件出现故障，导致手忙脚乱，影响线上教学效果。我们要认真反思总结线上教学存在的问题，积极改进，真正实现课堂教学的提质增效。

第一，转变教育观念，优化教学方式。从教育理念上来看，一些教师还没有根据线上教学的特点，及时调整教学思路、提高教学效率，仍然延续着以往的"知识为本"的传统观念。线上与线下的学习环境不同，教师要选择适合的线上教学方式，不断创新教法，要改变一讲到底的做法，为学生创造思考和体验的机会，鼓励学生参与；要重视活动情境等的直观呈现，让学生便于理解，吸引学生的注意力，优化线上课堂的体验，激发学生的学习兴趣和动力；还要关注学生的即时反应，随时调整教学进度，利用各类平台功能对学生进行指导或是反馈，必要时提供示范。

第二，关注学法指导，提升教学实效。线上教学期间，学生和教师居家学习和网上授课，教师从以往面对面、手把手的"给予者""控制者"转变为信息技术教学环境下的"引导者"和"激发者"。但初中学生自制力有限，有的缺乏学习自觉性，特别是在没有家长监管的情况下，不按时上线学习，或者中途离开，甚至在网上聊天或玩游戏的现象也时有发生，这使得线上学习效果大打折扣。所以教师要发挥成长导师的作用，鼓励学生组建"学习共同体"，鼓励和督促学生开展"小组学习""自主学习"，帮助学生在自主自律、独立思考、交流合作中学会学习，收获成长。

第三，创新作业设计，实现减负提质。在科学设计作业的前提下，教师要丰富作业形式，不断优化基础性作业的设计，还要关注作业的实践性，适当尝试跨学科或项目式作业。线上教学期间，教师要指导学生通过作业养成合理安排时间、及时订正、记录问题、梳理知识、主动提问和虚心求教等习惯，培养学生自主学习的能力；要积极探索运用信息技术手段，对学生的作业情况和结果进行归类整理和记录，分析作业目标的达成情况，关注学生个体间的差异，深入了解作业问题产生的原因，采取集中讲评和个别辅导相结合的方式进行作业反馈，对学生普遍存在的问题进行分析，引导学生梳理知识，提炼解决问题的方法和思路，解决共性问题；对需要进一步帮助的学生可以开展点对点的线上交流，进行个别讲解和答疑，真正实现减负提质。

总之，在接下来的线上教学过程中，教师要努力找准线上教学的契合点，探索适合线上教学的有效路径，切实提升线上教学实效，助力学生健康全面发展。

左霞 / 济南市教育教学研究院

增减之间：线上教学激发学生学习主动性策略建议

2022 年 3 月底，师生再次相聚云端，线上教学又成为课堂的主阵地。独居一隅，面机而学，面机而教。少了校园里琅琅读书声，少了课堂上精彩发言的鼓掌声，少了课堂上伙伴的合作探究，课堂教学的仪式感和面对面学习的氛围感削弱，这对教师教学、学生学习习惯和学习能力再次提出了新的挑战。

按照济南市教育教学研究院的工作部署，教研员深入学校直播课堂，开展线上巡课指导。

巡课伊始，我就发现相较于 2020 年初，此次线上教学更加从容且科学。教学资源准备充足，学习终端安装齐备，以学生为本，科学灵活安排课程实施内容及形式；教师教学方式呈现多样性，直播方式更加丰富，学生学习的自律程度有所提高。但线上教学因互动性受限而容易出现的"一言堂讲座"式现象、学生学习自主性不足现象还没有得到很好改善。因为学生课前准备学习用品、课堂专注力、做课堂笔记、课后及时完成作业等学习自主性参差不齐，导致教师把握不好教学节奏，影响课堂教学效率。学生学习的主动性成为获得线上良好教学效果的关键。因此，此次语文学科巡课过程中，我重点关注了一个维度——如何处理好"教"与"学"的关系，如何充分发动学生学习的主动性。

为激发学生学习主动性，提升线上教学效果，在广泛巡课、深入思考的基础上，我总结了以下建议。

一、减少在线时间，增加自主学习时长

考虑到学生的身心健康，每时段的教学活动时间要控制在 25—30 分钟，减少在线时间，增加学生的自主时间。教师要学会赋权，充分重视培养学生自主学习的习惯。建议可以布置基于课堂教学目标的梯度性预习任务单，给学生搭建学习支架，促进学生思考、发现和质疑，培养学生独立学习的能力；优化

形式多样的作业，基础型、拓展型作业相互补充，培养学生的自主反思能力；设置丰富多样的语文实践活动，引导学生在生活中学习语文，鼓励学生主动学习。如私立济南齐鲁学校的"预习任务单"和"学生自学质疑问题清单"，图文并茂，以激趣和促进为出发点，鼓励学生自主学习；济南市济阳区澄波湖学校的语文实践活动应时应景，设计综合性实践活动，让学生体会到语文的外延就是生活。

二、减少课堂容量，增加思维含量

线上学习中，学生专注度持久性不足较线下教学更为明显，而语文学习的内容广而博，要保证良好的学习效果，就要求教师精简学习内容，重在提升学生思维能力。建议教师精研教材，融合教学内容的核心知识和预习中学生的困惑点，确定教学重难点，一课一得，得得相连；课堂教学要聚焦内容，以基于目标的核心任务驱动学生学习，设置生动活泼的教学和学习情境，增加挑战性任务，设计给予更多空间的表现性任务，激发学生自主思考，发展与提升学生的思维。如各区各校开展各种层次的线上教研活动，交流线上教学心得，精心挑选教学内容，统一教学进度；济南外国语学校的单元导航式教学设计，基于学科核心素养和单元教学目标，给学生提供了明确的任务单，引导学生在实践中逐步提升素养。

三、减少静态设计，增加互动生成

受交互性限制，线上教学容易出现单向性输出，以教师讲解为主，而语文教学更应该是交流的艺术，因此要杜绝教师长时间静态独白，增强在线教学的多变性与抗干扰性。建议利用连线、留言板等方式，增加与学生的互动；采用线上诵读、诗词接龙、讲题大赛、练字展览等方式，增加知识的生成性；灵活穿插微视频学习、聊天群内学习等方式，增强学生学习的积极体验，保持学习主动性。如济南外国语学校的"李勇QQ群"，即时解答学生疑问，发起"足不出户游明湖"活动，开阔了学生的视野与心胸。

四、减少模糊评价，增加精准评价

线上教学可以实现便捷的数据采集和多个教师的同时授课，借此优势可以增加教学评价的精准性。建议课前采用问卷星等方式对学情进行精准把握；课堂中利用各平台或软件的答题卡、投票等现场统计性功能，增强评价的及时性；课后利用后端大数据，对学生的参与度和学习效果等进行分析。建议运用"双师"课堂和"双屏"形式，主讲教师和助讲教师相配合，教师展示屏和学生听课屏相补充，时时观察，以增加过程性评价的精准度。通过科学评价让学生精准把握自己的学习现状，明确自主学习努力的方向，自主规划改进学习的解决方案。济南第六十八中学在线反馈学生学习效果，总结精准，反馈及时；商河县第二实验学校的"双屏"课堂和济阳澄波湖学校的"双师"课堂让教师能够精准把握学生的课堂反应，特别是捕捉学生微表情下的学习状态，发挥了线上教学的优势。

五、减少无序指令，提高教学效率

受网络影响，线上教学易产生网络迟滞；学生的学习能力不同，教师组织课堂耽误时间太多，会导致课堂节奏失调。建议教师课前发出课堂明白纸，提醒学生准备课堂所需资料；师生要有共同明确的时间轴，上课过程中因时有机调整；师生互动，教师表述要简洁明晰，有明确的指令，让学生知所从来，知所要去，以提高教学效率，把控总体教学进度。如济南市历城区初级实验中学语文教师为让学生熟练使用钉钉软件，制作了明白纸视频，课堂上也给学生下达明确的任务指令，兼顾了学习自主性不足的学情。

六、减少孤单感，增加学习氛围

线上教学处于时空的隔离状态中，而初中生需要更多的面对面交互或群体活动来获得认知发展，教师要积极营造共学的氛围，帮助学生减少孤单感和焦虑。建议教师课前给学生一些引导语和正能量，给学生鼓励、支持、包容；采用连麦、录音等多种方式让课堂响起读书声、讨论声；采用学习共同体等合作方式，课上组组互动、竞争合作，课下组内主动活动、互相提醒，时时有思维碰撞，让每位学生都能够享受到自主学习和合作学习的乐趣。山东大学附属中学的"线上共同悦读"时光活动，济南市莱芜高新区实验学校的"见你，见我，见你我"活动，山东省济南第十四中学组织的晨读、自习活动，都营造了共读共学氛围，调动了学生自主学习的积极性。

此次巡课，我们见证了济南市初中语文人助力学生成长的努力，用行动为战"疫"奉献力量与担当。线上教学已由新技术走向常态化，但是教育的初衷不改，要聚焦育人方式改革的要求，重建教学价值观，重组教学结构，重调教学程序，重构教学文化。这一切，都应该以激发学生自主学习、主动学习的兴趣为基点，用好"增"和"减"，让学生无论何时何地，采用何种方式，都爱学习、会学习、学好习。

齐好芝 / 济南市教育教学研究院

四个目标 四个提升 四个转变

"草长莺飞花开日，最是人间读书时"，但突如其来的疫情改变了教师的教学方式、学生的学习方式。为贯彻落实济南市教育局"停课不停学，在线不减质，居家不降效"要求，济南市开启了线上教学模式。通过近期的初中数学线上课程，教师认真揣摩学生心理特点，不断学习优秀经验，反复改进教学方式，使线上课堂呈现百花齐放的美好景象，亮点频现。

一、实现四个目标

（一）家校师生协同化

针对本次线上学习，学校和数学组注重系统谋划、整体设计，注重发挥家校协同、师生联动的合力。为确保教学效果和教学质量，在各区县教育教学研究中心的提前谋划下，数学组积极组织教师进行线上教学模拟演练，统一了授课软件、流程、评价、指导等线上教学基本要素，争取让学生"坐得住，听得进，学得好，有实效"。在线上教学进行一段时间后，又及时召开统筹协调会，全面听取学生、教师、家长各方面的意见，及时调整方案，迅速构建了家校两地协同、师生云端联动、环节衔接顺畅的线上教学环境。

（二）教学组织闭环化

本次线上学习中，数学课的教学流程清晰完整，包括网络课程资源准备、线上集体备课、平台软件选择、课堂教学签到、课堂直播互动、分层作业布置、课后个性辅导、线上巡课观摩八个环节，组成了完整的教学组织闭环。为了落实"双减"政策，数学教师还特别注意课后作业分层布置、全批全改，注重作业反馈的有效性。针对专题复习、作业、检测中的典型问题，采用集中讲评方式，注重剖析本质、总结归纳、变式拓展；个别问题个别辅导，要分析学生出现错误的原因，注重疑点启发、方法引导、反思领悟，保证了线上教学的质量和效率。

（三）精品资源体系化

精品资源是线上授课的质量保障。数学学科资源品种丰富多样，最常规的是"一案三单"，即学习经历案、预学单、探究单和检测单，还有教学课件、微课、视频课辅助教学资源等。济南市教育教学研究院组织数学名师开发了覆盖三个年级的包括国家基础课程、初三复习专项课程、特色课程在内的"居家学习"助学课程资源，其中特色资源，如"树海拾贝""数学史话"等，受到学生的喜爱和好评，点击率高。大部分教师在进行线上授课时，对教学资源进行二次开发，实现了资源校本化、特色化，适合学情，针对性强。这些体系化的精品资源保障了教师有选择地教和学生有选择地学。

（四）教学方式多样化

为了提高学生学习的主动性和注意力，教师们用多样化的教学方式打造了趣味课堂。有的数学教师在授课时，要求学生全员全程打开摄像头，营造和谐的课堂氛围，全程把握学生学习参与情况。有的教师通过提问、学生"上台"讲演等方式增加与学生的互动；通过积极挖掘答题卡、几何画板、问卷星等工具的功能，让学生保持活力，积极参与到课堂中来；通过钉钉课堂的"递粉笔"功能让学生成为课堂的主人。有的班级还采用"双师+N"的教学形式。

在巡课过程中，我们也发现了线上授课不同于线下课堂的一些新问题，在今后的线上教学中，教师们需要实现四个提升、四个转变。

二、实现四个提升

（一）提升数学学习目标的达成度

巡课中发现有的课堂过程性目标达成度不高的问题，我们建议教师在线上教学时进一步提升学习目标的可测量性和可操作性。例如在图形与几何领域，很多几何性质需要进行实验探索和证明，实验探索则需要学生通过量一量、剪一剪、折一折等活动来完成，这需要教师提前布置好活动，还要利用直播活动来展示学生的活动过程；在统计与概率领域，教师需要在课前让学生完成数据的收集和整理。这些过程性目标都需要我们挖掘和使用线上教学的技术来完成。

（二）提升数学课堂的活动性

初中数学教学提倡"动手实践、自主探究、合作交流"的学习方式，依据巡课中发现的线上课堂活动性不强的问题，建议教师们增强活动设计。尤其是生生活动，需要教师更具匠心地设计，如可以将学生分组建群，在小群中进行生生联系和活动，通过微信的群视频功能，学生可以在家共享学习的实时情况，达到互动的目的。当然，很多授课平台也有类似的功能，如果教师充分挖掘，会找到更多有效的组织教学活动的方法。

（三）提升数学评价的精准性

线上学习还要进一步提升教学评价与反馈的精准性、及时性。很多平台能将学习过程、教学活动形成过程性数据记录，通过全过程、伴随式数据采集和分析，实现课前精准定教、科学定制日常教学。很多授课平台（钉钉、智学网等）也有布置在线作业的功能，教师可以将平台上丰富的试题资源布置给学生，学生在线提交后，教师第一时间收到平台的反馈，并收到学生答题的大数据，甚至可以根据学生的答题情况，进一步布置补偿练习，实现精准评价的目的。

（四）提升学生学习的自主性

通过对部分中小学线上教学情况的调查发现，当前最主要的线上学习方式是直播，纯直播线上教学占比达 71.8%，但学生最满意的学习方式排在第二位的为资源包学习（即教师提供资源，学生自学，不正式上课），教师负责答疑解惑。调查问卷显示，38.2% 的学生认为居家学习期间最需要的学习工具是纸质教材和资料，其次是电脑（33.9%）、手机（19.1%）。上述两项调查说明，线上学习并不等同于线上上课,学生居家学习最大的特点是学习的自主性增强，学习时间安排的自主性加大。如何提高学生的"学习能力"，如何使学生"学会学习"，是教育急需转型和思考的问题。

三、实现四个转变

（一）贯彻"双减"，实现由"线下"到"线上"的转变

线上教学仍然要坚持贯彻"双减"精神，严格控制好线上学习时间，关键抓好三个提高，即提高线上课堂质量、线上作业设计和线上反馈辅导。习题的质量是提高作业和课堂教学效率的关键。因此，设计的数学习题要体现基础性、典型性、拓展性和应用性。课堂教学环节要上好解题教学课，充分利用有关软件的功能，做好个性化辅导，切实巩固好线下"双减"的阶段性成果。

（二）数学教学实现由"数据"到"数智"的转变

平台让"云"资源变成可用的数字化资源，去适配每一个学生的"端"。我们要借助本次线上教学，充分挖掘大数据对教学的助力，利用好平台的数据化分析功能，通过多种数据了解学生掌握知识的程度，使数据成为发现学生问题的起点，根据问题利用智慧云平台智能推送个性化的问题解决方案，实现教学由数据化向数智化的转变。

（三）教育信息化实现由"应急"到"常态"的转变

从线上教学实践情况来看，济南市并不具备全员在线教学能力，但"停课不停学"形成了一种全员倒逼机制，大多数教师都面临着教育技术应用的现实挑战，边学习边实践，边反思边提高，在实战中学习，在学习中提高，这是中小学教育技术应用最现实、最有效的推广路径。广大中小学要把教育技术的应用提高作为这次抗击疫情过程中教育变革的一项重大任务，让广大教师从不会到会、从不适应到适应、从适应到习惯，推进基础教育高质量发展，共享优质教育资源，以信息化助力教育现代化。疫情给教师们提供了探索应用信息技术、变革教学方式的机会，我们要转危为机，把因疫情而开展的应急行动转变为今后开展信息化教学的常态化手段。

（四）教育方式实现由"学校"到"家校"的转变

常态环境下，家庭教育是学校教育的根，是学校教育的基础，学校教育是家

庭教育的延伸和扩展。而在居家学习环境下，家庭教育与学校教育成了平等的合作者，家校合作共育是学生居家学习的可靠保障。通过对学生的问卷调查，我们发现在课程设置、学习资源、学习平台、家校支持四个影响居家学习满意度的因素中，学生对家校支持的满意度最高，95.7%的学生对教师责任履行感到满意或非常满意，83.6%的学生对家长给予的辅导和帮助感到满意或非常满意。这说明居家学习中，教师仍然发挥了积极作用。同时，仍然有必要加强家校合作，调整家校携手育人新形式，真正实现由"学校＋家庭"教育向"家校共育"的转变。

　　暖，来自济南数学教师的沉着笃定和心中的热爱；燃，来自济南学生的认真配合和积极反馈。只要师生共同努力，齐心协力，一定会迎来草长莺飞、陌上花开。

杨军、马明 / 济南市教育教学研究院

深研教学"内核"规律 应对学习"外围"变化

总体来看，线上教学情况良好，济南市各区县初中英语教研员和教师能够根据教学形势的变化，积极应对，深度教研，全市初中英语教学稳定、有序进行，有效地保证了各年级学生的学习质量。但在巡课过程中发现部分学生的学习效率降低，学习效果大打折扣。原因大致有以下几点。

一是学习动机减弱。在影响学生英语学习成效的众多因素中，学习动机至关重要，而学生学习英语的动机来源，除了学习兴趣本身，还来自线下教学的师生、生生交际互动，教师的评价和监督，以及在校学习环境中的"同伴压力"。这些因素在线上学习中都会发生变化。线上课堂学习时间有限，"连麦"功能受制于网络等客观因素，影响师生互动，教师得不到充分的课堂反馈，缺乏必要的激励，学生的学习动机也随之减弱。

二是学习专注力下降。课堂氛围下的群体英语学习变为居家的个体线上学习，如同由参加"现场演唱会"变成观看"电视转播"，学生缺乏"临场感"，加之学生居家比较随意和放松，自制力不强，缺少教师和家长必要的现场监督，部分学生的学习专注力就会下降，常常出现听课"脱节"现象，最终影响学习效果。

三是学习节奏和成效不协同。线下英语课堂的教学节奏是教师可以实时掌握、及时指导的。例如，何时默读、表演、对话，做思维导图，做得质量如何，都可以得到及时有效的反馈调整，确保学生的最优学习效果。而受线上学习方式的制约，教师对学生的学习节奏缺乏及时、有效的跟踪观察，导致学生接收效果参差不齐，语言目标的达成也千差万别。

针对这些问题，教师应认真总结线上教学经验，加强学科教研，积极研究语言教学的内涵规律，对线上教学及时做出科学有效的调整，提升学生的英语学习效果，使学生的学习利益最大化。为此，我对线上初中英语教学提出以下建议，供教师们参考。

一、英语课程应更凸显思想性、文化性

语言是思想和文化的载体，语言教学应传递思想、表达情感和渗透文化。线上英语教学更要凸显这一特点，而且教师应该认真备好每节课，使语言学习的素材和资源更有吸引力。例如，在阅读课前介绍文本的历史文化背景时，可以由线下的"问题导入"改为具有视听冲击力的"短视频导入"；在讲解词汇和语法时，可以结合单元主题语境，用例句充分表达文学、艺术、建筑、哲学、美学等内涵；在读后或者听后环节，可以紧贴教材单元主题，讲一个适合中学生英语水平的中华优秀传统文化故事，进一步升华学生思想；在布置课后作业时，可以有效利用分层作业，设计中外文化比较、评价、赏析、思辨类的写作作业，使语言学习满足学生全面发展的心理需求，增强学生的学习兴趣和学习英语的内驱力。

二、教学设计应更关注迁移性、创新性

英语教学活动的设计要具有一定的层次性，即多设计一些学习理解、应用实践和迁移创新类活动。线下课堂上的一些英语学习活动，如全体跟读、背诵、表演课本对话等，无法在线上教学中确保效果。教师可以替换为有难度梯次的"用目标语言看图造句、一人创编短对话分饰两角展示、独创和讲述短故事、展示小演讲"等语言迁移类、创新性活动，使学生的口、脑、手协调并用，不断调动学生的高阶思维，提高学生的注意力和思维活力。

对于初一学生，线上英语课堂可以通过游戏、歌曲、韵文等低年级学生易于接受的形式活跃气氛，使语言学习在"做"中学。对于初二学生，教师可以组织线上"用英语讲故事""英语趣配音"比赛，充分发挥学生的主动性，提高学生使用英语进行交流的兴趣。课前可以展示部分优秀作品，吸引学生更好地融入课堂。对于初三学生，面对学业水平考试压力，教师可以举办"名人演讲比赛"，通过各行业精英的英语演讲，激发学生学习英语的热情，同时激励

学生更好地成长。

三、教学活动应更适宜小步子、快节奏

线上英语教学的授课时间变短,实时反馈的效果变弱,教学节奏应做出适当调整,要做到小步子、快节奏。阅读课文、集中做题、集中讲解的时间都不宜过长,以免学生走神。例如,线下阅读课中的整体阅读 5 分钟环节,可以替代为学生课前自主阅读,完成教师设计的开放性问题任务单,线上教学时直接展示学生的答案。这样,不但内容生动、鲜活,还可以避免抄袭,真实反馈学生初读文本的效果。如高年级的长对话听力训练,教师可以按照意群分成 2—3 小节分段进行,每小节听完立即提问,验证学生听力理解的成效。这样可以有效提升学生的专注力,提高学生学习效果。教师在备课过程中,应该根据线上教学的特点,进一步细化目标,做好课堂衔接,有效布置作业,提高课堂效率,保证教学活动有效进行。

四、课堂交际应更具有层次性、高频性

交际是语言学习的目的,也是语言学习的重要过程和方法。线上英语教学时间缩短,师生无法面对面交流,导致语言交际的效果降低。因此,线上英语教学应加大课堂语言交互的层次性和高频性。教师可以在增加语言交际总量和思维含量的同时,在课前把语言交际的难度与不同层次的学生匹配好,具体到人,以达到线上快速、全覆盖与学生互动的目标。教师还可以设计分层抢答问题、加倍积分的方式,提高学生回答问题、进行语言交际的积极性。教师也可以发挥小组学习的优势,课下组内练习,课上组间分享,形成小组之间的竞争态势,进一步加强学生使用英语进行交际的自觉性。

五、教学用语应更富有感染力、表现力

线上英语教学时,教师的教学用语更要充满感染力和表现力,应多使用升调和短句,音量略微提高,结合略微夸张的姿态与表情,用充满渲染力的手段,将语言刺激和学习感知刺激结合起来,让自己和学生一起深度融入教学之中。

教师要及时用真诚的语言、精准的评价来肯定学生的回答、展示和表演等，使学生获得成就感，增强自信心，同时激发学生的竞争意识和用英语交际的强烈欲望，将英语学习与愉快、满足、兴奋、快乐等审美情感活动融为一体，提升学生线上英语学习的效果。

同时，在线上教学过程中，教师应该鼓励学生多说、多交流，避免学生因害怕犯错而羞于开口。同时在授课过程中，教师应尽量打磨自己的课堂用语，不要过于单一，也不要使用过多的长句，用更平实的口语引导学生参与课堂，积极互动，获得英语学习的乐趣。

六、教学工具的选择应体现科学性、合理性

线上英语教学对教师的信息技术能力提出了更高要求，特别是网络技术的应用更为迫切。钉钉、腾讯会议、问卷星、图表秀、百一测评等应用软件给线上教学提供了更多的支持。教师在线上教学过程中，可以选用更为科学合理的网络工具，实现教、学、评的统一。在使用网络工具的过程中，教师要充分考虑家长的适应能力，不盲目要求，争取家长的理解与配合，保证线上教学取得满意的效果。

通过此次线上巡课调研，我们充分认识到挑战与机遇并存，优势和差距同在。在困难和压力面前，全市英语教师同仁更应该调整心态，积极工作，不忘立德树人初心，牢记"为党育人、为国育才"的崇高使命，为济南教育做出自己应有的贡献！

吴雨宁 / 济南市教育教学研究院

"云"端上的初中历史课堂

在这春风荡漾的日子里，济南的学子们暂时离别了校园，和教师们在线上相聚。因为超前的预判、精准的演练、得力的保障和全面的培训，济南市的线上线下历史课堂做到了无缝衔接。线上教学顺利开展，线上巡课也随之启动。

巡课"巡"什么？我个人的理解是：一巡师生状态，看师生能否沉浸其中，教师有引导，学生有参与；二巡课堂效果，看目标达成与否，教师有方法，学生有收获；三巡存在问题，思考为什么吸引不了学生，为什么教师把控不好课堂，为什么遗憾多于成效。

自线上教学开展以来，我边巡课边教研，发现亮点予以肯定，及时推广，看到问题及时交流，共研解决方案。根据线上教学效果，我想给历史教师们以下几个方面的建议：

一、选择适合历史学科的线上教学工具

目前线上教学工具很多，腾讯会议、腾讯课堂、钉钉、QQ语音、智囊学堂等各有特点，比如钉钉，直播结束后自动存储，可以看回放，方便学生根据自己掌握的情况反复观看；智囊学堂有自动限时签到功能，可以迅速掌握挂机同学的情况，而且有学生抢答举手功能，能调动学生积极性，同时还有较为明显的发言区，师生互动方便直接；QQ语音连线比较方便，不需要额外下载其他程序，也可以进行屏幕分享等。不同的软件有不同的长处，适合不同的场合。

但是总体而言，腾讯会议更适合历史课堂。教师可以设置课堂虚拟背景，给学生提供在教室里上课的视觉感，无论是直播还是录播，无论是写板书还是分享课件，都能及时切换，操作简单，而且腾讯会议能够看到每个学生的参与状态，交流互动无障碍。建议教师在使用腾讯会议授课时，尽可能使用电脑。

二、提前做好线上学习方法的指导

线上教学每节课的时间只有 20—25 分钟，教师要想在这么短的时间内顺利完成教学任务，就需要师生双向互动的共同建构，所以教师可在课前将学习要求（如线上学习的注意事项或预习内容）、学具准备（学案、知识图谱等）、学习方式（记笔记、讨论等）等用课件的形式呈现给学生，便于学生提前做好准备，上课后能迅速地跟随教师进入教学流程。

课堂质量的保证、对学生学习方法的精准指导，离不开有效的集体备课。在巡课过程中，发现有些学校的集体备课环节完备，成效明显。

第一个环节是同年级组教师分头主备。教师各自准备下一周的授课内容，研究教材，分析学生，思考内容，收集资料，写出初稿。同时，在思考教学内容、重难点和教学方法，收集相关资料，了解学情的基础上，主备教师写出导学纲初稿。初稿要体现对教材和知识点的分析，对重点、难点和能力点的突破和对各个教学环节的设计，以及自己在备课过程中存在的困惑和问题等。主备人要制作导学纲、课件初稿、微课，其他成员相应进行复备，提出问题和修改意见，做交流准备。

第二个环节是集体研备，即集体备课，共同研讨。由主备教师发言，其他人共同讨论，提出建议，修改初稿，形成共案。集体备课过程有明确的环节和要求，主要有：一是对上周的集体备课、课堂教学中遇到的问题进行交流、总结。二是主持人明确本次集体备课活动的内容和要求。三是主备人把内容呈现在屏幕上，采用说课的形式对初备的学案和课件的各个环节进行说明。四是其他人员根据自己的复备情况提出修改意见。五是主备人结合研讨情况及时修订和完善学案和课件初稿，形成最优化的共案。

第三个环节是个人复备。集体备课结束后，教师结合本班学生特点，进行个性化调整，写出反思。主要包括以下内容：一是主备人根据集体研讨中达成的共识，对学案、课件进行修改，形成学案、课件（共案）定稿。二是其他成员以共案为蓝本，结合本班的教学实际、学情进行个人复备，制订符合本班实际情况的个性化方案，对学案、课件进行个性化调整。三是授课后，备课组成员写出教学反思，为下次集体研备做交流发言准备。

三、运用好历史学科特质

历史虽然是过去发生的事情，无法像科学实验那样重复做，但历史也有精彩之处，那就是耐人寻味的"历史细节"。线上历史课更应该关注历史细节这一活的属性，将其运用在重难点的教学中，可以化繁为简、化难为易、化抽象为形象、化枯燥乏味为生动快乐。历史细节更能吸引学生的注意力，激发其学习兴趣，一节课下来，有听、有看、有问、有答、有写、有记、有思、有辩，紧凑不紧张，忙碌而不忙乱，25 分钟意犹未尽。

除历史课程的教学方式外，学生学习的方式也能提高线上教学的质量。例如，有的教师把线上教学变成学生的展示舞台。相比教师讲解，学生的讲解更能引起他们的关注点和兴趣。有的教师通过问卷调查了解学生的兴趣点，在课前给某个学生布置一个讲解小知识点的任务，并给学生相关辅导资料让他准备，在课堂上由学生讲解，教师进行补充。小组合作也是教师常用的学生学习方式，在组织合作学习的时候，评价的方式和方法尤为重要。有的教师会及时关注并记录每位学生的课堂表现，整理出每节课的学生表现打分表并在下一节课时出示。学生及时关注自己及对手的情况，更能激发他们的竞争欲望。

四、选择好课堂资源

线上教学所需课堂资源既要有立意又要有新意。国家中小学智慧教育平台提供了全套的课时资源，济南市教育局组织名师录制了各年级的空中课堂资源，但我们的历史线上课决不能简单地把这些资源推送给学生，建议教师合理地选择、截取，把选择好的资源恰当地用在历史课上，让课堂直播与录播相结合，将录播内容合理地插入课堂所使用的直播课件（历史课堂需要有完整的课件）中，将一节课的内容完整呈现给学生。除了各个平台提供的优质、现成的资源之外，线上教学也应利用网络优势，建议教师将一节课的重点、难点录制成微课，让学生能够根据自己的学习情况反复观看，以达到突破难点、落实重点内容的目的。从历史学科核心概念的阐述到历史知识网络的构建，从历史思维方法的培养到解决问题能力的提升，都能通过丰富的资源传递给学生。

五、安排好课后的实践活动

历史知识的学习不仅仅是在课堂上，学生的学习由线下转线上之后，有了更多可自由支配的时间。历史教师可以结合教材内容，推荐相关历史纪录片、历史书籍给学生，以丰富学生的居家生活，开拓视野，提升素养。

六、采用双师课堂

这种课堂授课模式不同于线下普通的课时、授课安排，对任课教师提出了更高的要求，但是有一定的效果。在这里不做推广，只进行介绍。所谓"双师"有两层含义，第一层为一位教师主讲，另一位教师关注学生状态，齐心协力，共同合作。一般情况下，主讲教师为任课教师，另一位教师为班主任。另一层含义为一位教师进行系统的教学，另一位教师协助个别辅导。一般情况下为同一学科的教师，教研组合作，分层分任务学习，主讲教师在授课过程中主要是以课堂教学为主，而另外一位教师在网上与学生连线，进行学习提醒和管理，及时了解学生的学习困难，一边给予力所能及的辅导，一边为主讲教师收集学生问题，方便其做针对性教学。"双师教学"为提高教学实效发挥了积极作用。

总之，线上教学对教师来说增加了新的挑战，提出了更高的要求。它挑战的是我们的信息技术运用能力、课堂管理技巧、教学设计水平。它要求我们要有高度的责任心、使命感。相信在经历了线上教学的锤炼和不断深入的研究后，无论是专业素养还是教书育人的职业道德，我们都会有质的提高。

段进生／济南市教育教学研究院

学生参与：不做线上学习的"观光客"

疫情爆发，师生空中相聚，停课不停学。线上巡课时，我们发现典型，直面问题，寻找解决途径。巡课中，我看到各区县初中地理教研员下沉班级、深入课堂，及时了解线上教学现状，跟进研究解决存在的问题，为学校教研组、教师提供精准的教研支撑和专业支持，云端教研、效果落地；巡课中，我看到地理教师以惯有的教学热情精心备课，线上互动，演绎精彩课堂。

巡课镜头一：

教师："南极地区的很多企鹅消失了，这是什么原因？极地地区自然环境的独特性是什么？这种独特性与其地理位置有何关系？"（巡课观察：一连串的问题带领学生深入思考，学生抢麦，发言积极。）

教师："大家看课件上的图释导学，我们来总结两极地区的地理环境差异及其原因……"（巡课观察：课件内容重点突出，知识网络清晰。）

教师："我在平台上统计了选择题的答题情况，同学们对南极地区科考这个题掌握情况较好，但是第二道选择题有15位同学出错，看来辨别方向仍然是个难点。"（巡课观察：利用平台功能，发挥技术优势。教师用软件的在线答题功能增加了课堂互动，根据数据反馈，有的放矢，精准施教，让线上教学扬长避短。）

——课后交流：张老师说线上教学跟平日里的线下教学不一样，不能把原来的教学课件直接拿过来用。所以她花费大量时间修改制作适合线上教学的课件，去掉了华而不实的部分，精选必要的图文资料，精心设计"图释导学""思维导图"，精心设计问题链，用"问题"引导学生真正参与到学习中。

巡课镜头二：

教师："线上学习期间，我们采用摇号方式提问，各组长注意对本组组员的问答情况及时记录、评判与补充……""下面抢答问题，听完问题请尽快申请连麦：俄罗斯工业分布与日本工业分布有什么不同之处？"（巡课观察：学生连麦，抢答问题。）

——课后交流：贺老师说，他把线下的"成长共同体"分组教学搬到了线上，组建了小组微信群，组长负责监督、记录并及时反馈组员的学习情况，并据此展开各小组之间的激烈竞赛。同学们变得更加主动，注意力更加集中，争相连麦，纷纷抢答问题，积极展示学习成果，而且几乎杜绝了完不成作业的现象。

问题在实践中出现，也会在我们的探索中解决。通过与区县教研员、一线教师的深入交流，我们认为，线上教学最大的困难在于如何引导学生参与学习。线上教学活动的有效性和学生发展的关键在于教师，我们可以尝试从线上课堂管理和线上教学策略等方面进行突破。

一、线上课堂要有"仪式感"

初中学生独自在家，可能会产生孤独的情绪。排解学生居家学习的不良情绪，防止产生心理问题，同时为了保障线上教学的有效性，我们要更加重视线上课堂管理——营造满满的课堂氛围，要让学生虽在家也能有身在教室的"现场感"，感受到集体的存在。仪容要求（有些学校提倡学生穿校服上课）、课堂组织（大多数教师要求学生打开摄像头，便于课堂管理；上课时像在学校一样，要"起立！坐下！"，能让学生迅速进入上课状态）、课堂提问、评价反馈、作业布置与检查（形成闭环）等要环环相扣，营造积极互动的课堂氛围。线上教学环境的打造对提高线上教学效率至关重要。

二、多互动，乐参与，学生不做课堂"观光客"

提高线上教学效果的关键是学生能真正参与学习，我们提倡"参与式教学"——让学生通过在课堂上参与"真实"活动，进行沉浸式学习，而不是课堂的"观光客"。推荐以下互动方式：在线课堂提问、检查作业并批阅反馈、解答学生在线提问、晒学生作业或笔记、对学生适时提醒与督促、在线集中答疑活动、课后的个别辅导与交流。还可以借鉴"巡课镜头二"中贺老师的做法，即把小组合作学习与竞争机制搬到线上。贺老师说，线上"成长共同体"的尝试提高了学生的责任感和互助意识，提高了学生的居家学习热情和主动性，提高了学生的线上学习效率。

三、重视教学设计，不能照搬线下教学

线上教学在教学时间分配、师生交流方式、网络技术应用、教学内容组织和呈现方式、教育评价从感性转向数据研判等方面，与线下教学有明显的差异，所以，教师不能照搬线下教学，需要转变教学思维，重构教学内容，调整教学行为。线上教学要深研学生居家学习的特点，通过更科学、更有效、更有针对性的教学设计，创设引发学生学习兴趣的情境，寻找更有效的互动交流方式，让学生愿思考、乐探究，使线上课堂云端互动，趣入课中。教师可参考以下"参与式教学"的设计流程：

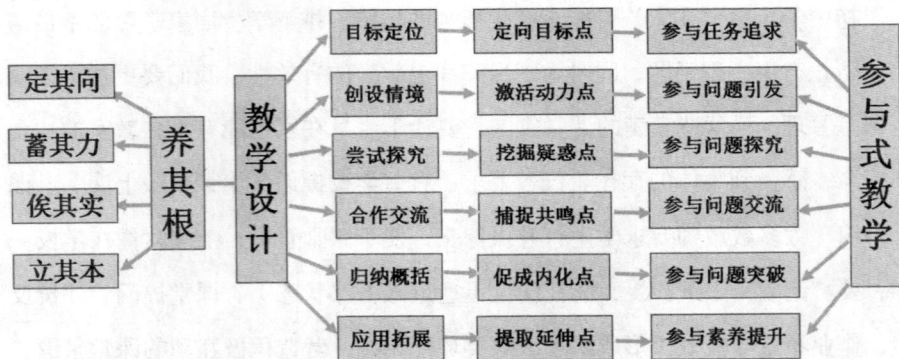

养其根	教学设计			参与式教学
定其向		目标定位	定向目标点	参与任务追求
蓄其力		创设情境	激活动力点	参与问题引发
侯其实		尝试探究	挖掘疑惑点	参与问题探究
立其本		合作交流	捕捉共鸣点	参与问题交流
		归纳概括	促成内化点	参与问题突破
		应用拓展	提取延伸点	参与素养提升

疫情无情，时光过隙，每一节课都是我们抗疫的战书，屏幕两端的师生，手拉手，不抱怨，不等待，通过每一节课的教与学，一起成长。

李晓云 / 济南市教育教学研究院

聚焦学生核心素养　提升线上教学效能

2022年3月，突如其来的新冠肺炎疫情，让我们的生活和工作都发生了很大的变化。各区县、各学校积极引导学生居家学习，快速实现了线上教学和线下教学的无缝衔接，任课教师充分运用新技术、新手段线上授课，同学们也在教师的陪伴和帮助下重新找回了学习状态。线上教学要遵循以下原则。

一、线上教学既要培养学生良好的学习习惯，又要启发学生的思维能力

线上学习是一种全新的学习方式，学生如果没有形成良好的学习习惯，听课效率可能会大打折扣。教师在线上教学过程中，要特别关注学生的听课习惯，观察有无随便讲话、上传与本课无关的练习题、做与课堂无关的事情等现象；查看是否有迟到、早退或中途离开课堂的现象；督促学生按时进入课堂，认真记笔记，及时提交作业等。通过对学生细致的提醒和指导，帮助学生养成良好的线上学习习惯。

思源于疑，没有问题就没有思维。线上教学也不例外，教师要通过提出启发性问题或质疑性问题，创设新的教学情境，给学生创造良好的学习环境，让学生经过思考、分析、比较，加深对知识的理解。教师设置问题时要抓住教材的重点、难点和关键，问题应隐藏着教材内容之间的内在联系，并符合知识积累的逻辑顺序，一环扣一环，由浅入深，由简单到复杂，叩开学生思维的大门，形成持久的内驱力，有效调动每个学生的学习积极性。

二、线上教学既要注重学生知识落实，又要适时进行德育渗透

教师在线上教学时要把握好教学节奏，随时调整进度，注重核心概念的教学。作业和练习要突出课堂的难点、重点、热点，并注意区分层次，按需设置。线上教学最实际的问题就是教师与学生的实际距离远了，学生看不到教师"敲

黑板"和"划重点"了。因此，教师在授课时必须提前设置"敲黑板"的提醒和"划重点"的内容，最好是清单式的重点和难点，让学生在课后落实时一目了然，为堂堂清、天天结、周周落实奠定基础。

在注重知识落实的同时，要对学生进行德育教育，开展系列项目式学习或主题教育活动。教师可结合疫情相关知识，引导学生认识传染病，了解人类与传染病的斗争史；结合新冠疫苗的研制进程，引导学生体会我国医药事业的不断发展和进步，激发学生的爱国情怀和民族自豪感。同时，结合传染病相关知识的学习，教育学生养成良好的卫生习惯，保持科学的作息规律。加强生命教育，引导学生关爱自然、尊重生命，进一步树立环境保护的意识。

三、线上教学既要激发学生的学习热情，又要培养学生的科学探究精神

兴趣是最好的教师，学生要想学好生物学，必须具有学习热情。线上教学同样要求教师善于激发学生的学习热情。教师要有效运用现代信息技术，创设形象生动的直观情境，带领学生了解世界前沿科学技术成果，感受生物学给物质世界带来的巨大改变，激发学生对未知世界的好奇心；注重线上教学评价激励，及时对学生的活动给予表扬性评价，让学生在享受成功的快乐中，在线上发生"真实"的学习。

初中生物学新课标倡导探究实践性学习，突出了学生探究能力的培养。线上教学期间，教师可以利用录像、动画模拟等形式，打破时间和空间的限制，让学生了解大自然的奥秘，让他们在好奇心的驱使下去思考问题、提出问题；培养学生严谨的科学态度和精神，对待科学问题要用冷静理性的态度，大胆创新，谨慎求证。结合目前的疫情防控政策，引导学生从科学探究的角度理解有关部门根据疫情发展在不同阶段推出的疫情防控举措，并合理地展开假设和猜想，培养学生的发散性思维。

通过巡课，我们发现大多数学生无论是学习动机、学习热情，还是专注力、

学习效果，与线下学习相比都有一定的差距。如何更有效地提高初中生物学科线上教学效率，切实做到"停课不停学，在线不减质，居家不降效"，现就初中生物学科线上教学提出如下建议：

第一，调整教学内容。尽量将简单的、易于掌握和易于落实的章节调整到线上，将一些难度相对较大的、落实有困难的、考试要求比较高的章节内容调整到后面，复学以后集中讲解。

第二，放慢教学进度。勤测、多练，建议每堂课下课前都要进行检测，个别重要知识点可以反复训练。利用问卷星、钉钉测试、智学网、济南市教育资源公共服务平台的线上检测功能等，设计小测试卷，利用课前或早自习、晚自习的时间完成，题目要少而精。及时反馈和评价，对学生的知识掌握程度做到心中有数，及时采取弥补措施，做好课堂知识落实。

第三，增强师生互动。师生互动的方式有很多，如随时连麦让学生回答问题，在课件或视频中随时插入一些小问题。互动，最重要的是体现在思维上，教师在讲课过程中要精心设置问题，用问题带动学生思考，问题设计要化整为零，将大问题分解成若干小问题，大问题引领，小问题环环相扣、层层递进，形成问题链，引导学生逐步深入思考。

第四，实施分层教学。抓两头、促中间。线上教学进度慢、难度低，成绩好的学生可能会存在"吃不饱"的现象，教师可以额外布置一些习题、练习、测验卷等；教师也可以组建优生群，学生之间相互竞争，相互促进，相互提高。分层教学，学困生是关键，任课教师、班主任要善于做思想工作，与家长勤沟通、多交流，课上勤提问、常督促，对没有完成作业的同学紧追不舍。部分记忆性知识可以利用问卷星设置闯关题，激发学生的学习欲望，提高学生的学习积极性。

第五，关注课后辅导。鼓励教师利用课余时间对学生进行线上辅导、答疑、测验，也可以将教学内容中的重点、难点问题录制成微视频，用"兵教兵"的方式，组成互助小组，达到共同提高的目的。另外，济南市教育资源公共服务平台上的视频大多是优秀教师录制的，质量很高，教师们可以在课后辅导时选择性使用。

第六，强调学习纪律。尽量要求学生在上课期间打开摄像头，及时提醒没有打开摄像头或者听讲不认真的同学。学生尽量穿一身校服端坐在书桌前，教师课前先检查校服、发型、仪容仪表等，然后正式上课，也可以在课前组织学生起立，师生问好，这些都能大大提升学生的精气神，提高学习效率。

樊庆义、景利彬 / 济南市教育教学研究院

巡课杂谈

2022年3月底，突如其来的疫情让师生们从学校回到家中，学习从线下转到了线上。不管准备是否充分，"线上教学"都要进行。常规的教学视导也变成了线上巡课，历下区、天桥区、济阳区、莱芜区、章丘区、高新区、商河县、市直，我误打误撞"巡"到了不同班级、不同学科的课，参加了历下等区的线上教研活动，发现了与以往线上教学的很多不同不处。

一、亮点频现

1. 本次线上教学的组织较以往有了长足的进步。很多学校在市、区教育局的领导下，未雨绸缪，通过演练，对线上教学的资源、平台做了充分准备，探索挖掘已有软件、APP的许多新功能，从录播、直播到线上答疑，都安排得有条不紊，线上教学井然有序。

2. 本次线上教学更注重对教学效果的追求。一方面加强了区域线上教研和校本线上教研，不断交流、学习好的做法；另一方面加强了对学生的管理和对学生作业的布置与监管，做到线上教学效果与教学反馈一致。

3. 本次线上教学在学生管理和习惯养成上有长足的进步。在巡课过程中我发现，有些学校为了改变学生个人管理散漫的情况，加强了关键时间节点的提醒，如早上7:00以班级为单位发出早读提醒，并安排相应的早读任务，晚上7:00以班级为单位发出交作业的提醒等。还有的学校在每周的星期一举行网上升旗仪式，国旗下的讲话、领导要求与线下一致。这些都有助于学生居家学习期间养成良好的习惯。

4. 本次线上教学充分发挥"家校共育"的作用。一改过去给家长布置任务的方式，通过与家长的有效沟通，让更多家长明确了特殊时期自己作为监护人的职责，在力所能及的范围内积极配合教师的线上教学，主动参与到学生线上学习的监管中来，而不是替代教师完成相关检查、批改作业的任务。

二、问题依然

很多教师依然没有认识到线上教学和线下教学的区别，不能有效抓住线上学习中学生注意力更容易分散的特点，只是生硬地把线下教学的内容照搬到线上。主要表现在以下几个方面：1. 教学时间过长。单次线上教学大多持续 1 个课时（40 分钟或 45 分钟），甚至 1 小时左右。2. 教学方式简单粗暴，多为讲授式为主，甚至是一讲到底。3. 教师只要求学生做题、对答案或简单讲解，也有学科出现学生长时间自主学习的情况。

三、教学建议

根据线上教学师生互动性差、学生注意力容易分散的实际，建议采用"小任务、勤提问、多反馈"或"小循环、勤提问、多反馈"的方式进行线上教学，高质量的提问和反馈是对教师更大的考验。每个课时尽可能分成 3 — 4 段，中间可以穿插轻松活泼的小视频，避免一讲到底；每小段的教学，不再刻意强调知识的系统性，要设计兴趣性强的"点状教学"，选择更能激发学生兴趣的"小任务"（既可以是书面的，也可以是操作性的），按照"布置—完成—交流讨论—讲解订正—变式小任务反馈"的流程进行教学，其中交流讨论和讲解订正环节更要放缓节奏、注重留白，调动更多的学生参与进来，让学生帮着学生解决问题，让学生短时间内多次得到正向激励反馈，不断提醒学生集中注意力，不断激发学生的学习积极性。至于知识的系统性和知识结构的构建，教师也可以在几个知识点的阶段性教学后转化为一个"小任务"通过线上教学来完成。

总之，教学作为以师生互动的方式促进学生全面发展的活动，线上教学的弊端显而易见，教师要用智慧与勤奋来弥补线上教学的不足，用实际行动助力"停课不停学，在线不减质，居家不降效"！

王恩华 / 济南市教育教学研究院

济南市初中化学学科线上教学巡课纪实

根据疫情发展形势和防控要求，2022年3月30日，济南市各学校迅速行动，全面开启线上教学，在扎实做好疫情防控的同时，师生相伴云端，携手共上网课，确保"离校不停课，教学不延迟，质量不打折"。现将保障我市初中化学线上教学顺利开展的几项做法总结如下：

一、高度重视，及时部署，扎实落实线上教学工作要求

济南市教育局、济南市教育教学研究院及各主管职能部门高度重视，提前研究制订线上教学工作预案，及时下发指导性文件，如《关于进一步加强线上教学管理工作的通知》《济南市教育教学研究院关于加强线上教育教学工作的指导意见》《济南市初中化学学科线上学习指南》。

二、未雨绸缪，准备教学课程预案

线上教学刚开始时，虽然学校及教师提前制订了预案，学生对线上教学已经有了思想准备，但真正实施起来，学生还是有些不适应。各区县教育局、教研中心、一线学校根据上级要求及时行动，及时制订了系统的线上教学课程方案和教学要求，使居家线上教学与线下课堂教学及时转换衔接，尽量减轻教学形式、学习环境变化对学生产生的影响。师生较快地适应教学方式的转变，初中化学线上教学很快进入正常状态。

三、走进课堂，贴近师生，及时开展线上教学调研

市、区两级初中化学教研员在济南市进行线上教学的第一天，就及时开展了线上教学专项调研，走进课堂，贴近师生，对网课教学中存在的问题、已经解决的问题及做法、有待研究解决的问题三个方面进行了调查汇总，及时形成《济南市初中化学线上教学急难问题调研报告》，提交领导研究参考。同时，组织各区县教研员召开线上研讨会，对尚未解决的问题，通过分析研究及时提

出解决意见及建议。

四、建立巡课机制，加大服务指导力度

初中化学教研员迅速下沉教学一线，通过腾讯会议、钉钉等网络平台，从线上平台设备使用、课程设置情况、课堂时长控制、在线教学质量、作业反馈等方面，进行线上教学巡课活动，跟进线上集体备课和听评课。

天桥区化学教研员肖志国根据《天桥区中小学线上视导方案》《天桥区中小学线上巡课参考标准》，按照分组对责任校进行全面巡课，聚焦"三个角度"，关注"三个问题"。一是聚焦"教学目的与教育规律"角度，关注课堂教学的合理组织。二是聚焦"教学形式与软件使用"的角度，关注学习目标的有效达成。三是聚焦"教学组织与教学效果"的角度，关注学习过程的有效监控。强调积极探索"双师型"在线教学，加强教学的有效组织，进一步提高线上教学效率。

平阴县化学教研员王绪军每日进行巡课，认真记录各位教师的线上教学情况，根据巡课情况及时和教师们交流，调度线上教学，建立线上教学教研群，及时发布每个学校的线上教学情况，总结经验，提高线上教学效果。

钢城区化学教研员崔艳将全区中小学进行网格化管理，每天能随时随地巡课，重点关注毕业班网课教学，及时跟踪、及时反馈，做到了全区全部学科巡课全覆盖。各学校精心选择线上教学平台，用钉钉做直播、QQ群做辅导，微信群及时联系学生及家长，充分发挥各个平台的优势，多管齐下，相得益彰。崔老师将每天的巡课情况汇总为记录表发送至各街道教办、各学校，督促教办及时反馈，优秀的教师及时表扬，出现的问题及时改正，提高了网课教学质量。

槐荫区教研员石娟在接到线上教学通知后，及时组织槐荫区全体化学教师进行线上教学准备，立即筹划线上教学巡课，制订听评指导方案，不定时地进行线上跟班巡课听课。几天来听课巡课30多节次，并针对线上教学出现的问题进行跟进指导，提出相应的线上教学改进策略。

长清区化学教研员张明山在巡课过程中及时参加集体备课活动，推选出精品课件、精品学习任务单或精品练习，通过平台分享给各校教师，丰富任课教师的课件和教学材料，指导教师成立辅导学习群，在学习群内集中解决学生不会的问题，或者单独小窗给学生发讲解视频或者动态图片等。

莱芜区化学教研员李新波根据教研中心《关于组织开展线上教学期间区学科教研员及学校教学管理人员网上巡课的通知》要求，进行线上教学巡课工作，在巡课内容上，重点巡查线上授课课程设置、线上教学总时长、集体备课情况、授课进度、学生出勤率、教学策略方法、学生参与度、学生活跃度、课堂实效、作业设计与批阅、线上答疑等实施情况。巡课时间上，每天至少巡课4节（2节专业课，2节艺术课）并做好记录，及时发现课堂中的闪光点、存在的问题与不足，并提出相应的指导建议。在线上巡课过程中，李新波老师积极开展本学科、本单位线上教学模式的研究，边实践、边探索，边构建、边完善，不断优化线上教学质量。

历城区各初中化学教研员采用"双线巡课制度"（一条线是负责相关学校，另一条线是负责化学学科），每天对巡课情况进行总结和汇报，定期召开研讨会和调度会。

市中区化学教研员薛永清通过腾讯会议、钉钉等平台从线上平台设备使用、课程设置情况、课堂时长控制、在线教学质量、作业反馈等方面深入学校巡课，跟进线上集体备课和听评课。线上教学开展以来，做到两个即时：对跟进学校即时反馈与指导，坚决不把问题拖到第二天的课堂；发现优秀做法即时分享扩散，实现好方法的作用最大化。在巡课中薛永清发现有的教师讲授时间过多，长时间单向灌输，课堂是"一言堂"。建议在备课时，教师要关注课堂的学习"量"，力求少而精，关注核心知识，表述要简洁明晰，语言设计要有对话感，避免长时间独白，适当留有供学生思考的时间。教学效果三"盯"紧："盯"紧互动；"盯"紧目标；"盯"紧反馈。

历下区化学教研员李琳在巡课过程中采用线上听课和课后评课相结合的方式，发现问题后通过 QQ 留言和课后电话交流的方式跟任课教师进行沟通。安排各学校化学组每两天举行一次学校集体备课活动，对巡课中发现的问题及时归纳总结，商量解决策略，找到解决办法。

五、发挥网络优势，提高线上教研活动密度和效益

通过第一阶段的巡课，我明显感觉教师们线上教学起步快，直播水平高。但是也发现了一些问题。例如，如何建构符合网课特点的教学结构？如何整合线上教学素材，开展自主合作学习活动？如何高效地进行教学互动？如何监测学生学习的有效性？这些都需要及时组织教研活动进行交流研讨。建议各区县借用网络会议提高网上学科教研活动密度，学校教研组的网络小教研活动和区内的学科大教研活动交替进行，随机穿插，加大教研频次和教研力度，提高教研效率。

六、发现典型，推广经验，促进线上教学方式的创新发展和教学质量的不断提升

天桥区化学教研员肖志国在巡课中发现 QQ 群视频、腾讯课堂、腾讯会议、钉钉四种线上工具中，腾讯会议最理想，能及时召开线上会议，及时和大家研究，对线上教学工作再部署。建议各校使用腾讯会议进行线上教学，并就腾讯会议平台使用技巧进行培训。对各校复习内容进行汇总整理，校内统一资源、统一进度。

长清区教研员张明山在巡课中发现，有的学校总结出一条创造性的做法，就是指导有能力的学生把自己的理解和思路讲解制作成微视频，交任课教师审核后，在群内上传。学生积极性较高，准备过程也比较认真，有计划地推送到学习小组或班级中与其他同学交流，大部分学生也愿意观看，提高了交流分享的效率，促进了合作学习效果，建议借鉴推广。再者鼓励学生在家录制家庭小实验，并和同学们进行分享，增强化学的趣味性，同时也可以培养学生动手动

脑、善于思考、勤于表达的能力。

济南第三十四中学化学教研组组长陈广宏指导学生居家线上学习的同时，开展化学模型制作和家庭厨房小实验视频拍摄活动，并有序进行展示，既丰富了学习方式，提高了学习兴趣，也巩固了学生的学习效果。还有的教师在线上教学中直接进行化学操作直播，或穿插化学实验视频，精心制作教学课件，充分发挥化学学科教学特点，激发学生的学习积极性。

市中区泉海中学朱晓霞在上线上直播课时充分利用教具和小黑板，增强现场感，使学生上课时的注意力更加集中。

高新区化学教研员吕红晓建议，可以发挥网络技术的优点，利用网上的仿真虚拟实验室进行化学实验教学。模拟实验室可以提供很好的临场感，药品材料缺失或有一定安全隐患的实验可在模拟环境中完成，学生在模拟实验室里可以选择药品、选择仪器，反复进行实验操作，在一定程度上达到了让学生动手进行实验探究的目的。

为创设更好的线上教学环境，拓展教学思路，进一步突出化学属于自然科学的特点，化学教师可以把某些网课搬到学校实验室去上。教师在实验室现场做化学实验，现场直播，学生居家线上观看学习，这样可以进一步加强实验教学的真实感，提高学生的学习兴趣，取得更好的教学效果。

七、巡课过程中发现的问题

线上教学存在的问题如下：

1. 个别教师上课不开视频、不共享屏幕，没有考虑教学的直观性，学生的学习效果大打折扣。

2. 有些课程缺少当堂检测环节，出现了教师一讲到底、不落实的情况。

3. 学生都能够出镜，但是部分学生的摄像头只是拍到手与书本，没有拍摄到脸，原因可能是使用手机观课，或者摄像头位置摆放不合适。

4. 由于缺乏教室的学习环境，缺乏同学之间的相互合作与竞争，部分学生线上学习出现自由散漫的情况。

以上问题的解决方法如下：

1. 狠抓集体备课，提出线上教学基本规范，为实施多样化、个性化的教学形式进行充分备课，确保教学效果。

2. 线上教学中利用问卷星以测代练，通过检测查缺补漏。

3. 根据网络课程学习的特点，提前安排教学计划，以班级为单位，科学设计教学内容；要求学生全员出镜，时刻关注学生的学习状态。

4. 使用线上课堂授课的同时充分发挥班级内学生小组群的作用。小组群在背诵、落实、检查等方面作用突出，教师课上、课下布置的任务，学生反馈及时，先组内提交，组长把关，然后教师汇总后反馈。总之，建议进一步加强师生互动，提高课堂趣味性，想方设法优化线上教学效果，提高教学质量。

樊勃生／济南市教育教学研究院

小学道德与法治学科线上巡课思考

  线上教学对小学道德与法治学科的影响是显而易见的，统编版教材是基于生活德育的理念编写的，强调道德教育要回归生活，具有鲜明的生活性和实践性。透过屏幕开展的线上教学缺少真实场景的师生互动与教学生成，很难实现互动、合作与实践的要求。

  面对这一变化，教研机构、学校和教师都在进行积极探索，力图将影响降到最低，并取得了不错的效果。但也存在比较明显的问题，主要表现为：有些教师在采用"资源推送＋讲解"方式进行教学时，未对推送资源进行二次开发，导致资源不适合本班学生的实际；有些教师在直播教学中以讲授为主，较少关注学生生活经验的引导，教学效果较差；多数教师未关注到线上教学蕴含的德育价值；无法有效开展线上教学评价等。在双线教学日趋融合的大背景下，小学道德与法治学科该如何开展教学与研究，笔者有以下几点思考。

一、依据教材的编写理念，将线上教学作为学生的共同生活事件

  小学道德与法治统编版教材执行主编高德胜教授曾经说过，生活事件是学生经历的、可以拿出来反思的事件，正因为他们经历过，拿出来进行反思才更有教育意义。基于此，统编版教材在编写中十分注重使用学生的共同生活事件来引发学生的生活经验，从而引导学生自主进行道德建构。因此，教师在教学中是否合理使用学生的共同生活事件并作为切入点，在很大程度上影响着教学的效果。自疫情爆发以来，每一个人都参与其中，也都做出自己的努力，从这个意义上来说，疫情是全国人民的共同生活事件。线上教学是在2020年以来新冠肺炎疫情在全球爆发的背景下学校教育呈现的样态，学生有着切身的体会，是他们经历并可用来反思的共同生活事件。教师在教学中要结合此次疫情和线

上教学，合理利用他们的经验，真正体现教材的编写理念。

此次疫情可以作为学生的共同生活事件，为教师的教学提供丰富素材，但这并不意味着教师所有的教学都要围绕疫情开展或者所讲授的内容必须包含疫情。教师在开展教学的时候要考虑学生信息接收的一致性。所谓信息接收的一致性，是指教师所要传达的内容与学生接收到的是同一内容。教学中教师为了加深学生的印象，一般都会选择事例进行佐证，然而一个事例包含的内容是多方面的，既包括教师想要印证的内容，也包含其他内容，学生可能会接收到教师传递的信息，也可能不会，疫情下的信息更是如此。因此，教师在使用疫情信息时必须考虑到这一点，保证信息接收的一致性。

二、避免单向讲授，注重学生生活经验的引发

受多种条件的限制，线上教学无法像线下课堂一样进行有效互动，教师在直播课上多以单向讲授为主。同时限于时间要求，教师极少与学生交流，有的教师甚至一堂课都没有提问，全程都在唱独角戏。诚然，线上教学的诸多限制会影响师生的互动和交流，但这并不意味着教师只能采用单向教授的方式。小学道德与法治课程注重学生的个体建构，强调互动交往的价值，线上教学只是教学形式发生了变化，并不能因此改变课程理念，在线上教学期间，教师仍要以学生为主，注重学生生活经验的引发。

线上教学引发学生的生活经验有多种方式，常用的有布置课前任务、作品展示、小组合作等。以环保主题为例，教师可以将课时任务制作成任务单，分小组解决，上课期间通过小组汇报解决主要问题。同时，此主题关注学生在生活中的践行效果，亦可以让学生将自己家里变废为宝的具体实践通过作品的方式呈现出来，既引导了学生实践，又进行了教学评价。引发学生的生活经验，还要关注学生个体的表达，将宏大叙事和微小叙事相结合，既坚持宏大叙事的价值引导，又关注学生个体的理解构建，提升线上教学的效果。关注学生的个体表达，教师要给学生充分的表达空间，如果课上时间不够，可通过书面或者录制音视频的形式

让学生就某一问题充分表达自己的观点，并就关键问题进行追问。

三、关注线上教学的德育价值，丰富课程资源建设

小学道德与法治课程从学生不断扩大的生活领域入手，通过家庭、学校、社会、世界交往圈层的不断扩大，引导学生正确处理个体与他人、个体与社会、个体与自然的关系。线上教学期间，学生的交往虽由身体在场的方式转变成网络虚拟空间，但上面提到的四个生活领域依旧涉及，内含丰富的课程资源，包括个人生活中的卫生、自律、慎独、时间规划、不良情绪疏导等，社会公共生活中的公共意识、网络空间交往、邻里关系、社会责任等，国家层面的法治、民主、责任、义务等，世界层面上的命运共同体、国际合作、对不同民族文化和习俗的尊重等，人与自然层面中的环境问题、地球保护与开发等。这些内容富含深刻的德育价值，也是学科资源库素材的来源，教师要在开展线上教学的同时进行搜集和整理，以丰富资源库建设。

资源库的建设要与教材内容相呼应，以教材框架为主将线上教学期间搜集的资料进行分类整理，同时也要关注教材中存在的不足，弥补教材不够全面的地方。例如，统编版教材的编写虽尽量照顾到全国各地的情况，但是仍存在农村情况缺失、对农村关注不够的问题，诸如此类的不足都需要教师在开展线上教学的时候细心搜集资料，建好资源库。

四、坚持班本原则推送资源，并进行二次开发

为保障线上教学的有效开展，国家、省、市、区（县）组织开发了大量的优质资源，为教师线上教学提供了广泛的选择，但这并不意味着教师可以随便选择并直接推送给学生。不同的资源是站在不同高度和角度进行开发的，并不适合所有的区域和学校。未经二次开发的资源有时会脱离学生的生活实际，无法有效地唤醒学生的经验和情感。

巡课中笔者发现有些教师结合资源推送进行的教学引导出现了学生一片茫然的现象，多是所推送资源离学生生活较远所致。因此，教师在推送资源的时

候要坚持班本原则，从学生的实际出发对资源进行二次整合，开发适合本班学生的资源。坚持班本原则进行二次开发：一方面教师需要了解学生在线上教学期间的生活状态，把握学生在新的生活和学习形式下的"遭遇"，发现学生线上与线下学习的不同；另一方面教师在开发过程中也要将学生纳入进来，通过与学生的交流沟通明确学生的需求，以便更好地选择资源，同时学生参与资源选择也会提升他们对课程的兴趣，提高参与度，更好地促进教学开展。

线上教学开展以来，小学道德与法治学科面临多种挑战，也存在不少机遇。为促进小学道德与法治学科线上教学全面、有效开展，教科研人员及教师在关注以上问题的同时，还要注意研究教学评价的有效实施、网络教研的有效开展、家庭德育资源的有效使用等，以期为线上教学提供有益参考。

王战 / 济南市教育教学研究院

参考文献：

[1] 高德胜. 生活德育：境遇、主题与未来 [J]. 教育研究与实验，2012（3）：5-10.

[2] 孔祥渊. 立足情境的特殊性：微小叙事的兴起与德育的应有变革 [J]. 中国教育学刊，2022（1）：92-96.

[3] 王雅丽. 班级公约的内在德性探究 [J]. 教学与管理，2021（6）：70-73.

巡·思
——济南市小学数学线上巡课录

为了全面、迅速、精准地了解济南市小学数学教师线上教学情况，及时发现和解决一线教师急需的真问题，我们采取多层次、多角度、分学段（小学数学分 1—2 年级、3—4 年级、5—6 年级三个学段）的方式进行巡课。巡课对象从多个维度进行分类：市区内 1000 人以上的学校、中等规模的学校、地理位置偏远的农村小学；新任教师、老教师、市级骨干教师、区县级骨干教师、学校骨干教师；六三学制学校、五四学制学校、中小学一贯制的学校和纯小学。巡课方式有：推门课、预约课；单独听、与区县教研员同步听、与学校教研组同步听；一对一的反馈、一对多（教研组）的反馈、面向各区县的整体反馈。

一、"巡"出精彩

线上教学之初，直播课堂给教师带来巨大的挑战。小学数学教师提出了一系列的问题：怎样熟练地使用直播工具？怎样进行线上教学课堂监控？怎样在教学过程中与学生互动？怎样进行线上教学的作业反馈？怎样提高线上教学的学习效率……济南市小学数学教师团队在实践中边研究边总结边分享，不断优化直播技术，改进教学方式，提高育人质量。

（一）直播技术的分享与学习

直播工具的熟练使用是一线教师线上教学的前提，为了迅速、精准地为一线数学教师提供行动指南，我们向全市一线教师分享了市中区、章丘区、长清区三个小数团队分别制作的腾讯会议、QQ 直播 + 人人通线上批改作业、钉钉会议、钉钉在线课堂直播技术"明白纸"，以及直播工具的使用方法和课堂教学管理的小视频。这些让一线教师拿来就用的"产品说明书"，保证了线上教学顺利、有序地进行。

（二）教学内容的统整与优化

线上教学每节课的时间是 20 分钟，这就要求教师必须对教学内容进行单元通整和课时优化；必须把握学情，做好教学前测，找到学生的学习起点、困难点和生长点；必须明确每节课学什么、怎么学、学到什么程度；必须形成小学数学课前预设与准备—课中探究与碰撞—课后辅导与反馈的教学闭环，才能在规定的时间内高效完成教学任务。经过一段时间的探索，教师们提炼了诸多行之有效的教学策略。

1. 精讲精练，教学中注重师生互动、及时反馈、有效评价

经过一段时间的实践探索，初步形成了线上教学的一般模式：学习准备—自学设疑—自主探究—方法提炼—巩固拓展—全课小结。教师遵循"删繁就简"的原则，做到"三讲""三不讲"："三讲"是讲学生提出的问题，讲学生的困难点，讲学生的错例；"三不讲"是学生会的不讲，学生自己能学会的不讲，学生做对的题不讲。

2. 放大空间，给学生自主学习、独立思考、提出问题的机会

对于小学数学而言，线上教学是培养学生自主学习能力和自律意识的最佳时机。比如每天课前签到，实行小组管理，培养学生守时守纪的好习惯；设计课前预习单，根据学生提出的问题展开教学，避免了会的问题重复讲；设计学习任务，提炼核心问题，先让学生独立思考、自主探究；在学生操作、练习时，使用"计时器"，培养学生的时间观念；学习过程中允许学生随时按下"举手键"，提出自己的困惑；全课小结时，鼓励学生自我反思，提炼思想方法；设立课后线上答疑，及时解答学生在作业中遇到的问题，满足不同层次学生的个性化需求。

3. 直观教学，让学生在真实情境中解决真实问题、认识真实世界

教师在备课中注重真实情境、真实数据的搜集，将抽象的数学知识与解决真实问题紧密结合，让学生感受到数学与生活的联系，培养数学应用意识。在

教学中注重直观教学，借助操作、画图等数形结合的方法让学生自主探究，掌握新知。就像数学家乔治·波利亚说的，"抽象的道理是重要的，但要用一切办法使它们能看得见、摸得着。"

（三）数学作业的设计与反馈

教师在课堂上要留给学生独立完成作业的时间，针对学生的错例及时进行归因分析，做到当堂清；针对学生家庭作业中存在的错例进行反思纠错，做到日日清。结合学生的年龄特点和学习经验，设计一些跨学科、探究性的实践作业，如小制作、小实验、小调查、数学日记、数学绘本等，既激发了学生的学习兴趣，拓展了视野，又培养了学生综合运用知识解决实际问题的能力。

（四）线上学习的组织与管理

为了更好地监控学生的线上学习，有的学校采取"1+1"教学模式，即一名教师线上授课，班主任或者另一名任课教师在线观察、记录学生的学习全过程，包括学生的按时签到、发言情况、学习习惯、听课表现等，并在一节课结束后，面向全体学生进行简短总结，做出诊断、表扬和温馨提醒。还有的学校采取集体巡课模式，除了对学生的表现进行总结之外，还要及时反馈给家长，形成家校合力，共同培养学生居家学习的好习惯。与此同时，重点对任课教师的教学情况进行研讨和反馈，通过线上会议的形式，聚焦线上课堂教学的真问题，给出教学建议。

二、"巡"出思考

（一）建设教、学、评一体化的线上教学平台

教师在线上教学前需要做不同应用软件的直播申请、学生签到、上传课件等准备工作，直播时会遇到公用平台使用人次过多、网络拥挤、暂时掉线等技术问题，既耽误了教学时间、耗费了师生精力，又影响了教学效果。数学作业的线上反复纠错批改也是目前遇到的难题，缺乏有效的网络作业评测工具。因此，进一步加快市域范围内的网络教学平台建设，完善线上教学技术支持，构建线上教学

资源、教学实施、教学管理、教学评测一体化的综合性平台成为必需。

（二）建立教师线上教学能力培训机制

2022 年济南市线上教学从整体上看，不同区域之间、不同学校之间、不同教师群体之间，在教学观念、教学技术、教学效果、教研实效等方面仍存在较大差异。因此，有必要在全市范围内进行深入调查研究，通过网络问卷、访谈等形式，了解教师线上教学中采用的教学资源、使用的平台、师生互动方式、在线教学中遇到的困难、在线教学的需求等，借助大数据形成调研报告，挖掘线上教学的真问题、真需求。另外，根据学校、教师的需求，加大教师线上教学的培训力度，从教师技术素养、计划准备、学习方式转换、学习组织管理和线上教研、教学评价等方面进行全员通识培训，全面提升教师的线上教学能力水平，以适应未来之需。

（三）探索基于实证的线上教学的评价方法

疫情的到来彻底打破了线下教学和线上教学相对分离的格局，线上教学、线上学习、线上教研已经逐步进入常态化。线上巡课既要评价教师的教，又要评价学生的学。评价的目的是全面了解学生数学学习的过程和结果，激励学生学习和教师改进教学方法。目前的评价反馈较多的是对教师教学的主观的描述性评价，较少有对学习全过程进行基于数据的定量评价。特别是如何进行线上教学中的"课堂监控""师生互动""学校管理""教学环境"等多维度的诊断和评估，如何进行基于数据的课堂观察，这些都是我们需要深入研究的问题。

（四）构建家校共育的线上教学的教育生态

突发的疫情，使学生由原来每周 5 天在学校的线下学习，转变成每天居家的线上学习。由于小学生年龄小，自律性和自我控制能力弱，需要学校和家长互相配合，共同承担起监督学生学习的责任。疫情居家学习期间，父母与孩子常伴，既是培养良好亲子关系的最佳机会，也是最容易爆发家庭矛盾的特殊时期。通过调研我们发现，线上学习期间的家校共育，家长实际上发挥了比平时更重要的作用。大部分家长都能准确定位，积极应对线上学习中孩子存在的问题。但也有部分家长认识不足，应对能力不强，导致出现了一些问题：有的家长缺乏"共育"理念，认为线上学习与家庭教育无关，"养育"分家，不能承担家长职能；有的家长工作忙碌，无暇照顾、关心孩子；有的家长心理准备不足，对孩子的期望值过高；有的家长对待孩子没有耐心，容易"着急、发火甚至焦虑"，缺少有效的方法；还有的家长对于孩子出现上网玩游戏等问题没有引起足够的重视，也没有及时与教师沟通，导致问题越来越严重。这些问题直接或间接影响了小学生线上学习的质量。

针对这些问题，全市各学校和一线教师做出了很多努力：一方面，学校做好引导工作，从思想上重视，在行动中落实。线上教学之初，开好第一次家长会，介绍线上学习和线下学习的不同，针对线上学习可能带来的问题做好预设，让家长既有心理上的准备又有应对的策略。另一方面，线上教学过程中，教师及时与家长沟通，及时发现存在的问题，通过家校合作，保证学生居家学习的质量，形成和谐的教育生态环境。

谢毅／济南市教育教学研究院

新课标视域下的小学英语线上教学初探

2022 年 4 月，教育部下发了《关于印发义务教育课程方案和课程标准（2022 年版）的通知》，新修订的义务教育课程方案和语文等 16 个课程标准正式对外发布。与此同时，全国多省、市因疫情原因，开启了新一轮的线上教学，笔者所在的山东省济南市就在这一行列中。为切实有效保证线上教学效果，济南市教育局发布《关于规范有序做好线上教学服务工作的通知》，提出要提升特殊环境下教育教学服务质量，努力做到"停课不停学，在线不减质，居家不降效"。济南市教育教学研究院第一时间制订并发布《关于加强线上教育教学工作的指导意见》《关于进一步加强线上巡课和线上教研的指导意见》，制订学生学习指南，指导教师线上教学。各学段教研员强化线上巡课，通过坚持日常巡课，有目标、有针对性地参与区域、学校集体备课，组织主题线上教研活动，接听各学段线上教学咨询电话，及时反馈问题，集中分析问题，分享实施经验，匡正线上教学理念，指导教师线上教学实践，及时纾解家长的焦虑情绪，充分发挥专业引领、专业指导、专业改进的学术引领作用。本文围绕义务教育英语课标新理念和济南市小学英语学科线上教学新实践进行深入剖析，聚焦新理念、关注新问题、探索新路径，从而达到优化教学、减负提质的目标。

一、对标理念

（一）坚持学科育人导向

新课标指出，教师要把落实立德树人作为英语教学的根本任务，准确理解核心素养内涵，全面把握英语课程育人价值。引导学生在学习和运用英语的过程中，拓展国际视野，加深对中华文化的理解，增强中华文化认同感，逐步树立正确的世界观、人生观和价值观。线上教学同线下教学一样，都要以核心素养为导向，积极发挥学科育人价值。

（二）加强单元教学的整体性

推动实施单元整体教学，教师要强化素养立意，围绕单元主题充分挖掘育人价值，确立单元育人目标和教学主线，对单元内容进行必要的整合或重组，形成具有整合性、关联性、发展性的单元育人蓝图，并依据单元育人蓝图实施教学；要构建由单元教学目标、语篇教学目标和课时教学目标组成的目标体系，使学生逐步建构起对单元主题的完整认知，促进正确态度和价值观的形成。

（三）引导学生乐学善学

英语教学不仅要重视"学什么"，更要关注学生是否"喜欢学"，以及是否知道"如何学"。教师要根据学生的认知特点，设计多感官参与的语言实践活动，让学生在丰富有趣的情境中，围绕主题意义，通过感知、模仿、观察、思考、交流和展示等活动，感受学习英语的乐趣。教师要及时肯定学生取得的进步，悉心指导学生克服困难、解决问题，增强学习自信心。教师要指导学生对照学习目标，评价和反思自己的学习过程和学习效果，根据学习需要调整学习方法与策略，切实提高学习效率。

（四）提升信息技术应用能力

现代信息技术不仅为英语教学提供了多模态的手段、平台和空间，还提供了丰富的资源与跨时空的语言学习和使用机会，对创设良好学习情境、促进教育理念更新和教学方式变革具有重要支撑作用。教师要将"互联网 +"融入教学理念、教学方法、教学模式中，深化信息技术与英语课程的融合，推动线上线下学习相结合，提高英语学习效率。

二、整体规划

（一）基于主题的育人价值挖掘

主题为语言提供了意义语境，有机渗透着情感、态度和价值观，对主题意义的探究应是学生学习语言的最重要内容，直接影响着学生语篇理解的程度、思维发展的水平和语言学习的成效。在线上教学设计过程中，教师首先按照"人与自我、人与社会、人与自然"三大主题范畴和20余项子主题内容对教材进行归纳整理，并通过集体研讨，较精准地定位单元学习的主题意义和育人价值。以人教版教材六年级上册第六单元为例，该单元属于人与自我主题范畴下的"个人喜好与情感表达"子主题内容，本单元的育人价值不仅在于学生能够了解各种情绪和疏解情绪的办法，还在于学生能够借助学习的情绪及情绪管理方法，合理表达自己的情绪，并为他人的不良情绪提出合理建议。基于主题深度挖掘育人价值，是教师基于课标、教材、学情的深入解读后进行的富有个性化的育人价值建构与教材二次开发。

（二）单元与单课设计

明确单元育人价值后，教师需要结合课标和学情对单元学习水平进行框定，同时对单元内容进行结构上的划分，厘清核心版块与辅助版块。在设计单元教学目标时，教师要统筹考虑单元目标与核心素养发展点和单元语用任务的设计，以"学生能做什么"进行表述。而后设计各分课时目标，它们与单元目标高度黏合，同时，各分课时目标之间不是并列关系，而是递进的、螺旋上升的关系。对单元进行整体规划后，还要具体设计每一单课。在此过程中，教师力求凸显学生在语言学习中的主体地位，关注情境创设，增强学生体验，给予学生学习支持，特别关注学生思维品质、文化意识等隐性素养的发展。

（三）过程评价设计

在单元整体教学设计中，学习评价关注的是学习本身。每一个任务的实施都应伴随着评价。教师们在课堂教学的设计中为学生搭建有力的"脚手架"，从而让每一个学生得到发展和提高。教师针对学生核心素养的四个维度进行了具体指标的设计——以关注语言知识达成的学习成果评价、以关注文化意识的学习兴趣评价、以关注学习能力和思维品质的学习习惯评价，帮助学生达成预设的教学目标，以评促学，以评促教。

三、过程推进

（一）多方联动，精准指导

各区县认真落实"一校一策、一班一案"工作要求，"分班实施，充分自主"地开展线上教学。首先，组建"教研员＋业务校长＋教导主任"巡课团，学校提前报备每日课表和授课方式，巡课团成员分工协作，通过加入班级群、会议群等方式开展云端巡课，进行指导反馈，随时分享有益经验，解决共性问题，确保线上教学提质增效。

（二）智慧众筹，以研促教

线上教学有其独特之处，不能简单地照搬线下教学的流程。教师们以问题为导向，以研究为驱动，创新线上教学方式，努力实现英语学科"隔空乐学"。从课前充分集备、按需定制资源，到课中关注全体、注重互动体验，再到优化作业设计，跟进反馈指导，逐步实现"以生为本、素养导向、单元推进、过程优化"的线上教学新样态。

（三）讲练结合，学语致用

英语线上教学因"隔空对话"，对语境创设的真实性、语用任务的可操作性和语言学习的趣味性提出了更高要求。教师应遵循学习规律，精选课程资源，优化活动设计，注重思维启迪，关注能力培养，积极践行英语学习活动观，让核心素养在潜移默化中慢慢积累。

四、优化建议

（一）目标精准，关注达成

小学阶段的线上教学仅有 15—20 分钟，教学目标精准可测是确保教学质量的前提。教师应深耕课标、吃透教材、把握学情、聚焦核心，力求高频复现、重点突破，避免面面俱到；应把目标表述为"学生能做什么"，重视语用目标设计，关注学生目标达成的行为表现。

（二）同"屏"共振，精细管理

线上教学需要仪式感，抓实常规，有序推进。英语教师要做到"五到"：一是规则到。课前与学生明确教学常规，如回答问题时打开麦克风。二是指令到。根据学情采用英语为主、汉语为辅的教学语言，课堂指令与线下教学无缝衔接。三是互动到。深度学习离不开有效丰富的互动交流，师生互动的同时，加大生生互动。四是示范到。英语教师通过示范朗读、角色扮演，让学生身临其境，体会模仿。五是评价到。以过程评价推动学生点滴进步，体验成功。

（三）统筹平台，家校共育

目前，教师们多使用腾讯会议、QQ群课堂、钉钉等线上教学平台，多种平台并存不利于巡课开展。建议以区域或学校为单位统一教学平台，加强技术培训，提高线上教学效率。同时，关注薄弱校和特需生，做好家校沟通，加大关爱扶助力度，提供更有针对性、更为贴心到位的线上教学服务，确保学生"一个不掉队"。

管玲／济南市教育教学研究院

关于云端音乐教学的思考

2022 年 3 月 30 日起，因疫情防控，济南市中小学全部调整为线上教学，在济南市教育局相关文件精神和济南市教育教学研究院的具体指导下，音乐学科线上教学在各区县学校开始平稳有序地推进，力保"停课不停学，在线不减质，居家不降效"。面对"云端课堂"音乐教学，如何让学生足不出户"玩"转音乐课堂，得到美的熏陶和提升，成为我们思考和研究的方向。针对如何引领区县的教研人员、音乐教师转变教学方式，融入现代互联网科技辅助教学，我们将进行有效的策略研究。

一、音乐直播课，研之有"道"

2022 年 3 月底开启的线上直播课堂，已经不能等同于 2020 年的"空中课堂"，学生、家长和社会对于线上直播课有了新的认识和更高的标准。音乐教师开启线上直播课堂，要把紧紧抓住学生的注意力、提升学生参与度、使学生爱上音乐直播课放到首位，这也要求音乐教研工作者对上好云端音乐课进行深入研究。

（一）加强线上教研引领：策略与指导

基于线上教学现状，区县和学校开展集体教研、备课是给予音乐教师专业引领，开阔教师教学思路，提高线上教学水平的有效途径。通过互联网信息技术优化、整合教育资源，教育手段上主要采用"视频亮相法"展示学生的各种音乐表现，"虚拟背景法"遮挡直播教师背后的杂物，创设与音乐教学有关的氛围，"镜头全开法"要求学生全部打开摄像头，便于直播教师有效监管学生的学习状态，随时调整教学，吸引学生的注意力。教学方法上通过趣味的发声练习或节奏练习、细致入微的歌曲教唱、唯美传神的舞蹈律动示范，使每一个教学环节都具有音乐韵味，用专业打造具有音乐教学特色和个性的实力"主播"，让学生在美中感受音乐的魅力，在集体智慧的引领下为线上教学保驾护航。

（二）加强直播课堂展示：问题与思考

北京师范大学大陈丽教授提出，在线教育非常显著的一个缺点，便是使师生"时空分离"，一改原来熟悉的课堂模式和环境，自然无法迅速获得教学效果。线上直播课只有宝贵的 20—30 分钟，高效利用直播课把教学重难点落实到位着实不容易，基于此需要开展丰富多样的线上展示课活动，让优秀课例做引领，启发众多音乐教师对上好线上直播课进行思考。我通过 40 多节的观课体会到，课前备好课能使教学设计流畅，搜集大量素材能丰富教学内容，调试好教学软件能确保直播顺畅，线上教学的语言表达规范、有感染力，明确清晰的课堂指令是学生积极参与音乐活动的指挥棒，这些都能很好地解决直播课中出现的问题。各区县层出不穷的线上直播展示课分享了优秀的教学成果，音乐教师们在观评课中获得了可借鉴的经验，运用到自己的直播课中，使音乐课变得异彩纷呈、与众不同。

（三）加强提炼总结：改进与研究

线上直播课伊始，很多音乐教师不会上直播课，多是通过班级群挂链接、放资源，即使上直播课也是带领学生看视频、看课程资源，缺少有效的引领和指导。市、区、校三级开展年级学科全覆盖巡课，做到找亮点、纠问题、提建议、快反馈，音乐教师结合区县线上教研和展示课示范引领，迅速扭转了线上直播课不会上的局面，尽快做出了调整和改进，并深刻地思考有关提升教学效率的诸多问题。

线下教学中学生通过多遍聆听和感受能很快熟悉新授歌曲旋律，然后教师再进行教唱环节和拓展内容，而线上教学受时间限制，不容反复聆听和感受音乐，需要在初次聆听时要加入跟唱或模唱，甚至加入节奏律动，争取在最短的时间内完成熟悉歌曲旋律的环节。基于这种时间紧、任务重的压力，音乐教师的语言力求表达明确简洁、指令具体清晰，以保证线上教学授课效率。如教师给出具体指令："下面，请同学们一边听歌曲一边小声跟唱，要求张开嘴、面带微笑、眉毛挑起、眼睛睁大，虽然听不到同学们的声音，但是通过镜头里同学们的面部表情就能感受到大家的歌唱情况，请同学们认真演唱啊！"音乐教师通过具体的指令能有效激发学生参与音乐活动的兴趣，期望被教师点名时的紧张和喜悦能把学生的注意力牢牢锁定在线上课堂，还无形中拉近了师生之间的距离。

二、音乐直播课，教之有"术"

上好线上音乐直播课的关键在于"动"。线上教学本身受到多重因素的制约，学生听课效率不高；没有教师监管，没有线下教室的氛围，学生参与音乐活动不积极，"动"起来很难。基于此，音乐直播课的互动需要有"心"意，频次要密集，教学方式要灵活多样，注重学生参与音乐学习的体验，这样才能更好地提升学生的学习效率、学习兴趣。良好的教法是优化教学过程的首要因素，音乐直播课在突出"互动"上下功夫，巧妙地设计音乐教学环节，充分体现"教学有法、教无定法、贵在得法"。

（一）巧设云端音乐会：互动与参与

云端音乐会是自 2020 年疫情居家以来兴起的一种线上参与音乐活动的形式，用在我们的音乐直播课堂也是一种很好的授课方式。教师可以提前布置学生展示音乐才艺的任务，要求学生在直播课堂上进行演唱、演奏、舞蹈等展示表演。此环节可以是"云端音乐会"或"玩转音乐才艺小展示"，起到增强学生自信心、提升线上学习参与度、增进学生间的相互学习和理解的作用。在观看他人表演时，教师要鼓励学生在聊天区互评或发表情点赞，创设良好的师生友爱互动关系。

（二）巧用自制打击乐：律动与伴奏

陶行知先生倡导"生活即教育，社会即学校"。音乐教师可以抓准时机利用生活中随处可见的材料进行教学，鼓励学生从生活实际出发，自己动手做乐器，自己动脑模仿乐器，调动各种感官来体验与模仿。引导学生利用自己的身体敲击节奏，拍手体会强弱，拍腿模仿马蹄的声音，利用身边的小勺、纸盒、矿泉水瓶、筷子模仿打击乐器，任何东西都可以变成教师和学生的音乐伙伴，用学生喜欢的方式为音乐伴奏，充分体验音乐带来的乐趣。学生通过切实感受生活，进而以情感体验来感知音乐、体验情感，实现音乐与情感的结合。

（三）巧编音乐配律动：舞蹈与演唱

律动是音乐的灵魂，演唱是学生学习音乐的基础性内容，线上直播课如果缺少了学生音乐实践活动，就失去了音乐色彩。这个阶段的学生乐于模仿，愿意学习形式生动的音乐知识和技能，线上直播课更需要教师充分利用身体这一最好的"乐器"，结合音乐内容自编、创编舞蹈动作，进行即兴表演，张开嘴巴用情歌唱，感受节奏的变化，感受音的高低，更好地诠释音乐内蕴。这种教法迎合了学生的兴趣，产生了心性共鸣，起到遵循学生身心发展规律、使教学形象直观、活跃课堂气氛的作用。

（四）巧用资源加素材：体验与鉴赏

为高效开展线上教学工作，济南市教育教学研究院组织开发的2020年"空中课堂"、2021年"泉课行"及近期4月份的课程资源，为这次线上直播课提供了丰富、优质的线上教学资源。随着年级的升高，音乐欣赏内容和音乐作品篇幅加大，授课时间明显不够用，音乐直播课巧妙引用资源中的音频、视频等素材，弥补了线下音乐欣赏教学上的不足，突出了优化教学内容、丰富教学形式、提升趣味教学的时空优势。直播课堂时间有限，结束后教师还可精选内容发到班级微信群供学生课后反复聆听、欣赏，进一步提高学生对音乐的体验和鉴赏能力。

三、音乐直播课，评之有"法"

线上教学与线下课堂最大的区别在于师生间互动不足，怎样利用现代化信息技术进行有效的教学反馈和评价，确保线上教学效果，需要音乐教师创造性地开展教学评价，激励学生参与音乐活动，激发音乐学习兴趣。

（一）云端展示多参与，及时给出专业评价

音乐直播课堂上学生参与音乐学习的形式很多，如单独或小组开麦演唱、器乐演奏、舞蹈表演、律动小展示等，都能在教师或同学的鼓励表扬中得到认可，增强学生当众表现的自信心。同样，课后也可以让学生在家长的帮助下录制一段才艺展示的小视频，通过云端上传班级群让教师来评价。这种评价不能停留在"你真棒""唱得真好听""表演很到位"等简单的口头式评价，教师要给出专业性的指导意见和评价语言，力求学生才艺表演能力的改进和提高，如音准问题如何解决，歌唱状态如何调整，演奏姿势如何改进，舞蹈动作如何做更优美等。音乐教师的评价建议和语言要具体可操作，做到从学生中来，到学生中去，确保线上教学质量。

（二）师生互动多关注，即时给出口头评价

口头评价是贯穿于教学的一种即时的、直接性、快捷性、情境性的评价。因线上直播课时间有限，教师为了提高教学效率、体现师生间的互动、关注广大学生的学习，采用简洁明了的即时口头评价是最有效的方式之一。尤其是使用腾讯会议、钉钉的教师，在直播课堂上能够通过摄像头全面观察学生在镜头前的动向，如在提问环节，可将问题设置为"判断题"，在评论区回答"是，输1"，"否，输2"；还可将问题设计成"选择题"，学生根据"A 摸头、B 摸鼻、C 摸下巴、D 摸耳朵"来选择答案。快捷的反馈方式节省了上课时间，为教师做出即时的口头评价提供了有力依据，这种形式比手动输入汉字答案、单个学生回答问题更加省时、高效。

（三）课堂效果多鼓励，全面给出课堂评价

学生长期上直播课缺少群体间的相互交流，同时直播课时间短，教师不易大量、长时间地评价学生的学习，因此简洁评语、多种形式的评价能给人心理上的满足感，从而激励学生不断进取。语言表扬重方法，积极反馈提效率，直播课中，音乐教师的及时表扬、鼓励和积极反馈能提高学生的听课效率。部分班级的直播课堂有双师管理，课堂教学结束的同时，教师反馈落实学生的课堂表现，颁发有音乐学科特色的优秀奖项，以鼓励更多的学生积极奋进，不断严格要求自己。如通过聆听学生音准、节奏的演唱情况，颁发"小小歌唱家"奖状；观察学生课堂律动及参与音乐表演情况，颁发"小小舞蹈家"奖状；学生能够积极回答问题和教师互动的，可被授予"积极发言小标兵"；学生坐姿端正，课堂纪律良好的，可被评为"纪律小标兵"。

线上教学开展以来，各区县和学校的音乐教师主动担当，各尽其责，以"艺"抗疫，依托学科特点，师者有"慧心"，线上看"妙招"。音乐教师通过一节节精彩的音乐直播课让学生感兴趣、动起来、学进去，不断调整适合线上直播教学的方式方法，吸引学生的注意力，提升学生的参与度，使学生爱上动感音乐直播课，让音乐为学生的居家生活增添一份活力和精彩，师生一起徜徉在音乐的海洋中！

云露 / 济南市教育教学研究院

济南市高中思想政治学科线上学习指导

一、高三学习备考建议

（一）准确、全面、完整地理解和掌握学科主干知识，或背诵，或默写，反复强化记忆，做好自我反馈矫正。在此基础上，前挂后联，并能够将教材考点知识与时政知识进行整合，构建崭新的知识体系，形成自己的"知识库"。

（二）上网课时，认真听讲，积极与教师互动，做好笔记，深入理解主干知识，区分易混易错点，拓展知识视野；深入了解社会热点问题的来龙去脉，把握社会热点问题的主要内容，整理并记忆关键时政语言，并用所学知识分析社会热点问题。

（三）认真完成、按时提交教师布置的作业。在教师进行讲评时，主动寻找自己作答时存在的问题，反思自己的学习，寻找自己的短板，多一些广阔视角，多一些深入思考，多一些灵动生成，做到规范作答、综合作答、创新作答，不断提高分析问题、解决问题的能力。可以加强对思辨性强、能力要求高的相关试题的训练，进一步提升自己的思维能力和思维品质。

（四）保持良好的精神状态，每天以积极的态度对待学习和成长，戒骄戒躁，心无旁骛，有条不紊地安排自己的复习计划，坚信通过自己的努力奋斗必定能够取得理想的成绩。

二、高一、高二年级学习建议

（一）主动进行课前预习，了解教材的基本内容，提出自己的疑难困惑。

（二）上网课时，认真听讲，积极与教师互动，有疑难问题及时向教师请教，课后及时整理并掌握所学必备知识。

（三）及时完成教师布置的作业，认真听取教师对作业的讲评，及时发现并矫正自己作业中存在的问题。

（四）观看《新闻联播》，关心国内国际大事，主动运用所学知识分析社会热点问题，做到学以致用。

济南市高中语文学科线上学习指导

一、高三学习备考建议

（一）充分利用教师线上课堂的主渠道。目前，各个学校的高三教学进入二轮复习阶段，这一轮复习基本还是以语文各个考点的板块复习为主，因此对各个板块不同文体和考点的学习是主要任务，着重解决的也是各个板块考点中存在问题比较多的地方，尤其是要了解板块考点中命题的基本类型，熟悉延伸出来的命题类型，针对不同提问方式有效思考、精准作答。

（二）适当做一些新高考试题和各地市模拟试题（作文除外）。一是提高阅读速度，思考各个板块考点的考查方向，把握其不同特点；二是提高答题速度，合理分配各个板块的答题时间；三是核对标准答案，通过对比和梳理，思考盲点，找出问题所在，对症下药；四是训练答题技巧，积累丰富经验，提升正答率。

（三）扩大阅读面，增加阅读量。一是适当阅读时文，养成思考的习惯：文本主要谈的是什么概念或者话题；或就什么事情阐述道理；把握作者的基本立场和观点；厘清文章整体论述的结构及段落之间的关系；文章主要用什么作为论据，有哪些论据。二是多了解社会时讯，并能形成自己的思考和独到见解。

（四）读一读高考优秀范文。尤其是最近三年来的高考优秀作文，这是我们应考的模板。所谓临阵磨枪，不快也光，阅读范文也能提升我们的作文水平。

二、高一、高二年级学习建议

（一）线上课堂是语文学习的主渠道，听讲和思考是语文学习的两翼，因此保证精力集中是课堂有效学习的第一也是最重要的条件。

（二）静下心来，课下多读一读书。扩大阅读面，增加阅读量，是提高语文理解能力和水平的不二法门，没有足够的阅读支撑，何谈语文能力提升？

济南市高中数学学科线上学习指导

主动学习。被迫的刻苦学习，犹如捏住鼻子灌药，咽下去，有可能吐出来。如果拼命学习的动力是发现了数学的美，为数学本身的魅力所吸引，则如美味佳肴，就凭它的色香味，使人油然升起强烈的向往，这才是学习数学的正道。

追求理解。汽车飞驰离不开提供动力的心脏——发动机，但必须通过变速箱、大轴，最后作用到轮子上。数学学习也是如此，概念、基础知识（发动机）要发挥作用，也必须靠一连串的连接装置。理解数学知识才是关键。

把握本质。学习应该"醉翁之意不在酒"，要通过学习知识来学会思考，学会分析问题和解决问题，培养和提高自己的能力，发展和完善自己的素质，使自己变得更加聪明。学习任何知识都要从系统的角度出发，着眼于知识的联系和规律，发掘其本质，注意数学思想的渗透和哲理观点的升华。为此，我们要经常进行总结，善于比较和优化。

善用联系。寻求联系、统一的过程是学好数学的正确路径，这样能将知识放于系统中，从系统的高度去理解、把握每个概念，着眼于每个知识的内涵和它与外在事物的关联。这样学到的知识是有结构的整体，且总是着眼于联系的发现和规律的研究，并逐步形成深刻的观点。

深度思考。数学学习要知其然、知其所以然、何以知其所以然、何以由然。知其然——是什么；知其所以然——为什么；何以知其所以然——怎么想到的；何以由然——从哪里思考。分别强调知识的结果、方法、思想和背景。

掌握逻辑。数学知识的成长和发展有其内在逻辑。只有追寻、遵循数学问题提出的内在逻辑、数学问题解决的内在逻辑和数学问题拓展的内在逻辑，才能有效地学会数学，理性、有条理地进行思考。解题时思考每种方法运用的时机与动机，每个策略的自然性、合理性和必然性。

超前思维。把教师的讲解作为一个因素，独立思考，主动思考，创造性地进行思考，这时就需要超前思维。一个概念出来了，自己先尝试去定义它；一个命题提出来了，自己先尝试去判断它的真假；一个定理或公式写出来了，就尝试去证明它；一道例题写出来了，先试着分析、解出它，总之让自己的思维跑在教师讲解的前面。

学会阅读。数学阅读是从背景、数据等材料中获取信息的心理活动过程，不仅包括对数学文字语言、符号语言、图表语言的理解、记忆、认知等过程，还包括对材料的逻辑结构进行分析、综合、归纳、推理、猜想等一系列思维过程，是区别于一般阅读的较为复杂的智力活动。

刻意练习。数学学习有三个区，分别是舒适区、学习区和未知区。刻意练习有三个关键：走出舒适区，进入学习区；大量、重复的练习；持续有效的反馈。

有意注意。"有意注意"就是自觉、有预定目的地持续专注一件事，然后持续积累和突破！数学学习就要做到有意注意：三靠——靠知识，靠技能，靠思维；三练——练思路，练运算，练表达；三会——会观察，会联想，会转化。

济南市高中英语学科线上学习指导

一、高三学习备考建议

信念不动摇。越是困难时刻，越要坚定战胜困难的信念，树立必胜的信心。信心是建立在努力奋斗基础上的，这是顺利完成高三冲刺复习、学好必备知识、不断提升英语关键能力的根本。

习惯要坚持。应自觉坚持良好的英语学习习惯。每日英语读背、每日针对性刷词、听写常见词块与表达、每日阅读训练等好的语言学习习惯，在居家学习期间更应加强，并持之以恒。

效率要提升。积极适应线上课堂，探索适合自己的线上英语课堂学习方法。学会自我约束，自我反思总结，不懂不透的知识看回放；笔记整理应坚持，既涵盖基础性语言知识，又包括基本的解题策略、方法和感悟；师生互动不缺席，主动联系英语教师，积极开展线上互动，当日问题当日解决。

训练更科学。英语模拟训练常态化、定期化、规范化。结合英语线上课程安排，自己主动安排英语模拟训练，定期、定时间、限时完成，检验自己的学习成果，结合问题进行靶向改进。

反思重效果。作业、模拟训练等善后整理反思工作要做足，要质量而不求数量，对通过训练所筛查出来的语言知识和解题策略漏洞一个都不要放过，理解透彻，不吃"夹生饭"。

二、高一、高二年级学习建议

线上线下不掉队，同心抗疫渡难关。稳定心态，树立信心，不论是线下还是线上，英语学习不掉队。积极适应线上英语学习，按照各项要求，主动配合英语教师高质量地完成英语课程任务。主动与英语教师互动沟通，有问题及时寻求帮助。

方法需灵活，质量不打折。积极探索适合自己的线上英语学习方法，天天听听力，天天记单词，天天重阅读，确保英语学习质量不降低。线上听课记笔记，网络互动问问题，同伴互助无障碍，学习质量不降低。积极学会借助英语工具书、网络等资源解决问题。

居家学习要勤快，习惯养成最重要。克服懒惰，勤能补拙，居家英语学习切忌懒惰、拖延，要养成良好的英语学习习惯。晨读、刷词、限时训练等常规项目应每日坚持。语言学习重在日积月累，若能持之以恒，英语能力定能稳步提升。

济南市高中历史学科线上学习指导

关于高三学生的备考建议如下：

1. 自主自觉，严格自律，是确保学习效果的前提。在疫情当前，我们只能居家线上学习的情况下，大家暂时缺少了在校时教师实时的监管、同学相互间学习状态的时时比较与竞争，只能靠每个人在时间规划、学习质量、作业效果等方面高度自主自觉和严格自律，只有如此才能确保学生居家复习备考的良好效果和优秀的复习、应考状态。

2. 一如往常，紧跟教师，是确保备考质量的保障。受疫情干扰的只是我们的学习方式，教师们的扎实备考、深入研究，以及助推学生成功成才、蟾宫折桂的愿望与努力不受丝毫影响，甚至较往常更加强烈。因此教师就是大家前进道路上最值得信赖的依靠，大家只要紧跟每位教师的规划和引领，高质量听课，高质量训练，在终点等待我们的就是成功。

3. 勤于总结，及时请教，是提升复习质量的关键环节。受疫情干扰最大的是我们的学习方式，我们不能像在校时那样可以实时地找教师请教问题，为此大家在每天的复习、训练之后，要及时总结反思并记录自己遇到的问题与困惑，在第二天历史课上的专门答疑时间及时请教，这样才能让自己的问题"动态清零"，让自己日日进步。

4. 博学日新，博闻强识，形成自己坚实的知识储备。历史学科的突出特点要求我们必须有扎实的知识功底，而博闻强识是实现这一目的的重要抓手。历史学习离不开死记硬背，怕的是只知死记硬背。建议大家在教师在线指导的基础上，依据教师提供的复习提要，勤于总结，善于记忆，打好扎实的知识功底，为整合提升和训练应考奠定坚实的知识基础。

5. 整合梳理，自主构建完整的知识体系。当前二轮复习的首要任务就是在一轮巩固主干知识的基础上，对中外历史各个时期的重大事件、阶段特征、历史脉络、发展规律要有准确把握和深入理解，这也是未来等级考命题的核心考查目标。为此，建议大家在教师的指导下结合自己的理解，采用知识总结、思维导图等不同形式，逐步梳理、构建起自己的中外历史分时期的知识体系，为提升自己的应考能力奠定关键的隐性知识储备基础。

6.限时训练，强化做题，磨砺灵活成熟的应考能力。刚过去的一模考试暴露出学生在知识储备、答题技巧等方面有诸多问题，对于应考大家还有很多功夫要下，这是我们必须面对的现实。建议大家要迎难而上，结合教师的指导与自己的规划，坚持限时训练、强化训练，在高强度、高频次的训练和模考中查找自己的应考技能短板，磨砺和形成灵活成熟的答题技能。

高一、高二年级的同学们也要向高三年级的学长们学习，在教师和家长的指导下，合理安排自己的历史学习时间，高一年级的同学要认真听课，扎实复习，为学业水平合格考做好准备；高二年级的同学则要为即将到来的一轮复习做好准备。

济南市高中地理学科线上学习指导

一、高三学习备考建议

1. 紧跟课堂上教师的教学进度。做到"三边"，即边听课、边思考、边联系，落实"两记"，即笔记和记忆，把课堂作为知识和能力提升的主阵地。

2. 主动出击，制订"专属复习计划"。划定重点复习范围，分配每天的复习内容，确定地理专属自习时间。切忌前慢后紧，半途而废。

3. 知识复习抓两项成果。一是建立深层次、多元化的知识内在联系，切忌碎片化学习，现阶段要打破"专题壁垒"，形成知识运用能力的可迁移。二是在相似题目上下足"比较"功夫，通过保证"输入"知识质量，提升"输出"学科敏感度，提炼出从举一反一到举一反三的"高端知识"。

4. 科学用好复习环节，重点内容"回头看"。第一，先复习再做题；第二，错题重做；第三，坚持阶段性复习，即每节课后一复习、每天晚上一复习、每个周末一复习，跳出"艾宾浩斯遗忘规律"。

5. 重视练习综合题。每天练习综合题，开阔视野，拓展知识的广度；提升审题能力，琢磨问题设计背后的知识逻辑；利用"上位概念"对设计得好的题目进行归类，对常见的答题模板进行专属改良，规范使用地理语言。

6. 重视高考题练习。重复做高考题，熟能生巧，找到其巧妙之处和突破口；研究高考题，瞄准高考靶心，站在高考题答案这一"巨人的肩膀上"建立答题模板。

7. 主动适应大考考查综合性问题的特点。日常专题复习时，时而引入综合题或非本专题题目的练习；阶段性梳理知识体系，大考前务必进行综合练习。

8. 行动上踏实，思想上自信。尊重现状，少想多做，制订阶段性小目标，克服畏难情绪，卸下考试的思想包袱，不断提升自己的能力。

二、高一、高二年级学习建议

留心观察大自然，关心社会经济发展。通过收看天气预报和地理记录片等了解大自然的运行规律，通过收看《新闻联播》等了解世界风云形势，培养地理实践能力。

1. 用好信息网络优势，借助搜索引擎、视频等信息化手段全面提升学习水平。

2. 紧跟课堂上教师的教学进度。做到"三边"，即边听课、边思考、边联系，落实"两记"，即笔记和记忆，主动参与，让自己成为课堂的主角，把课堂作为知识积累和能力提升的主阵地。

3. 重视知识的区域背景；重视知识的横向和纵向联系；重视背诵落实，总结背诵小妙招，掌握地理核心素养的"必备知识"。

4. 重视预习环节。每天一预习，每周一预习；预习课本知识，进行适当练习；预习要联系前面的知识，预习要找到现在的问题，预习要梳理出知识体系。

5. 科学用好复习环节，重点内容"回头看"。第一，先复习再做题；第二，错题重做，错题解析要留痕；第三，坚持阶段性复习，即每节课后一复习、每天晚上一复习、每个周末一复习，跳出"艾宾浩斯遗忘规律"。

6. 重视典型例题，重视练习综合题。每天练习综合题，开阔视野；提升审题能力，琢磨问题设计背后的知识逻辑；利用"上位概念"对题目进行归类，对常见的答题模板进行专属改良，规范使用地理语言。

济南市高中物理学科线上学习指导

一、高三学习备考建议

根据学校网上课程的时间安排表，制订符合自身情况的学习和体育锻炼活动计划表，科学合理地规划好个人时间，劳逸结合才会效率更高。

一定要紧随学校教师的步伐（切忌自行一套），有条不紊地开展二轮复习，树立"大单元"意识，梳理知识脉络，巩固提升基本技能。按照教师的引导，注重对基础知识和基本方法的精加工。

高度重视个人限时答题训练，提高"审题"和"计算"两种能力。审题训练注意"粗读与精读"相结合，突破"情景到模型"的转化，不断训练自己快速计算的能力，不断体验选择题中验证法、排除法、极限法的应用。

进一步强化自己的"题型"意识和"争分"意识，利用自由时间进一步审视 3 张试卷，即"上学期期末""开学考"和"3 月份模考"，明确"8+4+2+4"高考试卷结构，明晰各类题型中自己的得分点所在，确定 4 月份模考的时间分配和答题策略。

利用适度的体育锻炼养成积极的备考心态，不断寻找积极的心理暗示，如"高考面前人人平等""难都难、易都易""高考题一定最符合自己的胃口"等，各位家长需要注意调控好自己的情绪，保持积极乐观的心态，和孩子和睦相处，提供合理膳食，不要过于油腻，陪孩子一起锻炼聊天，从家长的角度给孩子减压，遇到困难及时和孩子老师沟通交流。

二、高一、高二年级学习建议

按照学校教师要求，做好一日计划表，按时作息，合理锻炼，健康饮食，注意保护视力，拒绝网络游戏，确保身心健康、精力充沛。

注重基础知识的学习和理解，一定要紧随学校教师的步伐，按照教师要求，不折不扣地做好课前预习，认真听课，限时高效练习。

业余时间利用各类平台上的网课资源，针对自己的薄弱点进行查漏补缺，弥补基础知识的不足，迎头赶上。

济南市高中化学学科线上学习指导

一、高三学习备考建议

1. 合理规划，找准节奏。合理规划自己的居家学习时间，将每天的兴奋时段调整到与高考及等级考时间一致。跟随教师线上教学的节奏进行二轮专题复习，做好听课、练习、交流、思考、内化、迁移、提升等环节的衔接与融合，在一轮复习巩固知识的基础上实现二轮复习"提升运用所学化学知识分析和解决解答真实情境中实际问题的能力"的目标。

2. 瞄定真题，找准问题。根据山东卷化学试题寻找适合的练习题，按图索骥、切中方向，保证训练的针对性和高效性。根据化学试题题型特点和个人成绩名次分布确定复习重点，实施专项突破。要注重知识主题间的融合理解与综合分析，如氧化还原反应主题与电化学主题、元素化合物主题与反应原理主题、物质结构与性质主题与有机化学主题。

3. 分清主次，找准策略。考前的 60 多天要做大量的练习题，其中大部分是新题。同学们要明确做新题的目的，了解新题中的新情境、新信息，熟悉新题中的新物质、新反应，这是做新题的次要目的，主要目的是通过分析和解答陌生情境中复杂问题这一过程，不断深化对知识模型的认识，熟悉运用模型的流程，锻炼面对困境的心态，培养良好的做题习惯，学会合理分配时间，懂得舍弃"无效"题目。只有弄清楚做新题的主要目的，才能形成属于自己的有效解题策略，在高考及等级考中获得匹配自己真实水平的最优成绩。

二、高一、高二年级学习建议

对高三学生的某些建议同样也适合高一、高二年级的学生，同学们可以选择性参考。

高一不准备选考化学的同学们要提高听课效率，争取在网课时间内完成学习任务；要重视课后习题，争取能独立做出并讲解这些题目。合格考中，化学试题难度不大，只要用心做好以上两点就一定能顺利通关。

高二的同学们和高一准备选考化学的同学们一定要提高自己对化学知识的理解，思考得再深入些，针对一个知识点多问几个为什么，多从不同角度问几个为什么；要善于归纳提升，不要被"化学知识非常琐碎，头绪很多，没有主线，化学学科半文半理"等原有认识、固有认识、偏见乃至谬论误导，以元素、变化（转化）、能量、作用力等学科大概念或核心概念为主线，将刚学的知识与原有的知识相融合，形成清晰有序的知识结构；要注重学以致用，不要只满足于对知识的记忆与理解，而是要学会并逐步熟练运用所学化学知识解释或说明生产生活中的现象或事实，发现并解决生产生活中存在的各种问题，对已有的解决方案进行评价与改进、交流与反思，这既是我们学习化学的目的，也是目前化学等级考命题的主要考查内容。

济南市高中生物学科线上学习指导

一、高三学习备考建议

目前高三学生正处于以专题复习为主的阶段，建议同学们确定好学习专题的目标，要学会概括，学会举例，学会积累，学会研究影响生理过程的因素，学会拓展和延伸。

要在题海中细研真题，寻找规律，形成模板。要细做高考（等级考）真题，既要把同类型题放在一起做，也要在限定时间内完成整套题。这样，既可准确了解高考的题型、命题方式和意图，考点、重难点和突破点，又可提高解题能力。

在习题训练中时，建议形成以下习惯：审题专注细致（努力寻找关键信息，不漏条件，找到题眼，是保证解题速度的关键）；判断迅速稳定（确定题目涉及知识单元）；同化准确清晰（将题意纳入自身知识体系，建立联系）；表达缜密合理（思维转化为答案）；书写规范工整（尤其是反应快的学生）。

再谈谈关于题的那些事：命题人给考查内容包装上新材料、新情境、新问题，用内含的信息进行能力考查。同样的考点知识，今年这情境，明年那情境，今年这样问，明年那样问，标新而不立异，交叉而不偏离，年年创新，常考常新。

学生多关注自己在做题中得到的经验教训，注意从个性中抽象出一般性的东西，总结一些对自己答题有指导性作用的方法。从心理调节到时间分配，从阅读习惯到答题顺序，从思维模式到语言组织，学生在平时做题时都要注意去观察自己有无缺陷，并注意在做题时寻找克服这些缺陷的方法。

二、高一、高二年级学习建议

居家期间请思考一下，如何唤起个人浓厚的生物学奥秘探究兴趣，如何获得扎实的理科基础知识、良好的实验能力、逻辑思维能力、团队协作能力、自我学习和探究能力。

获取生物学素养的习惯有：能准确回忆和使用生物学专用术语和专业术语；能掌握正确使用实验用具的有关知识，回忆有关实验的原理、方法和步骤；能对所学生物学事实、概念、原理、规律、模型和生物科学史等方面的知识进行准确认识或回忆；能阐述所学知识的要点，把握知识间的内在联系，形成知识的网络结构；能用文字、图表、数学方式等多种表达形式准确描述生物学方面的内容。

重视生物学的概念掌握：

1. 背诵名词的定义。学生阅读课本时应当注意限定词，这会对理解一个名词及判断从属关系有非常大的帮助。

2. 动态理解过程概念。课本中有许多动态过程，如呼吸作用、光合作用、有丝分裂、减数分裂等，描述这些过程的概念并不需要背诵，而是需要学生在脑中有动态推演的过程。

3. 规范术语的完全记忆。本质相同但表述相异的答案并非不正确，但在等级考这样的标准化考试中，按照原文表述一定万无一失。如果不能完全按照课本原话表达，至少要做到使用规范的专业术语。

济南市高中音乐学科线上学习指导

　　清晨播放一段欢快的轻音乐，代替恼人的闹铃声，唤醒沉睡的大脑，给身心一个清爽的 SPA，开启充满希望的一天！音乐推荐：舒伯特《小夜曲》、莫扎特《小步舞曲》、保罗·莫里哀轻音乐集、理查德·克莱德曼钢琴音乐系列等。

　　下午 5 点钟来场小型音乐会，或约好友连麦 PK，或愉悦放松自娱自乐，放情高歌一曲或尽情舞动身体，为自己加加油、打打气。音乐推荐：唱自己想唱的，管他五音在哪里；跳自己能跳的，只为那一刻的尽情释放。

　　睡前音乐是最好的助眠神器，轻柔舒缓的纯音乐能有效纾解神经、放松心情，用音乐慰藉一天的疲劳，慢慢进入甜美梦乡。音乐推荐：叶佩斯《爱的罗曼史》、舒伯特《摇篮曲》、勃拉姆斯《摇篮曲》、刘珂矣纯音乐系列等。（记得定时关机哦！）

济南市高中体育学科线上学习指导

一、统筹体育专业和文化课学习时间

密切关注山东省考试院关于普体体育专业和单招文化课考试时间安排，调整考前状态，根据体育专业分和文化分录取占比，统筹分配体育训练和文化课学习时间比例。

二、文化课分学科进行个性化辅导

文化课成绩决定学校的档次，体育专业测试后，及时完成各学科文化考试能力诊断，有的放矢地进行个性化学习。

三、研究高校招生政策，分类报考志愿

各高校招生条件要求有很大的不同，希望考生根据专业成绩和文化课预估成绩，研究各高校招生政策和招生简章，可考虑填报体育专业跨领域专业志愿，分几类填报志愿。

四、做好体育普体考试阶段性专业考试工作

考生和家长一定要放平心态，根据专业特点考试，分阶段服从专业教师的建议，科学有序、开发个人潜能，在体育专业和文化课考试中都能发挥高水平。

济南市高中美术学科线上学习指导

一、高三学习备考建议

每天选一件经典美术作品进行鉴赏，拓宽视野，愉悦身心。可以选择雕塑、绘画、建筑、工艺美术或摄影作品，还可以选取书法、篆刻作品，查阅作品的相关介绍，在体会作品美感的同时，还能获得美术知识和有益信息，形成良好的审美判断能力。

参加完今年美术专业统考的专业生，可暂时把统考成绩放在脑后，放松心态，合理规划时间，有效开展文化课复习。

部分仍在积极备战校考的同学，及时关注所报考高校的专业测试动态，了解考试形式的变化，有针对性地积极备考。同时做到专业备考和文化复习两不耽误，毕竟剩余的文化课复习时间已经不多了。

二、高一、高二年级学习建议

美术是视觉的艺术，每天多赏析一些美术作品，了解一些美术知识，除了能够获得视觉享受之外，还可以帮助我们培育健康的审美观念，陶冶高尚的情操。让我们每天开启一段艺术之旅吧！

对于美术专业生来说，每天的专业训练是必不可少的。高一阶段是培养作画习惯、夯实专业基础的阶段，可以在构图、透视、基本色调等方面加强练习，也可以画些速写，建议每天保证半小时的专业学习时间。高二已进入文化课学习和专业课学习双关键时期，距离停学文化课还有两个多月，距离专业省统考还有八个多月的时间，所以一定要提高每门课的学习效率。居家学习期间，学生在每天学好文化课的同时，要保证一小时的专业训练时间。

济南市中职学生线上学习指导

一、科学防疫，健康生活

科学看待疫情防控，坦然面对情绪变化；少出门，戴口罩，勤洗手，保持个人和居家的清洁卫生；作息规律，合理膳食，均衡营养，增强自身免疫力。

二、营造环境，仪式满满

线上学习期间，要始终保持学习仪式感。居家学习场所要安静，不要有手机、零食等外界干扰因素。听课期间，桌面保持整洁，学习用具摆放整齐，尽量穿着校服，端正坐姿，上网课要和在学校上课一样，认真、专注。

三、合理计划，高效学习

制订科学合理的学习计划，并坚持严格落实。利用好各种线上学习资源，提高学习效率。上网课期间，努力做到专心听、认真记、勤提问、善总结、多练习，确保学习质量。

四、智慧训练，技不离手

居家环境导致很多同学只学习理论课程，几乎停滞了技能训练。俗话说得好，"一日不练三日空"，专业人靠的就是"一手好技能"。所以我们要运用自己的智慧，结合居家优势，创造技能训练环境，制订"技能清单"，进行有针对性的训练，不放弃任何一种可能性。

五、学以致用，丰富生活

学习之余，同学们可以利用自己的专业技能丰富居家生活。比如，利用学到的烹饪技能为父母做一桌丰盛的晚餐，利用建筑装饰技能美化自己的房间，利用花艺技能为家里准备一束美丽的插花等，让宅在家中的枯燥时间变成储藏技能的美好时光。

六、自主学习，拓展提升

课外阅读必不可少，包括名著阅读、古诗文阅读、时事阅读，尤其要关注与所学专业相关的行业资讯。建议以周为单位制订短期阅读计划，养成良好的阅读习惯，拓展专业知识。

七、学习工匠，自身正能

工匠精神是职业教育的灵魂，择一事，终一生，只有保持无限专注的钻研精神，同学们才能在未来平凡的岗位上取得不平凡的成绩。建议同学们利用居家时间，走近 2021 年度"大国工匠年度人物"，了解他们匠心筑梦的故事，学习他们的工匠精神，提高自己的专业素养，增强对所学专业的热爱。

济南市初中道德与法治线上学习指导

一、关注热点，培养学科素养

学习道德与法治学科的一个重要原则就是理论联系实际，我们要多关注时政社会热点，坚持每天看时政新闻，多分析、多思考，找出与教材知识的结合点，运用教材观点对新闻热点问题进行简要评论。正所谓"题在书外，理在书中"，长期坚持下去，我们的学科素养会有很大提升。

二、用心思考，提高学习能力

线上上课时，更需要集中注意力，尽可能做到眼、耳、手、脑并用。比如，看屏幕、听讲课，翻课本、看课本，记笔记、注疑问，理思路、答问题……眼、耳、手、脑"互动"。如果能通过这个阶段的在线学习，形成眼看、耳听、手记、脑想的协同学习能力，你将终生受益。

当教师认真细致地讲解知识要点时，我们要边听边思考。当听到困惑处，我们要记下自己的不懂之处。当教师强调答题方法技巧时，我们要抓紧时间记录下来……这些都是高效听课的"秘籍"。

在课堂学习中，大家要充分运用网络跟同伴们一起讨论解题过程，发现问题，分享经验，提高自己的分析能力。

做笔记是知识积累的过程，更是一种学习智慧，要学会处理好记笔记与听课的关系。笔记不需要面面俱到，要突出本节课的重点、难点，学习中的疑问点、困惑处；要善于运用不同颜色的笔或符号进行特殊标记，方便课后回顾复习。

三、抓住重点，重视知识积累

突出核心知识和基本观点，学会从不同角度理解教材内容；同时要注意知识的积累，只有注重积累教材知识，我们在分析问题、解决问题时，才会有源源不断的知识供选择使用。

记忆力是最重要的学习能力，道德与法治这一学科的核心知识和基本观点必须熟记于心。在记忆时，可以列一列，列出同类的题目；可以画一画，画出关键词；可以比一比，对比易混淆的概念与原理……这对加深记忆很有帮助。

四、认真总结，绘制思维导图

完成一节课的学习后，要学会总结和反思，厘清知识的内在逻辑，用自己喜欢的方式绘制思维导图，这有利于我们正确理解教材内容，培养自己的逻辑思维能力，提高记忆力。绘制思维导图有 7 个步骤：

第一步：从一张白纸的中心开始绘制，周围留出空白，可以使你的思维向各个方向自由发散，能更自由、更自然地表达自己。

第二步：用一幅图像或图画表达你的中心思想。一幅图画抵得上 1000 个词汇，它能帮助你运用想象力。图画越有趣，越能使你精神集中，也越能使你的大脑兴奋！

第三步：在绘制过程中使用颜色。颜色和图像一样能让你的大脑兴奋。颜色能够给你的思维导图增添跳跃感和生命力，为你的创造性思维增添能量。

第四步：将中心图像和主要分支连接起来，然后把主要分支和二级分支连接起来，再把三级分支和二级分支连接起来，依此类推。如果你把分支连接起来，你会更容易理解和记住许多知识。把主要分支连接起来，同时也创建了你的思维的基本结构。

第五步：让思维导图的分支自然弯曲而不是像一条直线，曲线和分支就像大树的枝杈一样更能吸引你的眼球。

第六步：在每条线上使用一个关键词。单个的词汇更具有力量和灵活性，每一个词汇和图形都像一个母体繁殖出的与它相关的、互相联系的一系列"子代"。当你使用单个关键词时，每一个词都更加自由，有助于新想法的产生。

第七步：自始至终使用图形。每一个图形就像中心图形一样，相当于 1000 个词汇。所以，假如你仅有 10 个图形，却相当于记了 10000 个词汇。

五、拓展延伸，做到知行统一

道德与法治学科具有实践性特点，我们要将学习内容与社会生活紧密联系，解决社会生活中的实际问题，同时指导自己的言行，做到知行统一。

疫情期间，居家生活学习方式为我们开展实践活动提供了有利条件。对于教师设计的开放性、综合性、实践性课外活动，我们要积极思考，钻研多种解法；制订计划，收集资料，完成长周期作业；利用各种资源完成实践性、综合性作业，真正做到学以致用，提高学科素养。

济南市初中语文线上学习指导

一、自主准备

工欲善其事，必先利其器。请同学们自查以下准备工作是否到位：学习环境要相对安静，网络设置要保证线上学习畅通。准备好电脑或平板电脑，将其立在书桌上，端正坐姿。提前掌握一些基础技能，如图片截取、视频下载、文档写作等。准备好教材、文具、练习册、工具书（《现代汉语词典》《古代汉语词典》）等学习用品。

二、自主预习

凡事预则立，不预则废。请同学们自查以下预习工作是否到位。

（一）注重读，读书百遍，其义自见。一读，低声读。找到阻碍阅读的困难点，可以停顿，但不停留。二读，大声朗读。读中不间断，培养语感。三读，默读。做好圈点勾画，记录学习过程。

（二）注重学思结合：学而不思则罔，思而不学则殆。与读相配合，独立完成思考任务。第一遍默读，给段落标注序号；利用字典等资料解决生字词，标注题解和作者简介。第二遍朗读，注意重音和停连，把握好节奏和变化。可以观看名家朗诵的音频和视频，学习科学停顿、调整语调。第三遍默读，完成四项任务：一是整体感知文意，不要看全解书或者上网查资料；二是圈点批注，学会使用批注符号，批注的内容包括对课文内容的理解、字词句的赏析、困惑或质疑处等；三是了解作者和写作背景；四要学会利用教材的助读系统（旁批和阅读提示），进行自主阅读。

三、课堂合作深度学习

深度学习才是学习的正确打开方式。听课是课堂学习的中枢环节，请同学们自查以下工作是否到位。

（一）专注听课。一是多感官协作提高听课的专注度。要跟着学习的节奏充分融入课堂，要形成眼看、耳听、手记、脑想的协同学习能力。二是多元互动提高听课质量。线上学习是多元多向的，要积极思考，利用语音、留言板等大胆发言，学会流畅表达自己的见解。三是紧抓关键环节提高语文素养。要学会带着问题听课，特别要听预习时的疑惑处，听文本解读的思路和方法，听写作经验的传授，听对其他同学发言的评价等。

（二）做好笔记。笔记原则：优先思考和理解教师讲的内容，笔记为辅助；做笔记不可求全求美，可以只写关键词；可采用截屏等方式做笔记。笔记内容：教师列出的提纲，强调的重点，补充的内容，疑惑处，解题技巧、思路及方法，课堂总结等。

四、课后自主巩固

温故而知新。请同学们自查以下工作是否到位。

（一）梳理盘点。自主盘点是否掌握了课堂学习的重难点；是否解决了预习时的疑惑处；回忆并及时补全课堂笔记。建议利用电子设备检索知识，自我解惑；利用同学资源，在线互助；请教教师，扫清学习障碍。

（二）高效作业。自主复习，让作业有章可循。作业前要积极回顾和调动课堂所学知识，如重读课文，翻阅课堂笔记等，让写作业和课堂学习达成一致。独立思考，让作业扎实过关。要在限定时间内完成学习任务，过程中不要借助资料和工具书。自查订正，让作业不留遗憾。自查订正后要主动反思，及时总结经验与教训；及时上传作业，可通过音频、视频等方式反馈；认真学习优秀作业，完善个人作业。

五、课外拓展延伸

语文的外延是生活。请同学们自查以下工作是否到位。

（一）积累经典诵读。背诵诗文，既可以丰富文化积淀，又能锻炼记忆能力，发展思维能力。可以结合教材内容或课外资源自主规划，在晨起和晚睡前进行经典诵读。

（二）推进整本书阅读。制订科学合理的阅读规划，完成统编教材推荐的整本书阅读；还可以广泛涉猎各类经典作品，拓宽阅读视野；综合运用多种阅读策略，积累阅读经验；运用多种方式线上分享阅读体验和收获。

（三）完成写作任务。线上学习期间，可用文字记录自己的心路历程。按照教材课程安排和教师指导，完成单元写作任务；同时建议书写居家日记，记录所见、所闻、所感，可写线上学习的经验心得、困惑，家人间的交流沟通，对社会新闻的思考等。

（四）静心练习书法。墨香，会让人心变得沉静、柔和。请自选一本心仪的字帖，规划练字时间，提升书写能力之余，也消除居家学习的孤独感。

（五）广泛拓展资源。关注国家、省市级课程资源，特别是济南市教育局为济南学子量身打造的"泉课行"资源，同学们可根据个体差异，有选择地学习；观看优秀的文化类电视节目，如《中国诗词大会》《百家讲坛》《典籍里的中国》《朗读者》《见字如面》等，助力语文学习。

济南市初中数学线上学习指导

一年之计在于春，正是同学奋发时。本轮疫情下，同学们需要居家线上学习了。为了帮助大家提高线上学习效率、提升学习效果，在这里给出以下建议。

一、保持良好心态，明确学习流程

保持良好的心态和状态能够提高学习效率，同学们不要因为学习环境等外在条件变化而影响自己的学习和生活。线上学习是今后常态化的学习形式，利用好线上丰富的资源，实现处处能学，时时皆学。

同学们要根据学校教师设计的学习流程按时学习，要学会并熟练应用腾讯课堂、钉钉等软件的各项功能，也可以利用"国家中小学智慧教育平台"和"济南市教育资源公共服务平台"中的学习资源进行线上学习。

二、科学规划进度，前置预习方案

同学们要根据教师的教学内容安排，按照居家学习的课表进行学习。制订适合自己的作息计划，在完成规定的课程学习后进行适当的体育锻炼，培养自己的兴趣爱好。

数学学科的学习具有连续性的特点，这就要求同学们提前做好学习的准备工作，提前了解学习目标，通过预习课本或者完成学习任务单，提出自己的问题。

三、学习专注认真，课堂参与积极

同学们参加线上直播课和观看微课程时，都要专心致志、认真思考。数学是思维的体操，每节课的知识都是环环相扣的，只有专注认真，才能提高课堂学习效率，避免养成居家学习的随意性。

在线上学习时要积极参与课堂，按照教师要求积极回答问题。如果是观看视频学习，遇到问题要按下"暂停键"独立思考和练习。

四、及时巩固训练，按时完成作业

数学学科的特点是在学完一节新的知识后，会通过变式训练进行知识的进一步理解和掌握。同学们要独立完成教师布置的相关练习，注重做题的过程和步骤。

作业是对当天所学内容的进一步巩固，同学们要认真完成教师布置的作业，并按时提交，收到教师的批改后要及时纠错。

五、善于提出问题，总结反思梳理

线上学习与线下学习最大的区别就是教师和学生不能面对面，不懂的地方一定要多向教师询问，尤其是要正确对待错题，错题代表着自己的弱项，遇到问题可以随时跟教师在线联系，争取做到当日知识当日清。

完成一周的学习，要学会总结和反思，可以将这一周的学习内容和方法用列提纲、画表格和思维导图等不同形式记录下来，对错题进行归因分析，养成回顾整理和自我反思的好习惯。

六、合理安排作息，全面提升素养

合理安排线上时间，按时做韵律操和眼保健操来放松肩颈和眼睛，缓解长时间久坐产生的疲劳感，把控良好的学习节奏。

列出数学课外书阅读计划，多了解数学文化，拓展数学学习视野。积极参与数学综合实践和数学实验活动，开展项目式学习，培养创新意识和实践能力。

除了实现"停课不停学"，同学们在居家学习期间还要学会自我规划、自我管理，学会学习，学会合作。疫情必将过去，期盼重聚校园时，会见到一个更加自信阳光、坚强认真的你。

济南市初中英语线上学习指导

一、积极调整心态，做好个人规划

积极的心态有助于充分调动一个人的体能、情感、思维和意志，有助于帮助同学们达成目标。线上数字环境下的英语学习，资源丰富、动态多元，只要你学会充分利用这些优势，进行有效的学习管理，就能突破瓶颈和难点，取得意外的收获。

建议同学们制订适合自己的学习和作息计划，按照学校要求，认真参加课程学习，按时完成家庭作业。同时坚持英语课内外学习相结合，确保科学用眼，让居家学习井然有序，让身心健康愉悦。

二、巧用数字空间，学会"动"态听讲

在线上学习前，同学们要做好充分准备：一是做好预习，找出自学新课时发现的问题；二是准备学习用品、相关设备与平台登录账号；三是确保安静的学习环境，确定使用电子设备和读写时的光线适度。

线上网课不同于线下课堂，教师的语速和节奏可能会有一点紧迫感，这就需要你在听讲时更加集中注意力，尽可能做到眼耳手脑"协同互动"：看屏幕、听讲课，翻课本、看资料，记笔记、注疑问，理思路、答问题等。

数字环境支持的在线英语学习同线下学习一样需要大量的"听说"练习，你要紧跟教师节奏，认真做好跟读、模音、展示、表演等听说活动任务；还可以利用网络，与自己水平相当的同学建立"英语学习共同体"群，相互督促进行英语交际互动。

在直播课上，你可以借助讨论区随时向教师提问，及时回答教师提出的问题；还可以充分利用教师给出的留白时间，与"学习共同体"的同伴或教师对存在的疑问进行深入互动。

三、善融多维资源，创建"多模态"笔记

在线英语学习的课堂笔记也是一个重点，既不能面面俱到，又不能遗漏重点。你要学会以字母缩写的方式速记关键词、课件标题或者教师在课堂上强调的重点问题，还可以以截屏或者录屏的方式记录图片或者视频形式的"多模态"笔记。

下课后同学们要趁热打铁，对照截屏图片、视频、学案、笔记等，及时回忆有关信息，对于出现缺漏的词语、信息跳跃、内容省略等情况，结合视频课的回看功能，利用网络资源查询等方式，及时进行修补。可以用不同颜色的文字、符号或者代号等划分笔记内容的类别，使笔记纲目清晰。对于在整理过程中发现的新问题，也要记录在笔记上，并及时通过网络向"学习共同体"同伴或教师请教。

四、落实听说读写，巩固学习成果

线上英语学习，除了课上要多听多说，课下巩固也非常重要。对于教师布置的作业，听说读写哪一样都不能打折扣。除此以外，你还可以用英语记日记、写微博、发视频，用英语把自己居家学习的生活点滴和体会记下来、讲出来、演起来。

五、广拓学习渠道，提升英语素养

学好一门外语的首要条件是尽可能多地接触它。居家环境下，你可以充分利用网络资源，通过阅读内容积极向上或者生动有趣的英文书籍，开拓文化视域，提高阅读能力；也可以利用"英语趣配音""英语流利说"等软件来提升语言表达能力，使你的英语学科能力和英语素养整体得到提升。

"没有一个冬天不可逾越，没有一个春天不会到来。"期盼疫情早日消散，期盼更加自律自强、健康阳光、积极向上的你们，早日重聚校园，共享进步与成长的喜悦。

济南市初中物理线上学习指导

一、居家学习，准备为先

在家参加线上学习，与线下学习相比，学习环境和学习气氛存在明显的不足。因此，同学们要从心理、环境到学习用具等方面做好充分的准备，对居家学习的时间做好自我规划，以免到了线上学习时间手忙脚乱，影响学习效果。坚持自律是线上学习的底线要求。

二、按时上课，善始善终

在做好心理、环境双重准备的情况下，按照自我规划按时参加线上物理课程学习，充分利用"国家中小学智慧教育平台"和"济南市教育资源公共服务平台"，专心听、用脑学、留心记、善总结。

三、课后自习，严格自律

课后要及时复习，认真完成作业。充分利用线上学习能回放的特点，印象不深的地方可以多观看几遍回放。一定要明白：只要下够功夫，就没有学不会的内容；所有学习上的差距，都是自控、自律方面有差距的表现。若感觉自控力差，可要求家长进行监督并自觉接受家长的监督。

四、线上疑问，线下弥补

线上学习与线下学习相比，师生间即时互动难以实现，这样更容易积攒下更多自主学习学不会或解决不了的问题。这就要时刻提醒自己及时利用电话、QQ 语音或微信语音向同学或在线教师求助，养成"问题不过夜，隔日再回顾"的学习习惯。

五、手脑并用，重视实验

线上学习期间，由于实验条件有限，无法进行正常的实验教学，同学们可以尝试用身边的物品来进行实验。虽然用这些瓶瓶罐罐做实验误差偏大，但真做起来也自有乐趣。只要态度认真，实验过程中你会有更多发现，效果并不输在实验室进行实验的效果。

六、及时梳理，注重反思

完成一个单元或一周的线上学习后，要及时梳理本单元或本周的学习内容，找出知识间的内在联系，并用自己的方法把它们表示出来，总结反思本单元或本周学习中遇到的问题和出错的原因，为后续学习积累经验。

居家学习期间，同学们要从权威渠道了解疫情，用良好的心态正视疫情，保持正常作息和合理饮食。合理规划运动锻炼、休息睡眠和线上学习的时间，做到张弛有度，形成良好的学习节奏和生活节奏。

济南市初中化学线上学习指导

一、做好积极的心理准备

同学们要树立大局意识，认识到上网课只是特殊防疫形势下的应急措施，也是防疫工作的组成部分，完成好线上学习，就是为防疫工作贡献力量。同学们应了解网课的特点，网课也是严肃的课堂，应该认真对待，要主动适应这种学习方式，以积极的心态参与学习。

二、营造适宜的学习环境

建议安排一个相对安静的房间，准备好上网课所用的电子设备，准备好文具、课本、笔记本等。排除可能会打扰你学习的不利因素，关闭微信、电脑游戏，移除零食、玩具等，尽量避免环境带来的干扰。可以穿上校服上课，保持上课的仪式感，以此给自己积极的心理暗示。

三、合理规划作息时间

熟悉学校规定的网课课程表，根据网课课程表制订合理的作息时间表。起床、吃饭、上网课、做作业、运动、阅读、娱乐都要列入时间计划，到了对应的时间就去做计划好的事情。网课间隙要安排好休息与活动，坚持做眼保健操。

四、课前做好网课学习准备

在网课开始前，应及时进行硬件设备的调试检查，保证电脑设备运行正常，网络连接保持通畅，网课软件平台登录正常，视频、音频设备交互通道正常。

需要提前下载网络学习资源，准备好相应的教科书、导学案、练习册、试卷、纸笔等。提前对线上学习资源进行预习，认真阅读教材，归纳知识点，通过适当预习，为上课打好基础，提高网课学习效率。

五、认真进行网课学习

对于教师提前录制好的网课视频课程，要集中精力听讲，对于有疑问或理解不到位的问题，可以及时按暂停键或回放观看，解疑释惑后再继续学习。

对于教师在线直播网课，同学们要全神贯注，不但要认真听教师的讲解，特别注意教师的思路点拨和反复强调的重点、难点，还要积极参与师生互动，及时进行自主学习，提出自己的疑惑，对于教师提出的问题，要积极思考及时回应，保持与教学节奏同步。

若出现断网、信号延迟、停顿等情况，要保持冷静，及时切换学习方式，看课本、看学习资源或做练习题，不能消极等待。

六、及时完成网课作业

作业是检查和巩固课堂学习效果的有效手段，也是理解内化知识的重要方式之一，同学们应该认真对待并予以重视。

化学学科的网课作业与网课内容密切相关，所以同学们要在温习完课上教师所教授的课程内容、知识方法之后，再进行作业练习，并在做作业的过程中，进行反思提升。作业一定要按时上传提交，这样可以督促自己按时完成作业，避免养成懈怠拖延的习惯。

七、课后及时进行复习和反思

复习和反思是完善和提升网课学习效能的重要一环。通过课后复习和反思，可以使学科知识进一步内化和系统化，进而提升学习效果。

及时整理听课笔记，对每天的重点内容要及时进行梳理、标注、整理和归纳。对于当堂学习的内容，同学们要通过自己的思考、分析、推理、总结，形成结构性的知识网络，加深理解，提高掌握程度。

对于在听课过程中感觉没有完全理解的概念、存在疑问的知识点，要及时查资料或者线上小窗私信咨询学科教师，及时寻求教师答疑解惑，也可以与同学、教师在学习群里共同探讨。对自己线上学习的成效和学习方法要不断进行总结归纳，探索学习途径，改进学习方法，促进深度学习，推动学习过程的良性循环。

八、加强自我管理，促进自主发展

居家线上学习，也要做好个人防护，积极配合防疫要求，保持疫情防控不松懈，做到防疫和线上学习两不误。按时作息，保证充足的睡眠，每天适当进行体育锻炼，劳逸结合，合理饮食，保持身心健康。

除规定的线上课程学习之外，还可以结合化学课程内容特点，自主开发课外兴趣研究学习项目，如"家庭化学小实验""厨房中的化学奥秘""化学小课题研究""化学模型制作""趣味化学实验小视频"等。

济南市初中生物线上学习指导

一、认真专注听讲，把握课堂重点

课堂听讲并不是被动地接受信息，而是情、听、想、问、记等相结合，主动探求知识。"情"就是要求上课时要精神饱满，充满热情，具有强烈的求知欲，变"要我学"为"我要学"； "听"就是要集中精力，全神贯注地跟着教师的思路走，务必把教师讲的内容听清楚。

（一）眼睛盯着屏幕，思路跟上教师。教师在讲课的时候，你的眼睛一定要盯着教师，盯着屏幕。生物课堂尤其是线上课堂，多数情况下教师会使用课件，如果你不盯着屏幕，看不到教师强调的内容，你听到的和教师讲的内容就会脱节，严重的还会出错，影响到听课的效果。

（二）不动笔墨不读书。在听的过程中将书本中的文字变成形象具体的画面或图表，把要理解的文字跟具体的事物或结构结合起来，并对文字所描述的现象、结构、原理做到真正理解。要做好标记，记好笔记。做到"三记、三不记"，即重点问题、疑难之处、书上没有的要记，次要问题、易懂之点、书上有的不记。如果听课、思考与记笔记发生矛盾，要先跟随教师的思路听课，避免教师讲授的内容无法理解，课后补充记录。

（三）学会识图和用图。教材中凡重点、难点的部分都配有一定篇幅的插图，以帮助学生掌握重点、突破难点。生物学插图具有形象、直观的一面，又具有概括浓缩知识的一面，大家对生物学图像虽然亲近，却不易理解，这就要求我们在学习过程中对生物学图像进行直接、全面阐述的同时，对相关图像进行科学分割，然后进行细致分析，将生物学原理具体化，让自己不仅"知其然"而且"知其所以然"。

二、注重联系实际，做到学以致用

生物学的理论知识与自然、生产、生活都有较密切的关系，在学习生物知识时，要注意联系这些实际。这样，既有利于扎实掌握生物学知识，也有利于提高自己解决问题的能力。

（一）联系自然实际。居住地附近的草地、树林、公园、花园、庭院、道路旁有许多动植物，学习有关知识时，到这些地方去参观考察，会对理论知识的理解和掌握大有益处。当学到生物与环境的知识时，更要想到保护当地的动植物资源和周围的生态环境。

（二）联系生产实际。生物学中的许多原理都和工农业生产有密切的关系，学习这些原理时，就要考虑它能帮助解决生产上的什么问题。这样做不仅有利于原理的掌握，而且还能为当地的经济建设服务。

（三）联系生活实际。生物学知识与生活实际的关系更直接、更普遍，所以在学习生物学时密切联系生活实际就更为重要。生活实际包括已有的生活常识和未来的生活行为两类，生活常识可帮助我们理解生物学知识，生物学知识也可以指导我们的生活行为。

三、掌握记忆方法，争取事半功倍

简化记忆法。即通过分析教材，找出要点，将知识简化成有规律的几个字来帮助记忆。

联想记忆法。即根据教材内容，巧妙地利用联想帮助记忆。

对比记忆法。在生物学中，有很多相近的名词易混淆、难记忆。对于这样的内容，可运用对比法记忆，即将有关的名词单列出来，然后从范围、内涵、外延乃至文字等方面进行比较，存同求异，找出不同点。这样反差鲜明，容易记忆。

纲要记忆法。生物学中有很多重要的、复杂的内容不容易记忆，可将这些知识的核心内容或关键词语提炼出来作为知识的纲要，抓住了纲要就有利于知识的记忆。

济南市初中历史线上学习指导

一、明了差异，掌握方法

线下（课堂）和线上学习方法有所不同。线下学习，师生之间是面对面讲解和交流，对于你的掌握情况，教师能及时了解并进行释疑解惑。而线上学习，师生之间是隔网相见，学习效率和质量依靠的是自我管理能力。

但是你发现了吗，线上学习最大的优势就是教师讲解的内容可以反复观看，课上记不下来或者没弄懂的地方，可以反复回看，更方便复习巩固。不理解的地方，可以与教师私聊，由教师一对一讲解释疑，也可以以班为单位将问题汇总给教师，进行重点讲解。

二、功在课前，效在课上

线上学习和线下学习一样，学习过程也分预习、学习和练习三部分。抓好预习 5 分钟，认真阅读课前导言，初步掌握本课的基本知识点，理顺知识线索，并将不理解的地方圈画出来，以便在听讲过程中做到有的放矢。这是学习的第一步。

课上，教师讲解或者视频学习大约 15 分钟，预习中你已会的，可以轻松听；预习中你不会的，可以重点听；讲解中你的新感悟，可以随时记。有张有弛，你就能轻松跟上教师的节奏。课上认真听，可是很关键哟！

课后做题前，先进行 5 分钟左右的回顾复习，结合课件巩固知识要点，然后再去做题，你的完成质量一定会更高，你的学习能力自然也会提升。

三、学贵有疑，学思结合

孔子说："学而不思则罔，思而不学则殆。"学贵有疑，学贵在思。对于线上学习中的困惑，我们可以向课本求解，向网络求解，向同学求解，向家长求解，向教师求解……总之用一切可以用的途径把困惑解开。学思结合，是历史学科的魅力，也是"历史味"的体现。

同时，在学习中也时常换位思考一下，"假如我是……我该怎么办？"把自己"代入"历史人物，进入本课的历史时空中，跟随教师的讲解，能帮助你轻松解决预习中遇到的问题；勤做笔记，勤于思考，积极回答教师提出的问题，把动脑、动口、动手结合起来，你的学习将更有成效。

四、及时整理，颗粒归仓

尝试用多种方法整理课堂笔记，及时归纳巩固，查缺补漏。比如课后画一个简单的思维导图，把本课的人物和事件梳理一下，有助于你形成系统学习和勤思考的习惯，对于提高学习效率、提升记忆力大有裨益。

五、阅读、观影，开阔视野

课本知识仅仅是浩瀚历史长河中的一些点滴。要想自己的认识比别人多一点，就要课余时间多阅读一些优秀的历史书籍，开阔你的视野。观看记录片和优秀的影视作品也是一个不错的选择，如《如果国宝会说话》《百年中国》《我们走在大路上》《中国通史》《世界通史》等会带给你不一样的体验，提升你的认识高度。

济南市初中地理线上学习指导

一、三个步骤

（一）充分的课前自主预习——有效地理学习的前提

线上学习具有"远程性"的特点，教师不能面对面、手把手地授课，学生也不能像在课堂里一样，开展小组合作学习，所以原本与同学合作解决的一些探究性地理问题只能靠自己解决。所以建议大家提前进行认真、细致、充分的课前预习，为提升自己的地理问题解决能力打好基础。例如在七年级下册世界区域地理学习中，同学们可提前搜集与整理所学区域的资料，然后在课上展示预习成果，并把你搜集的图片、文字等发到群中，提出问题，以供交流探讨，这样你可以在学习课本知识的基础上，开拓视野，发现更美好的世界。同学们在学考复习中，可结合教材提前完成《知识图谱》"图释导学"部分，并将有疑惑的问题圈画出来，带着问题进入直播课堂，就可以事半功倍。

（二）积极参与课堂互动——有效地理学习的关键

学习地理要养成地理素养，包括人地协调观、综合思维等，这些素养的形成靠被动接受、机械记忆是无法完成的，需要在交流中感悟，在碰撞中产生。所以建议大家要积极参与线上学习活动，精神饱满，积极思考，主动参与课堂问答与交流讨论。紧跟教师进度，对课堂上共享的地图、各类统计图表等认真观看，仔细分析，提取有价值的地理信息，认真做好笔记。主动语音连线讨论、评论区文字互动、视频连线作答，及时完成推送的练习题，在重要地图中做好圈注笔记，让自己深度沉浸式地参与到课堂中，体验知识的形成过程，建构知识体系，提升地理核心素养。

（三）必要的课后反思梳理——有效地理学习的保证

线上直播课程时间短、内容精练，同学们在课后要及时巩固本节课的知识内容和思维结构，用地理思维导图的形式整理课堂笔记，复习重要地图，针对课堂检测暴露出的问题查漏补缺，借助软件回放功能进行二次学习，对依然存在的问题要及时与教师联系，直至彻底理解。

二、两个工具

地图是我们获得地理知识的重要工具，线下学习中，教师会展示图片，带领我们在图片上指图定位，而线上学习时我们就必须做到"左书右图，图文并茂"，将地理知识逐一在地图上查找落实，把地图印在脑海里，并能在地图上再现知识。这样，当我们解答地理问题时，头脑中就能浮现出一幅形象、清晰的地图，可以从中准确有效地提取需要的信息，从容作答，即形成"脑图"。地图是工具，也是最好的教师，你可以在你的学习室里摆放或张贴常见的地图，培养良好的用图习惯，形成基本的地理技能，掌握学习地理的最重要的工具。

学好地理需要具备"综合思维"，思维导图就是把隐性的、零散的知识显性化、可视化、逻辑化，便于思考、交流与表达，形成完整的知识体系。线下教学中，教师往往边讲授边板书形成思维导图，而线上学习就需要你自己课后及时将知识整理归纳，构建自己的思维导图，这是线上学习地理的重要法宝。

三、一个核心

面对线上学习，最重要的核心是加强自我管理，认真完成各项任务。尤其是当下，疫情挡住了我们去学校的脚步，我们只能通过屏幕学习知识，这是对同学们自主学习能力的一大考验。作为有自律能力的少年，大家要制订自己的学习计划，积极主动进入学习状态，提高学习效率，积极解决学习中遇到的各类问题。在课余时间，可带着问题观看经典地理纪录片，云游世界，开阔视野，学会发现和解决地理问题，养成课外自主学习的能力。

线上学习这场战"疫"之行，对全体同学来说，是一个挑战，也是一次锻炼自主学习能力的机会，同学们要积极主动，坚持向学、共克时艰，以更加昂扬的精神面貌，迎接阴霾散去后的明媚阳光。请记住：学习场所有变，关怀不变；学习方式有变，期许不变。全体地理教师与你们携手相约，顶峰相见。祝同学们身体健康、学业顺利！

济南市小学语文线上学习指导

亲爱的同学：

你好！居家学习模式再次开启。轻点鼠标、动动手指就能在电脑或手机上学习，这真是一场学习革命。面对网上学习，你也许兴奋，也许茫然。教师不在身边，如何达到更好的学习效果呢？

今天，就为大家提供几个"小妙招"。

隔空对话："语"字不仅有"讠"还有"口"，学语文一定要说和读。教师在"空中课堂"的教学中常常会留出朗读、思考的时间，这时候请你一定紧跟教师的要求，或大声、有感情地朗读课文，或背诵相关段落，或自信地回答教师的问题。

每一次开口都是锻炼表达能力的好机会，可千万不要放弃哟！

"习"以为常：预习和复习是一对"隐形的翅膀"，居家学习中，你有更多的时间把这对翅膀锻炼得更强壮。为了使预习更有效，低年级的小朋友可以学着在书上圈画标记，"一画自然段，二画新生字，三画好词句，四画疑难处"。中、高年级的同学可以尝试提出自己的问题，带着问题走进空中课堂学习。

做到有效预习加及时复习，你会发现，语文学习其实并不难。

以笔为友：准备几支笔吧，它们是学语文的好朋友。一支帮你练好字，一支帮你记录生活和心里的小秘密，一支可以在阅读时做摘录，记号笔还可以用色彩或符号帮你标画或批注。

随时的记录与书写，会让线上学习更丰富、更立体。

学贵有方：低年级的同学可以当一回故事小主播，读个小故事录制下来，分享到班级群里；可以发挥想象，创作自己的小童话。中、高年级的同学可以绘制阅读思维导图，写一写回忆里的班级故事，开展对比阅读等。

当然，如果你有更多好方法，可以分享出来，形成一个智慧宝库呢！

超越课堂：语文有着无限的外延，网络开启了精彩的世界。你可以"跟着古诗游中国"，走进线上博物馆；关注时事热点，连线小伙伴来一场辩论赛；看几部好影片，读几本好书，开展线上观影会、读书会……丰富的云上体验会让语文的疆界更辽阔。

济南市小学数学线上学习指导

亲爱的同学们、家长朋友们：

为了有效落实疫情防控工作要求，做好居家数学学习准备，我们精心准备了这份学习指导，让我们共同努力，提高线上数学学习质量，确保停课不停学。

"遵"——遵从时间安排。坚持按时参加线上数学学习。遵照教师要求的学习路径进行指定内容的学习，利用好各种资源平台，专心听、多动脑、留心记、勤练习、善提问、多总结。

"备"——做好学习准备。一是备好课本、练习本、尺子、笔、橡皮等数学学习用具。二是提前了解学习目标，通过预习课本或者完成学习任务单上的课堂前测，做好学习准备，提出自己的问题。三是调整好学习状态，课前解决好饮食、如厕等个人事项。

"专"——营造专注环境。家长要为孩子创造安静的学习环境，保证学习过程不受外界干扰。学生参加线上直播课和观看微课程时，要专心致志、认真思考，遇到问题积极发言，视频学习中遇到暂停提示，要按下"暂停键"独立思考和练习，提高学习效率。

"练"——及时练习巩固。每学完一节新的知识，都要及时做相关练习，认真完成教师布置的作业，并按时提交，收到教师的批改后要及时纠错。家长应督促孩子及时提交或修改作业，积极配合教师一起提高线上学习质量。

"问"——主动提问纠错。线上学习与线下学习最大的区别就是教师和学生不能面对面，不懂的地方一定要多向教师询问，尤其是要正确对待错题，错题代表着自己的弱项，遇到问题可以随时跟教师在线联系，争取做到当日问题当日清。

"思"——善于总结反思。完成一周的学习，要学会总结和反思，可以将这一周的学习内容和方法用提纲、表格和思维导图等不同形式记录下来，对错题进行归因分析，养成回顾整理和自我反思的好习惯。

让我们正确地看待疫情，从权威渠道了解疫情信息，做到不信谣、不传谣、不恐慌，保持正常作息和合理饮食。列出数学课外书阅读计划，多了解数学文化，拓展数学学习视野，学会用数学思维分析疫情变化。加强运动锻炼，提升自身抵抗力，合理安排线上学习时间，按时做韵律操和眼保健操来放松肩颈和眼睛，把控学习节奏。

济南市小学英语线上学习指导

亲爱的同学们：

线上学习让方寸屏幕成为学习的主阵地，但英语学习的目标和要求没有改变。为了帮助同学们更好地进行线上学习，特提出几点学习建议。

课前准备要充分，有备而来效率高。课前准备好课本、练习册、铅笔盒等学习用品，工整地摆放在书桌的一角，使用完毕后及时收纳，保持书桌整洁。课前进行预习，圈画疑难问题。

全神贯注在课堂，坚决不做"木头人"。上课认真听讲，努力做到脑、眼、耳、口齐动，按教师的指令积极互动，自信表达，必要时可反复回看练习。

趁热打铁做作业，虚心请教解疑难。按照教师的要求认真完成作业，及时提交。若遇到疑难问题时，可利用课堂回放自行思考，也可以向教师求助。教师最喜欢爱动脑、爱提问的乐学少年了。

听说领先是关键，读写跟上不放松。英语学习离不开积累，最好每天坚持听说训练，熟能生巧是秘诀。除了英语课本以外，可以选择合适的英语分级读物进行阅读，心中有美文，下笔如有神。每天和家人分享自己的学习收获，展示自己的英语新技能。

再好的学习方法也不及"我要学"来得重要，请用勤奋为自己的梦想插上翅膀，我期待着与优秀的你相会在云端！加油吧，少年！我们一起向未来！

第二章

线上教学管理机制探索、构建与实践

    编者按：教学管理是充分发挥计划、组织、协调、控制等管理职能，对教学过程各要素加以统筹，使之有序运行，提高效能的过程。教学管理对教育行政部门和学校来说，都是非常重要的工作。新时代教育呼唤教育新理念，新时代的教学管理也应积极回应新形势下的新需求和新要求。近几年，在疫情影响和教育改革的双重驱动下，线上教学管理应运而生。济南市各区县教研机构、学校在济南市教育局《关于疫情防控期间线上教育教学工作的方案》、济南市教育教学研究院《关于加强线上教育教学工作的指导意见》《关于加强全市普通中小学线上巡课工作的意见》等文件的指导下，在不断的实践过程中，结合线上、线下等教学管理机制、模式优势和经验，探索和完善了一系列具有实践意义的线上教育教学管理机制的新形态，让教学管理有效服务于师生，给教师创设良好的工作氛围，给学生创造更好的学习环境。

第一节　深化线上教学研究，创新教育教学管理模式

长清区区域"精准教研"线上教研实践探索

2022 年春天，在新冠肺炎疫情的影响下，济南市基础教育再次采取线上教学、居家学习等方式。此前，教育部印发《关于在疫情防控期间做好普通高等学校在线教学组织与管理工作的指导意见》，要求学校和教师要合理选择教学方式、教学资源，帮助学生科学制订居家学习计划，在传授知识的同时，要注重培养学生的自主学习能力；要注重实施效果，精准分析学情，对学习质量进行诊断评估，有针对性地制订在线教学计划。济南市长清区教研中心深入贯彻落实教育部和济南市关于疫情防控工作要求，在总结 2020 年线上教学经验的基础上，探索出一套行之有效的区域教研模式——"精准教研"，旨在更精准地了解学生，开展教研，服务教学。

一、精研问题

（一）构建联盟教研体系，关注城乡差异

联盟教研体系是把解决教学实际问题，提高教师专业化水平作为研究核心，围绕教学观念的更新、教学内容的变革、教学方法的改进和教学效率的提升，开展具体而深入的研究活动。长清区街镇学校较多，与区直学校相比，街镇学校在师资配备、家长陪伴、学生习惯等方面存在较大差异。为加强线上区域教研的实用性，扩大区域教研的覆盖面，区教研中心构建了以各学科教研员为中心，骨干教师辐射带动的联盟教研体系。

联盟教研体系在区教研员的统筹规划下，相关骨干教师分析片区内生物教师在年龄构成、教学经验、教学方式和新技术应用等方面的特点，梳理、汇总

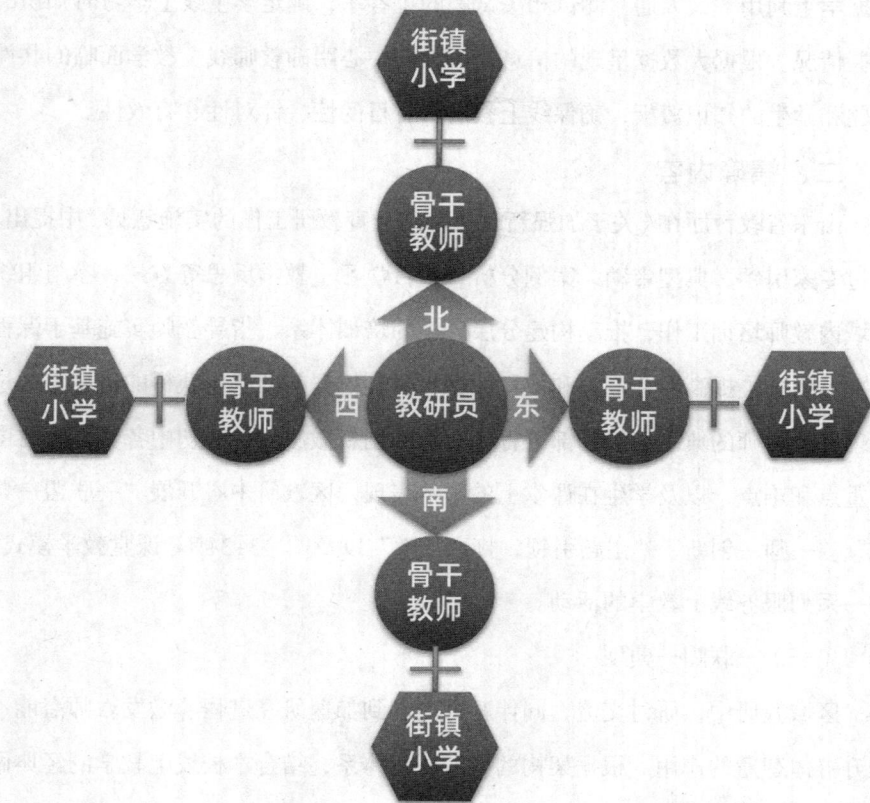

长清区线上教学联盟教研体系模式图

乡镇学校开展线上教学面临的困境，对各基层学校在线教学困境进行整合，旨在精准帮扶乡村学校，促进教研、教学优质均衡发展。

（二）立足大数据，寻找共性问题

运用大数据进行学情分析是未来学校泛在化教育过程中的必备环节，是使信息化技术产生的"冰冷"数据变为教师"左膀右臂"的重要手段，是实现信息化技术与教育深度融合的关键技术。为保障线上教学有序进行，监测并掌握学生的学习情况和效果，区教研中心利用问卷星对全区生物教师进行问卷调查，调查内容主要包括线上学生状态、线上教学内容和线上教学设计等内容，同时根据学生利用"人人通"测试相关试题的正答率，确定学生线上学习时知识的掌握情况。根据大数据呈现的信息，区教研中心明确教师线上教学面临的共性问题和学生的知识短板，确保线上教研具有目的性、针对性、有效性。

二、精确内容

山东省教育厅在《关于加强新时代基础教育教研工作的实施意见》中提出，通过专家引领、典型带动、案例分析、项目学习、教学反思等方式，参与组织区域内教师培训工作，推动构建分层分类的培训体系，指导教师实施基于课程标准的教学，提高专业能力和教育教学水平。根据前期调研获得的信息，通过梳理优秀教师的典型做法和部分青年教师的创新做法，针对初中各学科教材中的重点和难点，以及学生在课堂上的整体表现，区教研中心开展"一联盟一典型""一师一创新""主题引领，打点教学"以及"'3+3+N'课堂教学模式"等一系列服务线上教学的活动。

（一）一联盟一典型

区域教研中，研讨交流、同伴互助能起到加速研究进程、激发教师潜能、提升群体智慧的作用。根据架构的区域联盟体系，结合本校线上教学的经典做法，在区教研中心的统筹规划下依次开展联盟教研体系金点子分享活动，从学校、班级、教师、学生、家长不同纬度挖掘本校本学科开展线上教学采取的典型做法。"一联盟一典型"系列教研活动的开展，向教师展示了不同的学校和班级提高线上教学效率所采取的有力措施，帮助生物学教师更全面地依托学校的特色做法，有的放矢地与班主任合作，更好地争取家长配合，进而形成线上教学背景下学校、教师、家长有效的合作机制。

（二）一师一创新

在进行线上教研时，部分生物教师根据已有的或新学习的经验，针对现阶段线上教学出现的问题，从技术的选择、教学方法的改进以及教学管理的提升等不同的角度进行改进，其他教师凭借实际线上教学现状或反驳，或补充，或改善，进行线上思维碰撞，旨在帮助不同教师多方面思考问题，并筛选出适合自己的教学方法。

（三）主题引领，打点教学

《义务教育生物学课程标准（2022 年版）》将初中生物学课程内容分为 7 个学习主题：生物体的结构层次、生物的多样性、生物与环境、植物的生活、人体生理与健康、遗传与进化、生物学与社会·跨学科实践。为进一步提高全区生物学教师备课的针对性、有效性，我们在线上教研中开展 7 个主题引领下的生物学考点对点培训，分别从新旧课标解读、学考考查情况、考点概要、考点分析等方面对学习主题进行精准分析。"打点教学"系列培训促进教师在备课时从学习主题入手，开展大概念下的单元备课与精准教学。

（四）构建"3+3+N"课堂教学模式

聚焦激发学生内驱力、教学方法的多样化、教学内容的精细化等方面，区教研中心确定线上精准教学"3+3+N"课堂教学模式，即抓住课前、课中、课后三个教学关键点，立足激发学生内驱力、教学方法的多样化、教学内容的精细化三个维度，采取多种形式精准教学，提高在线课堂教学效果。

1. 激发学生内驱力

大部分初中生自我约束能力较弱，线上教学期间，相当一部分学生注意力不集中，出现玩游戏、听音乐、发消息，甚至中途离开课堂的现象。结合生物学科的特点与学生的学习现状，挖掘与生物学有关的诺贝尔获奖史，形成"漫画诺贝尔生理学或医学奖"系列故事集，在课前两分钟介绍给学生，通过榜样引领，激发学生的学习兴趣，挖掘学生学习生物的内驱力。课中，设置"头脑风暴"环节，多方面挖掘教材中的开放性题目，引导学生从多方面、多角度回答问题，鼓励学生天马行空，对学生提出的新视角、新思想给予鼓励，提升学生的参与度和进一步学习的动力。

2. 教学方法多样化

苏联教育家休金娜说："教学方法是以解决教学任务为目的的师生共同活动的方法。"课前，教师利用"游戏化教学"的相关策略，综合分析章节内容的特点，确定在进行授课时可采取的有趣的教学形式、游戏化的教学方法。课中，在讲解重难点时，设计"思维导图"厘清知识脉络，并运用顺口溜或肢体动作辅助理解记忆。课后，布置视频、模型制作等形式多样的作业。

3. 教学内容精细化

"精细化"要求教师将每堂课的教学内容细化为一个个知识点、难点、疑点，逐一突破，层层递进，使课堂效果达到最大化。现在网上教学资源丰富，百花齐放，从部级资源到地市级资源，甚至校级资源，都为我们的线上教学提供了大量可以选择的素材。课前，针对目前长清区教材版本和线上教学的特点，在进行线上教学时不能对现有的资料拿来就用，要精选、组合相关素材，选择最适合全区生物教学现状的教学素材推送给学生。课中，针对教学中的重难点，充分发挥线上"教学评一体化"的优势，利用多种评价手段检测学生对重点知识的掌握情况，以及对教学难点的理解程度。课后，将教学资料按照章节的小标题分成若干部分，便于学生有选择性地使用。最后，形成"3+3+N"课堂教学模式下配套章节的课前、课中和课后一体化教学资源包，通过钉钉群或QQ群推送给学生，方便学生有选择地使用。

三、精准跟进

线上教研的方式打破了时间与空间的限制，教研中心可以实现对基层学校的再次跟进。区教研中心利用"线上巡课""线上同课异构"等方式掌握教研策略是否恰当，是否适当调整以至于更加完善、科学。

（一）线上巡课

疫情期间的线上教学覆盖面广、战线长，全面铺开、常态运行是个极大的挑战，过程管理更是大问题。这就需要寻求破解传统管理瓶颈，创新机制，各个部门协同管理，规范线上教学行为，精准指导教学，联合推进。区生物教研中心依托学校巡课制度，建立教研组长统筹管理、备课组长实时跟进的巡课体系，设计"在线巡课记录表"，从教学方法、教学内容及激发学生内驱力等方面进行总结反馈，旨在了解"3+3+N"课堂教学模式的课堂应用效果。

（二）线上同课异构

苏联著名教育家苏霍姆林斯基曾言："任何一个教师都不可能是一切优点的全面体现者，每一位教师都有他的优点，有别人所不具备的长处，能够在精神生活的某一个领域里比别人更突出、更完善地表现自己。"在区教研中心生物教研员程峰老师的带领下，在联盟教研体系内开展城乡同课异构活动，针对基于"3+3+N"课堂教学模式的在线新授课、在线复习课和在线试卷讲评课等不同课型进行研发、打磨，有助于教师在授课中发现问题、共同进步。在线同课异构的授课模式是在线教学研讨的渠道与教育质量提升的媒介。

"精准教研"是区教研中心在 2020 年线上教学的基础上，融合线下教学的有效方法探索出来的线上教研模式。"精准教研"的开展直面线上教学的典型问题，运用团队的力量实施一系列优质高效的教研活动，并开发出精准高效的教学模式。随着疫情防控工作的有效开展，中小学将陆续返校复课，区教研中心各学科将继续以"精准教研"为宗旨开展区域教研活动，为长清区全体教师提供精准引领、专业服务。

刘兴武、程峰 / 济南市长清区教育教学研究中心

建构"以教研为中心"的闭环机制，赋能线上教学
——济南市甸柳第一小学管理机制建设

2022 年 3 月 30 日，因为疫情，济南市中小学校全面启动线上教学。线上教学改变了教学环境和方式，对学校管理提出了更高、更新的要求。面对网络教育环境，线下教学管理方式缺乏针对性，管理重难点无法有效落实，甚至存在较大管理盲区，亟需新的教学管理样态。

一、线上教学管理亟需解决的问题

目前，线上教学已经从 2020 年空中课堂的 1.0 版升级为线上教学 2.0 版新模式，教学管理主要问题聚焦在如何提高线上教学质量，具体表现在教师、学生、实施三个方面。教师层面，怎样利用原有的"资源＋直播"教学模式，全面提升自主直播能力，从学习材料研发、直播互动、作业管理三个方面提升教师的线上教学能力。学生层面，需要培养其自主学习能力，尤其是自控力、专注力、思维能力，以便更好地适应线上学习的要求。实施层面，怎样创新互动形式，不断提高线上互动的效率和质量。以上三个方面成为影响线上教学质量的突出问题。

二、构建以"教研为中心"的闭环机制

学校建构以"教研为中心"的闭环机制，形成分层管理、教研先行、班级巡课、多维评价、协调调度五维闭环管理机制。分层管理，弥补了教研管理盲区，有效提升管理质量；教研先行，保证教学科学性，提升教师的线上教学能力；班级巡课，及时掌握动态，精准指导教学研究与改进；多维评价，打通双向沟通渠道，促进教、学、评协调统一；协调调度，指分享经验、研讨问题、部署工作。五维管理机制以教研为中心，研究贯穿全过程。

（一）分层管理，重心下移

为了适应线上教学管理小单元、精细化的特点，我们建立了"教研组中心，分层负责制"。第一，强化矩阵管理。一个教研组就是一个矩阵，组内教师形成巨大合力，共享资源、共享智慧、共担任务。教研组长全面负责教育教学和各项管理工作，对组内成员的工作进行全面安排、检查与考核。第二，优化条线管理。将校长、副校长、教学管理中层干部的职权分解、优化，各自"承包"年级或学科，检查、指导、督促，使各项工作的效率、质量最优化，同时保证全校工作始终是一个整体。第三，实行目标管理。学校制订线上教学总体目标和操作流程，各教研组根据学科特质和学生年龄特点制订子目标，学校根据各教研组的目标达成度，衡量教研组和个体的工作业绩。分层管理调动了各方面的积极性、主动性和创造性，各矩阵中事事有人抓，人人有事干，形成了纵横结合、有效管理的网络，提高了管理效度。

（二）教研先行，优化设计

按照教研先行的理念，强调教前必研，研后再教，教后再研，将教研贯穿线上教学始终。第一，研前教研组长要做好统筹安排。落实线上教研时间、主讲教师、教研问题等，主讲教师提前一天把所讲内容分享给每位教师，避免线上教研活动的盲目性与随意性，确保在思维碰撞中研而有底、研而有获。第二，研中组织"主播"教师试讲。教师在听课时，做到且听且思，基于自身对教学的理解与预设，及时记录疑惑与启发，发现"主播"教师的优点，定位其存在的问题，思考解决方案。第三，研后协商议课。议课阶段聚焦问题与解决方案，注重个体与群体的思维碰撞，构建同伴相互影响的教研文化，发挥同伴的相互引领作用。教研先行，坚持问题导向、即时研讨，探讨更多有效解决问题的策略、方法和思路，对于遇到的一时无法解决的问题，或暂时无法达成一致的问题，留作下一次的教研主题。

（三）班级巡课，教研效果及时验证

为全面验证教研效果，及时掌握各学科、教师教学效果和学生学习质量，学校形成"353"巡课机制。"3"是指实行三级巡课制，校长和学校教学管理团队每天巡查各班线上教学情况：校级领导每天随机入班巡课，教导主任分学科、分年级针对性巡课，年级组长有序组织组内成员根据情况巡课。"5"是指巡课的五个维度：一是教学准备。教师提前15分钟候课，做好设备检查调试，学生点名签到，要求精神状态饱满、学习材料准备齐全。二是教学问题设计。结合学校"思维生长课堂"建构改革要求，问题设计得深刻、精炼，关注真实问题情境创设、核心知识建构，让学生在做中学、在体验中思，把教知识变为教能力的过程。三是教学互动质量。线上教学最难解决的就是师生、生生互动问题，巡课中要查看教师和学生是否全部开启摄像头，做到见屏如见人，利用双屏展示、共屏投票、学生讲解、分组讨论等形式做好教学互动。四是教学模式应用。线上授课要精简教学流程，课前围绕教学内容组织课前导学，开课后利用前3分钟进行作业反馈，做好新旧知识衔接。直播互动中让学生带着问题学习，提高教学效率，课后教师全天候做好答疑指导，形成课前导学—作业反馈—直播互动—答疑指导四大教学环节。五是关注分层作业布置。作业主要分为课时作业和项目化作业，根据学生兴趣特长和年龄特征，围绕"把关、托底、提质"的原则，因材施教，促进学生成长。最后一个"3"是指巡课效果改进，学校坚持"及时发现、及时反馈、及时解决"的工作原则，实时跟进，从点到面，形成巡课"检查—反馈—整改"闭环管理，切实保证了学校在线教学平稳有序运行，于研究中提升效果。

（四）多维评价，打通多向反馈渠道

为全面了解、提升线上教学的质量，实行学校、教师、家长"多向互动"反馈评价机制。首先是学校和教师之间双向反馈：学校每天利用QQ群公示巡课结果，教管中心坚持每天对学科教学的质量进行评价。发现问题及时反馈，发现优秀经验马上推广。各班级任课教师将每天的学习任务布置信息、直播录屏、作业批改截图发给教研组长，教管中心定期检查并反馈。同时教研组有了好的经验做法和亮点及时反馈给分管领导，做到经验及时共享。其次是教师和学生双向反馈：教师通过"腾讯会议+QQ群"的组合方式向学生反馈教学内容、教学重难点及教学注意事项，利用视频、文字和语音的形式对学生的问题、感受进行指导，利用导出历史会议记录功能对学生考勤、在线时长、互动交流等指标解读，督促学生有效进行学习；利用印章统计、线上之星等评价奖励机制激发学生的学习兴趣，提升教学效果。同时，学生学习中的疑惑、问题，要利用留言、备注、批注等方式及时和任课教师互动。师与生双向沟通，提升线上教学质量。最后是学校和家长双向反馈：学校采用问卷星、收集卡、电话访谈等方式及时征求家长对于线上教学的意见和学生学习效果反馈，及时调整教学策略。同时，班级家委会也会主动通过线上教学热线对发现的问题及时监督和反馈。

（五）协调调度，共享智慧

学校每两周召开一次线上教学调度会，以问题为导向，采用经验分享、理论学习、工作部署的方式展开。各教研组围绕线上教学的经验进行总结与分享，从课前预习、问题设计、学生考勤、作业设计等线上教学策略，到连麦对话、点名计时等信息技术的使用，再到印章统计、线上之星等评价奖励机制的分享，各教研组创新方法，注重实效。针对线上教学特点抓住重点，突破难点，共享教育智慧。教研中心围绕课程设置、课堂教学、作业布置、教学亮点、难点问题进行总结反馈。根据大家面临的共性问题，组织理论学习，同时对工作进行梳理和部署。

三、线上教学质量稳步提升

"以教研为中心"的闭环管理机制，将研究贯穿线上教学全过程，保障了线上教学质量稳步提高。首先，教学管理无盲点。自线上教学以来，教研中心组织各级巡课200余节次，覆盖全体教师。对于专业薄弱的教师，采取一对一跟踪巡课、反馈辅导，加大指导力度。及时发现共性问题，落实应对策略，第一时间解决问题。其次，学生学习质量不断提升。学生线上学习，保持了健康的生活方式和良好的学习状态，学习自控力、专注力和思维能力不断提高。特别是设计真实教学情境，将学习与抗疫紧密结合，学生的思想、综合素质通过多种形式得到磨炼，在做中学、学中悟、悟中思、思中行，影响深远。最后，促进教师线上教学能力发展。真正关爱每一位学生，立足促进学生生活、学习、健康全面发展，关注每一个学生的学习和生活状况。教学更加注重互动方式的创新，为形成"线上＋线下"的混合式教学模式提供了基础，"双师课堂""双屏演示"互动效果提升显著。

四、反思与展望

实施"以教研为中心"的闭环管理机制取得了一定的成效，同时存在许多不足。主要问题有：教师掌握学情不够全面，不能够准确掌握每一名学生的学情；学生学习效果不扎实，深度思考缺乏环境支持，难点问题理解不到位；学生的学习效果检测无法真正到位，系统知识建构不连续；学生的学习自觉性有差异，导致学习质量易出现两极分化。这些问题都需要我们在实施中、在开学后的衔接中加以有效解决。

随着信息化进程加速，"线上＋线下"混合式教学与管理将来会成为常态。线上教学管理，始终要把学生的全面发展放在心上，始终要把教学质量牢牢抓在手上，始终要坚持全流程管理，完善管理策略，为线上教学赋能。

杨兴永、刘中／济南市甸柳第一小学

基于"助学"理念下的"1+7"
线上教学模式的实践与探究

山东省教育厅在线上教学指导意见中明确提出，线上教学成为学校常态的准备工作。如何使"线下教育"与"线上教育"无缝衔接，以达到"停课不停学，延学不降质"，如何保障线上教学与线下教学实质等效，已成为摆在广大教育工作者面前的重要课题。

一、"1+7"线上教学模式目的与意义

我校自 2019 年以来积极探索基于"助学课堂"的教学改革，把课堂转变为"学堂"，把讲台转变为学生的"舞台"，赋予学生生长的力量，让发展学生成为我们触手可及的教育境界。在疫情背景下，我校积极探索并实践如何使助学课堂从线下转到线上，从而达到线上和线下教学的无缝对接与融合，特别是利用线上的教学模式使线下的"助学课堂"得到提升，让学生不管是在课堂之上还是居家学习时都能成为学习的主体，而不是成为教师远程操控的木偶、按时上线的生物钟、机械完成各项作业的任务个体。

"1+7"的"1"指一张助学单，"7"则是完整开展线上教学的 7 个环节，具体包括"课前两项准备＋课中三个步骤＋课后两种评价"。"1+7"线上教学模式旨在结合线上教学的实际情况，改"线上学习"为"居家学习"，强调学习本质上是学生自己的事情，充分发挥学生自主学习的能力，改"线上课堂"为"线上交流"，强调课堂是展示学生学习成果的交流平台，提升学生的核心素养，让学习效果真正落地。

二、"1+7"线上教学模式架构与操作

"1+7"线上教学模式，课前强调学生借助教师推送的课程资源和精心研制的助学单，进行有计划、有目标、有指导的自主学习；课中突出学生的学习

主体地位，提倡重视学生的充分展示与交流，在体验成功和暴露问题的过程中，教师进行针对性的引导与点拨，从学生出发，把力量用在重心上、关键处；课后注重从不同的评价主体和评价内容出发，落实积极的学习评价，发挥评价的激励和导学作用，激发学生用心反思当下的学习，更加积极主动地参与到后面的学习活动中去。

（一）以"助学单"为载体，课前做好两项准备

助学单是用来引导和辅助学生对新的学习内容先行探索，借以培养学生自主学习能力的一种研习的单子。助学单的内容主要围绕第二天学生将要学习的内容展开，但与教材内容不同的是，助学单在内容上进行了问题化、板块化的处理，它聚焦于教学的核心内容，并在培养学生的学科思维能力和学科素养上下功夫。

助学单的研定要在备课组集体教研的情况下，对将要开展的授课内容进行分析研判：一是教学目标的制订是否和线下一样，是否需要分解；二是教学内容的容量是否恰当，难易程度是否符合等；三是"脚手架"的搭建，即学生开展自主学习的资源选取是否符合当前的学情。

助学单和教学资源要提前发送给学生，学生以个体或小组为单位，对助学单上的内容进行研学。学生借助教师推送的资源和手中已有的资料，分步解决自学内容。基础较差的学生可以采取学生互助或小组互助的方式进行，也可小组合作完成助学单的研学。

以小学语文课本六年级下册古文《两小儿辩日》为例，本课目标进行了如下安排：

（1）熟读文本（助学单进行提醒，学生听音频解决）——疏通意思（利用助学单，晨读小组合作解决，课上分小组汇报）——理解道理（重难点目标，课上重点探究）。

（2）检验学生预习成果。学生完成助学单后，要发送到小组群，教

师进行评价。目的是教师要第一时间了解学生助学单的研学情况。学生的基础程度不同，完成情况也各有差别，这里与线下教学不同的是，作为展示交流的"导演"——教师，可以根据学生情况、知识的难易程度，给学生分配任务，目的就是为了让更多的学生认真准备。给学生分配任务，是按照学生的学习水平来划分的，较简单的题目由班级内基础较差的学生做好讲解准备，稍微难的题目由学习中等的学生准备，本节课中的难点或小结由班内比较优秀的学生来准备。其余没有讲解任务的学生，做好评价、补充、提问的准备。

（二）以"学习者"为中心，课中实施三个步骤

1. 展示交流

传统的线上授课是以教师讲授为主，很难关注到学生听讲的状态，事实证明，不论使用哪种授课平台，教师都不可能达到像在课堂上那样时时关注学生、提醒学生，因此助学课堂的线上教学以学生分享为主。学生先研究了，就有了展示的冲动，顺应这种心理，教师就让学生展示自己的成果，也交流自己的疑问和困惑。学生在线上交流自学成果，包括如何搜集资料，对题目的不同解法、最优解法，对文本的见解等，都可一一展示出来，其他学生来做对比，也可提问、质疑、交流、解释。教师作为旁观者、组织者，一是要做好组织保障工作，确保展示交流顺利进行；二是要做好答疑解惑，特别是在重难点的突破和方法总结上，教师要起到画龙点睛的作用。

2. 归纳提升

学生在交流完助学单的内容后，本课的教学内容与要点的大部分已完成，但是学生的知识还是以片段为主，并不系统和完整。所以归纳提升环节就是要把本课中的知识点串联起来，以达到教学效果落地的目的。

（1）此环节仍以学生为主

在以往的教学过程中，教师往往包揽此项任务，自己总结本课内容。助学

课堂的理念就是"学习是学生自己的事情"，因此教师要放手交给学生，让学生自己说出对本课的理解。

（2）精心设计问题

归纳提升环节并不一定在交流完成后进行，教师要抓住关键点适时点拨，精心设计问题，如：你发现两位同学的方法有什么相同点、不同点？根据刚才同学们提到的你又想到了什么？这些问题的提出可以有效帮助学生进行深度思考，以达到线下教学的效果，实现线上线下实质等效。

3.在线测评

此环节针对线下的课堂检测。在以往的教学中，我们可以通过课堂小测验来检验本课学习成果，在线上学习中，检测题目若全都放到课下完成，效果会大打折扣。基于此，我们探索线上检测的手段与方法。一是题目要紧扣课程内容，能检验学生学习效果；二是要即时出结果，学生一做完，教师就会收到情况汇总。为此，我校利用问卷星和腾讯会议投票功能来达到检测目的。

（三）以"激励"为目的，课后进行两种评价

课后评价的目的是让学生更好地改正自己不足的部分，获得更大的学习动力，因此课后评价一定要以激励为主，少批评或不批评，教师一句鼓励的话，一个加油的留言，一个竖大拇指的手势都会给学生带来莫大的动力。

1.注重小组评价

小组合作学习是助学课堂的重要组成部分，即"生助"，学生以小组为集体，在组长的带领下合作学习，互通有无，因此小组学习是基于自主学习的合作学习。在线上教学中，小组合作学习在解决学习效果、学习积极性、学习准备、释疑解答等方面都发挥着重要作用。所以教师要把对小组的评价放到一定的高度。在评价时间上可采取一日一小评、一周一结评、一月一大评的评价机制。在评价方式上可采用小组评星表，课上、组长群、家长群表扬，颁发电子

奖状等不同方式进行。

2. 注重学生个人评价

课后作业是线上教学必不可少的环节，是使学生落实学习效果的重要措施，所以在师生不相见的情况下，教师对学生的评价显得尤为重要。一是评价要真正出于关爱；二是评价要有针对性、要具体；三是评价要积极创新、丰富多彩；四是评价尽量做到价值最大化。总之，与线下教学不同，个体评价要使学生感受到教师的关心、关注，从而在教师的激励下让居家学习更有动力。

三、"1+7"线上教学模式成效及展望

疫情下的在线教学是促进教育教学改革的良好契机，亦是更新教育教学理念和方法的良好机会。"1+7"教学模式是我校应对疫情下的线上教学的大胆尝试，在实现同质等效的同时，保证了线上教学高效、有序、平稳运行，促进了教师教学基本功及在线课程建设水平的提升和教学改革的推进，改善了线上教学手段单一、教师线上教学经验不足及学生自主学习能力有待提升等问题，有利于培养学生的自主学习能力，使其具备知识自主更新、构建的能力。在后面的教学中，我们将继续推进探索"1+7"教学模式，使教师充分运用先进的信息技术手段，深入挖掘丰富的课程资源，与学生组成"学习共同体"，让完整的线上教学过程完美助推学生自主学习、主动学习、合作学习和探究学习，通过自助、生助、师助，让学生变得强大，让教学充满生长的力量。

丁秀红、夏绪友 / 济南市平阴县第二中学

参考文献：

[1] 仲广群 . 教学新密码 [M]. 南京：南京师范大学出版社，2014.

[2] 石丽 . 对小组合作学习评价的探究与思考 [J]. 科学大众 · 科学教育，2018（8）：64.

项目引领，助力健康成长

——济南高新区奥龙小学线上教学实践

一、实施背景

根据山东省教育厅下发的《关于当前疫情形势下中小学校线上教学的指导意见》和济南市教育局《关于规范有序做好线上教学服务工作的通知》等文件中关于合理安排学生网上学习和生活作息，注重适当的居家锻炼等线上体育教育相关要求，充分发挥落实体育教育在学校立德树人和学生当前居家学习健康成长中的重大作用，济南高新区奥龙小学坚持"健康第一"的指导思想和"让运动成习惯，让健康伴一生"的理念目标，延续学校已有线下体育教育工作一体化设计与实施优势，结合线上教学实际进行完善和优化设计，确立了以"统筹推进式"管理、"年级体育项目式"设计、"目标驱动式"推进、"全员参与式"实施和"家校协同式"督促为主的"五式一体"线上教学年级体育项目实施方案，在全校各年级有序推进线上体育教学，对于居家期间学生体育锻炼、掌握多样基础体育技能、健康阳光成长，起到不可替代的促进作用。

二、教学目标

（一）学校层面

坚定学校"让运动成习惯，让健康伴一生"体育教育总目标，聚焦"教会、勤练、常赛"举措，逐步完善"学、练、赛"一体化教学的线上体育育人运行模式。旨在形成全校师生"人人爱运动、班班有项目，天天有组织"的全员、全面、全方位线上体育教育新常态，完善、丰富线上教育全面育人体系，尝试构建系统、有序、高效的线上体育教育常态化机制和运行模式等。

（二）学生层面

通过该项目的设计与实施，促进保障每一位奥龙小学生六年级毕业时都能顺利实现掌握"6+2+1"项运动技能（即6项个体基本运动技能、2项团体专项运动技能、1项亲子运动技能）基本目标，使每一位奥龙小学生养成爱运动、会运动、乐坚持、善协作的优秀品质和良好习惯，锤炼体育精神和意志品格，助力学生身体健康和全面发展，为其一生健康成长和终身发展奠基。

（三）教师层面

深入挖掘校内每一位体育教师专业优势，结合六个年级特色体育项目，设计推出系列优质课程课例，促进体育项目教学的高效落地，同步提升教师专业化素养；指导调动全员教师参与体育教育工作的主动性，充分发挥学校全员育人、全面育人、全员参与、全员锻炼的传统，促进全体教师提升参与意识、研究意识，提升团队协作和自身健康素养，从而促进学校线上体育育人水平的整体提升。

三、设计思路

本着延续传统、结合实际的基本定位和"学、练、赛"一体化的基本原则，进行项目设计与实施。项目方案重点结合线上学习环境背景、各类项目内容特点、各年级学生年龄实际等进行统筹考虑和系统规划；项目方案的具体实施，学校教研中心实施"5+1+1"教研机制保障线上培训、指导和过程管理，教育中心牵头协调全员参与实施，根据运行情况完善提升项目方案设计；在具体教育教学过程中，充分发挥线上技术共建共享优势和学生居家条件优势，以"年级"为教学基本单元，各年级体育教师每周一次线上集中授课，班主任、双师教师和家长同步协助、积极参与跟进，通过"当日、当周、每月、学期、学年"评价引领督促，确保线上线下教学目标一致、过程一致、效果一致；项目实施的具体成效，通过学校评价教育管理机制、学生红领巾奖章激励机制、教师绩效考核激励机制等，督促高效落地和创新举措、经验特色的生成，力争形成更加可行、高效、可复制、可推广的线上体育教学先进经验和优秀案例作品。

四、内容设计

年级	项目	选择分析
一年级	跳小绳	易于一年级学生掌握，促进孩子的发育与成长，有助于培养其节奏感和平衡感。
二年级	拍篮球	学习起来难度较低，促进骨骼生长，增强团结意识，训练神经系统反应与协调性。
三年级	武术操和啦啦操	中年级学生有一定经验，具有一定规则意识，愿意学习有一定挑战性的任务。
四年级	跳大绳	已有多年跳小绳的基础，能锻炼心肺功能，同时锻炼左右脑，培养团队意识。
五年级	踢毽子	简单易学，提高趣味，促进孩子全身功能的协调，有助于增强孩子的心肺功能。
六年级	垫排球	特有的锻炼形式磨炼意志，提高人体免疫力，为初中排球学习奠定基础。

五、创新点

（一）系统性设计——学校统筹，一脉相承

该项目以年级为单位进行系统规划设计，根据学生年龄特点和发展需求，设定阶段性目标，及时测评跟进，各年级捆绑推进和评价管理。同时，延续线下体育教育经验做法，灵活创新设计，简单、可行，师生、家长熟悉，利于高效落地。

（二）协作性实施——师生家校，携手共育

项目实施过程中，更加注重家校协作、教师协作、亲子协作等层面的协作推进，各年级组和双师教学的协作组织、体育组教师的优势互补、居家亲子相伴以及学校各部门管理工作的协作推进，更好地培养每个学生甚至每个家庭坚持锻炼和终身锻炼的习惯和意识。

（三）一体性推进——全员全程，技炼一体

项目设计坚持"学、练、赛"一体化，项目实施也是贯穿线上教学每天各个时间段和各个工作层面。如课间休息、大课间、课后锻炼、晚上亲子时光等，形式多样灵活，简单易操作，方便全校师生。家长共同参与，一方面便于所有人学习掌握适合自己的多样性基本运动技能，同时更有利于促进全员锻炼、强身健体，实现学校"运动成习惯，健康伴一生"的基本体育理念和总目标。

六、主要做法

为保障该项目整体有序推进和高效落地，学校统筹规划，在线上管理、线上教学、线上教研、线上培训、线上监测等多角度多措并举，形成相对完善的基本运行模式和机制，各大举措相辅相成，互相促进，循环提升。

（一）"统筹推进式"管理

根据项目实施方案，学校专门成立线上体育教学领导小组和工作专班，校长任专班组长，副校长和各年级包干干部定期对线上教学规范和推进成效进行过程把关和培训指导；通过干部巡课督导和双师课堂协作，加强线上教学协助管理；结合学校线上教学"5+1+1"教研运行机制，各包干干部每天1次（每周5次）巡课反馈指导，体育教研组每周至少1次线上教研，各年级组长每周至少1次线上教研，共同探讨体育项目推进的经验和不足；同时，采用"即时评价、每日一练、每周一报、每月一测"等多种形式开展在线测评跟进督促，保障各阶段目标达成。

（二）"年级体育项目式"设计

项目内容主要根据学生的年龄特点和锻炼需求，选择简单易学、操作性强、普适性强的基本体育项目内容，以年级为单位进行全校顶层设计。在具体实施推进中，坚持"学、练、赛"一体化教学，以年级为单位，以体育教师、年级组长和各班班主任为主，统筹协调分工，确保有序、高效组织和落实。

（三）"全员参与式"实施

各年级体育教师依托钉钉课堂、腾讯会议等 APP 平台，通过"直播与录播相结合"的方式进行线上教学授课，班主任和双师教师协作组织，各年级全体学生全程参与，全体教师跟班共同参与锻炼和组织，倡导有条件的家长加入，一方面共同参与锻炼，同时也激发全体师生、家长的运动热情，陪伴孩子共同养成锻炼的好习惯，增强自身体质，掌握适合自身的多样基本运动技能。

（四）"目标驱动式"推进

根据本年级学生身心特点及运动项目的内容特点，设定各年级阶段性项目目标，每月月底由班主任和体育教师组织全体学生进行目标达成测评跟进，让学生更清晰地了解自己的练习效果，下个月继续确立新目标持续提升，具备"高水平"实力学生，可通过"拓展目标"实现自我挑战。

（五）"家校协同式"督促

线上学习期间，无论是教师集中授课，还是日常锻炼过程中，都倡导有条件的家长积极参与，培养学生甚至家庭坚持运动的好习惯。同时，通过自评、师评、家长评、展示互评、达标评定等，多元激励推进，结合学校教育评价"红领巾奖章"机制中的"健体章""团结章"等争章活动的开展，评个体、评团队，家校携手，共助身心健康。

七、实施成效

（一）逐步梳理出可行、高效、可推广的线上体育教学基市模式

经过近两年的实践与探索，总结线上线下相延续年级体育项目实施经验和做法，初步梳理出"五式一体"的线上体育教学项目运行模式，即以"统筹推进式"管理、"年级体育项目式"设计、"全员参与式"实施、"目标驱动式"推进和"家校协同式"督促为主的"五式一体"运行模式，该模式科学、可行、高效，可复制、推广。

（二）初步构建了适合小学学情的线上年级体育项目系列内容

结合小学阶段各年级学生年龄特点，坚持"健康第一"和"以学生发展为本"，初步构建起符合小学校情的相对固定的可推广、复制的系列化线上体育教学项目，有利于促进学生身心健康，助力其掌握丰富多样、简单易学的基础体育技能，养成体育锻炼好习惯。因该内容体系简单灵活，可推广、复制，对于同学段线上线下体育教学实践具有一定的借鉴和参考价值。

（三）有效促进了学校学生体育运动素养和锻炼习惯的生成

通过近两年的运行与实施，目前学校各年级学生至少能掌握2—3项基础体育技能，养成全员积极参与锻炼的意识和习惯，确保每位奥龙学生小学毕业时至少掌握"6+2+1"项体育运动技能的目标达成，切实促进了学生健康成长。尤其是本轮疫情线上教学期间，该项目的有效设计与实施，更好地保障了学生居家学习期间的身心健康和全面发展。

（四）切实促进了学校体育教育工作高效实施和教师专业成长

该项目的设计与实施进一步丰富了学校全面育人体系的内容，促进了学校体育教育工作的高效落地，促进了教师的专业成长，取得了诸多可喜的成绩。如学校体育一体化方案、阳光大课间一体化方案在市区评比中获优异成绩；各类体育特色校队在济南市啦啦操比赛、跳绳比赛、各种球类联赛中，多次荣获特等奖、一等奖；学校多位体育教师的优质课、研究课在省、市、区大赛和展评中获奖等。

线上年级体育项目的提升设计与实施，不仅促进了本学校线上教学的高效落地，也为同类学校研究和实践提供了一定参考。当然，该项目的设计与实施，还有较多可以拓展的空间，希望在今后的研究中不断前行，积累丰富的经验。

尹怡华、张甜甜／济南高新区奥龙小学

锚定目标　笃行不怠
——"三师同堂"线上教学提质增效新探索

自2020年新冠肺炎疫情爆发以来,学校的常规教学工作发生巨大变化,"停课不停教,停课不停学"的指导要求,给线下教学传统的人际传播模式带来了挑战和机遇。

经过几年线上教学的探索,我们秉持"摸着石头过河"的精神,对线上教学模式和教师线上教学能力进行宏观设计,对"互联网 + 教学"模式进行了一系列革新,控制教学技术实践的过程,通过"三师同堂",即 2 位学科教师(1 位备课主讲、1 位配合评估)、1 位巡课主任(管理秩序、家校沟通)与学生保持同步在线,辅助授课教师在线授课的模式,不断创新网络教学提质增效的新路子,在此仅供广大同仁参考。

一、常态化疫情防控条件下,"在线授课"教学模式问题分析

在线教学无法与学生进行即时互动,多媒体技术虽然保障了知识传播的长效性和丰富性,但无法做到个别化教学,甚至在线教学中,学生会出现"放羊"现象,这是线上教学不能规避的现实问题。

(一)学生到课率高,但课堂注意力较低

通过一段时期以来对线上课的观察发现, 学生在上课初期都能在规定时间内进入在线课堂,到课率很高,但随着在线教学时间日渐延长,家长们相继复工复产,在线教学会让原本处于线下集体学习模式中的学生,突然进入监管缺位的状态中,在线教与在线学就形成两股拖拽对冲力量,如果在线教学设计得好,关注动机设计,并且学生自制力较强,教学效果就较好;反之,效果就近乎为零。因此,从学习者角度看,自制力就是保障在线教学效果的分水岭。

（二）教师参与度高，学生课堂回应性较低

在线教学过程中，各种信息化手段得以综合运用，音、视频素材都可以很好地烘托课堂氛围，教师的授课内容更丰富。但是在学生端，受软件功能、网络速度、硬件设备、居家环境等诸多因素影响，教师与学生的课堂互动明显不如线下教学。

（三）课堂完成度好，课后家校沟通效果较差

疫情防控时期开展的在线学习，使得原本由学校承担的监督、辅学等责任必须由家长承担起来，这为家校协同共育实践提供了难得的机会。通过初期观察，部分家长无法及时做出反馈，致使作业不能及时提交，教师无法及时评估，学习效果反馈受阻，因而形成恶性循环；有的家长教育理念出现偏差，造成学生成绩与线下教学时反差明显。

二、线上教学"三师同堂"模式构建初探

通过严密的教学工作评估，我校探索试运行了"三师同堂"教学模式，以腾讯会议为教授平台，每堂课由两位同学科教师搭档，一位备课主讲，一位以学生视角切入课堂教学，进行观察记录，授课结束后，共同分析评估，进行教学反思，并及时批改课后作业，开展课后答疑，预判后期课程问题；年级主任全程跟课，监督班级授课纪律，这种督学模式落实到每堂线上课，及时拍照、录屏，联系学生家长，实现家校共育。

（一）教师听课，完备组织开发

教授者全程开启摄像头上课，学习者全员开启摄像头听课，随时进行连麦发言。同学科教师充分开展线上备课及交流反馈，及时了解学生的学习情况。

首先，在授课中增强双向、多向互动。在线教学不是单向的，是双向的，甚至是多元多向的。学科教师在授课过程中，要加大实时提问环节，不间断鼓励学生发言，以多种方式引导学生发言。多样化的互动方式，即便是投票选择，都是促进学生积极参与的设置；还可利用诸如共享文档编辑，实时同步书写想

法，促进学生多样化的互动，缩减"距离感"。此外，授课教师还通过班级群、留言板、讨论区发现共性问题，进行集中答疑。针对个性化的问题，积极鼓励学生间通过互相答疑来解决问题。通过这些方式，既可以降低教师"全天候"答疑的工作量，又能激发学生互相答疑的学习积极性。

其次，换位视角，同步观察，做好问题分析。在授课进行时，搭档教师全程观察学生情况，及时发现授课教师的知识点完成度，以学生视角评估课程效果。课后及时反馈沟通，真正做到授课过程以学生为主体，细分到如何入题、哪里提问、怎样提问、同时布置与之相应的预习任务等细节。通过学情分析，教师精心设计，确保预习任务和课后作业的难易度、数量适当，让学生"跳一跳，够得着"，既要有获得感，又要有求知冲动，从而培养学生的学习主动性。教师要精细分析学情，启发教学。

再次，以课堂学生为主体，全员贡献教育合力。在备课组开会研讨时，有针对性地调整教学设计架构、关键章节教学内容、教学课件、学习任务等要素。在布置学习任务过程中，针对达成目标、学习方法、重点难点、自学检测、进阶作业、协作探究、困惑建议等内容，通过导学案、任务单、作业纸和随堂练习等方式，让学生以目标为导向进行自主学习，引导学生自主学习、个性化学习，增强学生学习的探究性和主动性，从而培养学生自主学习的能力，提升在线教学的有效性。

（二）监控到位，强化外在学习条件

首先，在线观察评估学生的听课情况，年级主任全程跟课。学生上网课的工具通常包括台式电脑、笔记本电脑、手机等，部分同学授课期间利用学习工具娱乐，教师从摄像头影像中能够明显察觉到。跟课主任及教师通过不间断的课堂巡检，及时发现"走神"的学生，并在线进行纠正。跟课年级主任以照片、视频抓取网上学习痕迹，督促家长对教学过程进行监控。

其次，将网课表现纳入量化评价并及时做好教学反馈。在量化管理体系中纳入学生线上表现，主要采用过程性评价与结果性评价相结合的原则，对学生进行考核评价。从到课考勤、课堂在线时间、抢答数量、导学案、作业纸完成情况、作业完成质量、章节练习成绩、参与讨论次数和笔记质量等建立过程性评价体系，强调教学参与度和学生自主学习能力，重点考察学生在线学习的过程。在线上教学中，充分利用腾讯软件后台统计数据，了解学生的学习状况，提醒没有完成学习任务的学生及时完成；通过批改作业，了解学生对课堂教学内容的掌握情况；通过检查学生笔记，了解学生课堂学习的质量；还通过家长调查问卷，了解学生居家表现和实践类作业的完成程度等。多层次的教学反馈将有助于促进学生学习，教师改进教学方式方法，家校合作，从而有效提高线上教学质量。

再次，结合课堂教学量化评价，对学习效度进行通报，对各项目标完成优异者，给予公开表扬，积极的肯定会给予学习者正向引导，进一步为线上教学提质增效赋能。

（三）家校共育，深化落实提质增效

教学生，也教家长。为了帮助家长提升家庭教育水平，我校教学团队从"家校协同""亲子沟通""习惯养成"等角度组织召开线上家长会，开设"济南一中家长课堂"，和家长分享"济南一中家庭教育每日微语录"，从营造良好家庭氛围、培养孩子良好习惯等角度出发，引导家长主动参与到学生的居家学习中来。

三、"三师同堂"在线授课模式的效果评估

（一）多措并举纠偏及时

各年级备课组加大线上集体备课力度，按照课程计划，教师除承担教学任务外，相同科目组成教学团队、教学小组，针对线上教学存在的问题，集体研讨备课，交流在线教学经验、在线教学服务管理、在线教学家长配合方法等。同时，与外国语学校的教学团队进行教学教研，取长补短。通过对学生平时的

教学反馈和期末考试的数据分析，90%以上的同学都能按时保质地完成学习任务，考试成绩较为理想，教育教学取得了良好的效果。

（二）教学效果显著提升

在"三师同堂"模式下，作业的批改由主讲教师主导，跟课教师辅助，结合随机抽改、学习小组作业互评、小组长抽查或小组之间相互检查，进而实现互批改、互学习。教师对学生作业中的问题集中进行点评，杜绝遗留问题。课后教师和学生分别对课堂学习进行反思，并通过参与群组讨论，进一步内化学习内容。

（三）家校互动强化

在上述的"三师同堂"模式的教学实践中，家校互动起到非常重要的作用。其中有学生对授课效果的反馈，有家长对学生日常表现的反馈，同堂教师也可以通过相互反馈并与家长互动。可以说，目前我校在线教学使全体教师和家长、学生的联系越发紧密，极大地增强了信任感，更有助于促进学生个体进步和全面发展。

"三师同堂"线上教学模式仅是当前条件下的探索，学校和教师需要做的是：对学生，多一点信任，多一点关爱；对自己，多一些方法，多一些努力，且行且思，且思且行！没有一堂课是完美的，正如教育永远是有缺憾的艺术，在教育之路上，我们不会止步，将更努力地前行，持续提升线上教学质量与水平，科学规划教学"新常态"，在两个一百年交汇的历史时刻，锚定目标，奋发向上，牢记教书育人的初心和使命，功成不必在我，功成必定有我！

李丽／山东省济南第一中学

守正·创新，探索构建"互联网+"时代线上教学新样态

——以市中区泉海学校小学部线上教学管理机制建设为例

疫情危机下，"互联网+"时代的线上教学成为解决"停课不停学"的主要手段。如何坚守教育的本真，传承线下教育的优势，创新管理机制，达到育人与提质的双目标，一直是学校的追求和探索的方向。

一、线上教学的实施背景及现状分析

（一）"互联网+"时代需求

"互联网+"为远程教育提供了机遇和挑战，它是社会经济发展的需求，也是终身教育体系的需要。通过网络开展教学和学习已经成为当前重要的教育模式。同时，它具有较强的承载力，可以提供更多的学习机会，满足个性化学习需求。借助居家学习，建立完善的线上教学机制，有助于日后做好线上线下相融合的教学，满足学生更多元、更广泛的学习需求。因此，构建数字时代的新型教育生态体系，是实现"互联网+教育"的有效载体。

（二）以往经验及问题

2020年的线上教学中，学校积累了宝贵的经验，但同时也发现：居家学习中，出现学生心理调试不当引起心理问题和亲子关系问题；线上教学中，师生不能有效互动和监测，出现教师教学胜任力不足和学生学习习惯、学习效果不好的问题；教学评价中，学校管理监测不到每个角落，出现评价不及时、不全面的问题……基于对以上问题的思考，学校将全面育人与有效提质作为主要目标，完善共建共享、开放灵活的在线教育模式，进行线上教学机制探索。

（三）守正创新的意义

2021 年教育教学年会上，市中区教体局领导提出守正与创新的发展理念。守正，就是坚持按规律办事；创新就是有目的地改变创造，实现新发展。线上教学是教师教书育人的新课题，学校需要坚守育人目标、质量底线、发展本质和家校协同，创新探索，才能达成学校教育的目的。

二、线上教学学校管理机制建设的策略探索

（一）坚守育人为市，重构课程建设体系

学校遵循坚持育人为本、统筹规划、集成创新、应用导向四项原则，对线上课程体系进行重新建构，创建更加适合学生全面发展、居家学习的学习体系和环境。

1. 坚持育人为本

坚持把"德智体美劳全面发展"育人理念贯穿线上课程的全过程、各环节。设置线上升旗仪式、主题班会、心理健康课程、体育锻炼、眼保健操等课程内容，进一步推进线上课程体系化建设。

2. 实施统筹规划

学校各部门协同、上下联动，完善线上课程机制，统筹线上学习平台，固定一班一课表原则，遵循统一进度、统一备课、统一教研、统一资源"四统一"，形成线上课程一体化推进模式。

3. 凸显学科特色

结合学段目标，语、数、英工具学科采用"1+X+N"三种课型，即互动直播课、拓展类微课、自主规划课，实现教师带学、视频跟学、自主补缺。非工具学科围绕"1+X"模式，大课直播共学习，微课自主重练习。

4. 借力平台资源

积极借助国家级、省级、市级平台资源，充分发挥互联网学习平台和电视空中课堂的优势，促进资源共享、渠道互补、覆盖全体学生。

（二）坚守质量为基，重塑教学运行体系

泉海学校小学部"居家趣学"线上教学三年级课程表

"动静"好课堂：静态关注习惯养成+动态关注思维发展

时　间	星期一	星期二	星期三	星期四	星期五
8:30——9:00	英语（1）	数学（x）	数学（1）	数学（1）	数学（1）
9:10——9:40	眼保健操+亮眼操+特色操锻炼				
9:50——10:20	数学（1）	语文（1）	语文（1）	语文（1）	语文（1）
10:30——11:00	科学（x）	音乐（1）	语文（n）	美术（x）	体育（x）
11:10——11:30	课外阅读、复习旧知、实践探究				
午　休					
13:40——14:10	语文（x）	少先队活动	科普实践	英语（x）	道法
14:20——14:50	眼保健操+亮眼操+特色操锻炼				
15:00——15:30	美术（1）	体育（1）	心理	音乐（x）	数学（n）
15:40——16:00	各学科教师线上答疑指导，反馈前日学习及作业情况				
16:10——17:00	完成作业+家务劳动				
课程说明	1.语文、数学、英语分三类课程。如："1"是基础类，以课程直播课为主；"x"是拓展类，以课程视频为主；"n"是自主规划课，以巩固练习作业为主。（线上课程时间为20分钟，剩余10分钟进行随堂练习。） 2.学生及家长学习中遇到的问题及困难可随时通过"钉钉"或QQ小窗反应给学科教师，学科教师线上指导答疑答惑，一一反馈。 3.推荐三个平台，可自主学习： ①国家中小学智慧教育平台，https://www.zxx.edu.cn/，升级后的"国家中小学智慧教育平台"。 ②济南市教育资源公共服务平台，https://db.jndjg.cn/course/index.html，提供了2020年空中课堂各学科的本学期同步微课。 ③精品课网址，https://jpk.eduyun.cn/resource/byzs.jsp 。				

学校坚守质量底线，传承线下教学过程中"备、上、批、辅、测"五环节的全过程管理，进一步重塑教学运行体系，探索线上的教学闭环运转管理新模式。

1.改革备课模式，实现精准备课

精准简化备课形式，抓主线、重实效。采用"学科主任统筹，教研组长把脉，骨干教师指导，青年教师跟进"组内学科"接力式"备课形式，发挥每位教师的优势，均衡质量，提高备课专业力。

2.探索多元模式，做到用心上课

围绕"1+X+N"三种课型，各学科分别量身定制相应的模块式学习模型。如"15+5+10"互动直播课，通过课堂的前15分钟直播新授课，互动交流；课堂中间的5分钟思维清单，明晰重点；课堂的后10分钟随堂练习，检测所学。"X"推送课，教研组统一遴选，高质推送。"N"自习课，采取"点对点电话指导""点

对面自制视频易错点讲解"等形式进行答疑解惑，保证学习不掉队。

3. 探索云上批复，分层作业管理

在作业管理中，延续线下的"级部统筹、作业公示、上传批阅、问题研讨、作业反馈"五步走的管理闭环模式。设置基础类、实践类和素养类这三种作业，同时借助钉钉软件的各种奖励机制，及时汇总并反馈学生的作业质量。

4. 设置在线辅导，满足个性需求

结合课表中在线答疑、辅导的时间，做到时时有解答，日日有关注，针对本节课未上线学习的学生形成跟踪辅导表，为其提供具体的沟通和帮助。

5. 探寻多元检测，把脉问诊教学

实施三层级、三复盘：每天课后 10 分钟利用答题卡随堂检测；每周单元随堂练习，查漏补缺；每月进行学习效果调研。

（三）坚守师能为要，重建研训发展体系

面对线上教学的新模式、学生管理的新形态，随之而来的是教师教学胜任力面临的新挑战。教师的在线教学胜任力、混合教学胜任力将在一定程度上决定着教学实效。

1. 技术操作培训，提升数字胜任力

学校成立线上技术指导小组，借助全国中小学教师信息技术 2.0 的教师培训，通过教学前集中培训、教学中问题指导、教学后反观改进，全面提升教师线上教学能力。

2. 学科专业培训，提升在线教学胜任力

学校统筹线上教学"351+N"四段式教研形式，即周三学科主任引领教研、周五级部组长备课研讨、每天定时的问题反馈教研，以及每天随时随刻的微教研，做到有问题、有策略、有想法、有举措，让教研先行、教研随行。

3. 全方位培训，提升混合教学胜任力

学校统筹规划，通过线上多媒体的直播互动、网络会议等形式，全方位培训，关注学生学习能力，带动教师师资团队，完善学校管理机制，促进学校品质发展。

（四）坚守督帮为阶，重组闭环评价体系

建立有效的督导评价体系，管理下沉，真正深入教学一线，帮助教师及时发现线上教学中的实际问题并及时解决，才能有效提高教学质量。

1. 教学巡课，问诊课堂实效

学校建立校级巡课专班，年级主任协调、中层领导下年级包干、学科负责人包学科、负责校长随机巡课，入规划入周程，做到统一定目标、次数有要求、反馈全覆盖。通过巡课、巡研、巡质，及时调整，并在班内及时反馈，让家长知晓，让学生关注。

2. 日常巡班，聚焦学生成长

结合班级德育、活动、会议、上课等进行日常巡班。巡状态，巡差异，对问题学生进行干预指导。

3. 上级巡导，指导教学方向

线上教学期间，教研室领导下沉听课指导。在教研员们的引领下，教师们边学边教研，不断提升专业能力。

（五）坚守家校为盟，重链全环境育人体系

1. 多元学科活动，亲子共玩促成长

语文整本书阅读后"剧中人"展演，亲子共享阅读之乐；体育学科英雄榜对抗赛，亲子监督，激趣评价；美术学科"身边的艺术"系列课程，名画模仿秀、生活中的创意、影子游戏，在亲子玩乐中拓宽视野；音乐学科"云间音乐会"，搭建多彩展示平台；云间科技作品展，展现亲子智慧；居家劳动清单，指导学生进行家务劳动，亲子分担分享。

2. 多重资源供给，亲子同学乐分享

学校开设"泉家小课堂"丰富线上资源课程，更多家长利用职业和个人优

势，成为学生线上课程的研发者和讲授者，防网络诈骗、口罩手势舞、有效管理情绪……各类课程推送，助力亲子互动的同时，拓宽课程视野。

三、线上教学阶段性成效分析

两个多月的线上教学，在机制体系的不断完善和调整中，学校用实际行动加速实现了"互联网＋教育"的进程，同时也收获了师生的成长和家长、社会的认可。

（一）满意度测评

针对居家学习情况，近期学校采用问卷星的形式调研了家长对线上学习的满意度情况。调查对象为一至五年级所有参与线上学习的在校学生。共回收问卷848份，均为有效问卷，样本数据覆盖各年级，比较全面。统计显示，对线上教学课程设置，满意率97.17%；对各方面的机制建设，满意率均在96%以上。

根据调查问卷统计数据显示，家长对学校各方面机制建设和教师线上教学整体较为满意，教学效果也得到较多肯定。

（二）阶段性检测

针对学生线上教学的学习成效和质量，学校各教研组也采用线上随堂检测、单元检测、阶段性闯关等形式进行了调研。通过数据对比显示，学生的掌握率基本能够达到甚至超越线下教学水平。调研显示，线上教学的有效管理和机制建设，能够很好地激发和调动师生的学习兴趣，保障教学质量。

（三）未来意义

"互联网＋"行动计划给学校教育带来了巨大的影响与前所未有的机遇。未来，线上线下相结合的教学方式将成为教育实践基本样态。守正创新是我们的有效策略，更是我们的行动指引，相信上述学校线上教学的管理机制变革，一定会为未来实现"双线式教育"提供更多的依据和可能。

高招娣、赵煦／济南市市中区泉海学校小学部

参考文献：

[1] 林敏澈.“互联网+”时代中国远程教育的机遇和挑战 [J]. 当代教育实践与教学研究，2017（10）.

[2] 邱燕楠，李政涛. 从“在线教学胜任力”到“双线混融教学胜任力”[J]. 中国远程教育杂志，2020（7）.

小学低年级线上教学质量管理
PASFI 模式的实践

一、背景介绍

济南市天桥区京师实验小学成立于 2021 年 9 月，目前只有一、二年级学生。作为一所新建学校，50% 以上的新教师和 551 名学生是第一次面对新冠肺炎疫情以来的线上学习。2022 年初学校管理人员提前做好各种线上教学预案，重点开展了全员线上教学设备和软件使用的培训，进行了线上教学师生的模拟演练。通过学生家长问卷和实际演练情况分析，随着社会信息化发展和自媒体的普及，人们对于线上直播教学设备（手机、平板、电脑）的准备和使用能力都有了明显提高。较 2020 年疫情初起时，线上教学的资源也变得丰富：从国家资源平台到市区级资源平台，学科微课内容应有尽有。因此 2022 年学生居家学习和教师在线教学都不再局限于对设备的选择、资源的研发，而是转型为对线上教学质量的追求。

二、问题提出

线上学习不同于线下班级授课，简单地复制线下课堂的教学模式会对线上课堂学习效率和质量产生影响。如何保障在线课堂的效率和质量？学校管理人员需要找到一种合适的教学管理模式。

三、线上教学质量管理 PASFI 模式实践探索

美国质量管理专家戴明博士在全面质量管理的基础上，曾提出 PDCA 循环，这是达到组织全面质量管理且长期成功的管理体系。借鉴该体系，学校开启了"以学生为中心"线上教学质量管理 PASFI 模式探索，即计划（Plan）、实施（Act）、督导（Supervise）、反馈（Feedback）、改进（Improve）英文单词的第一个字母，以下简称 PASFI 模式。该模式通过最外层 5 个模块闭环管理，形成学生中心、

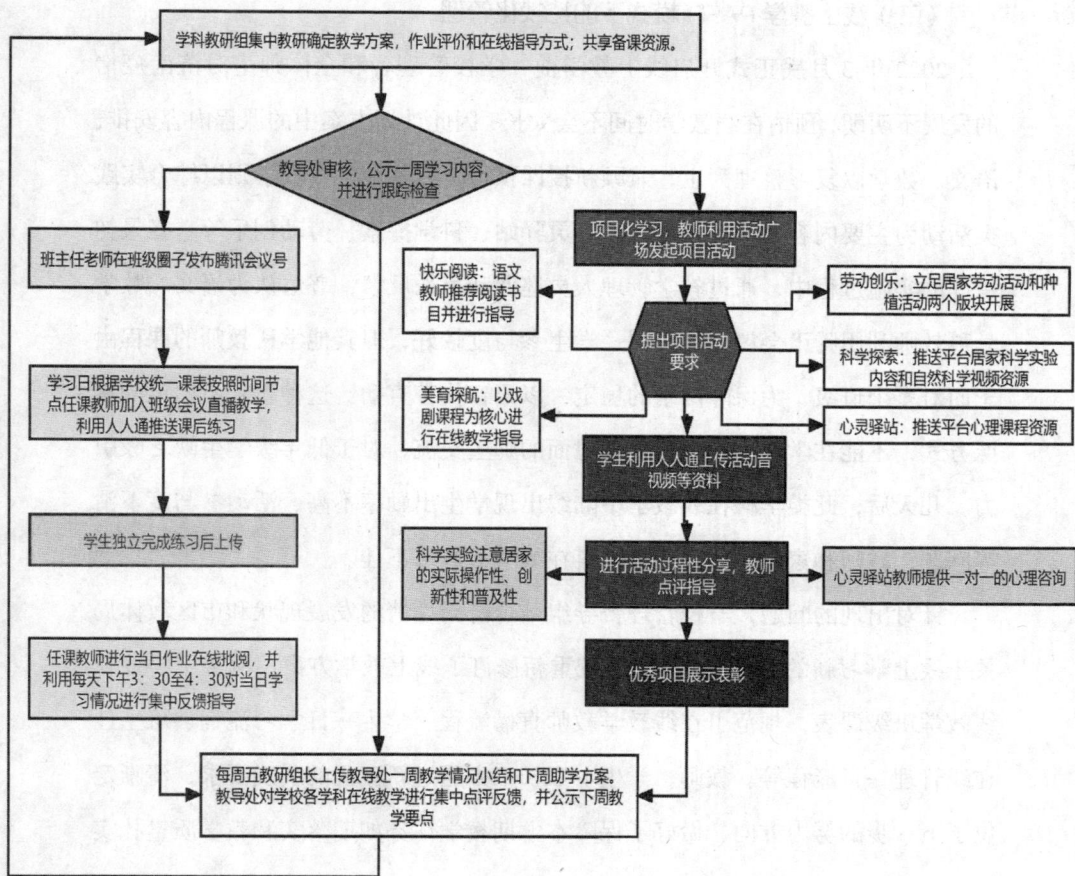

济南市天桥区京师实验小学在线教育教学流程图

成果导向、持续改进的核心动力，最终实现线上教学质量的有效管理。

（一）线上教学 PASFI 模式下的流程化管理

为了确保线上教学的顺利实施，学校提前制订了线上教学演练方案、教学方案、巡课督导计划、教师教学一日安排、教研组周助学方案、教师日管理情况反馈、学生评价等一系列的方案要求。力求让每一位教师、家长、学生熟知线上教学要求，方便操作。但是一份份冗长的文稿，尽管细致，却很少能让人真正读进去、理解透。教学流程化管理很好地解决了这一问题（见图）。

（二）线上教学 PASFI 模式下的持续化管理

2022 年 3 月底正式开启线上教学前，学校管理者和全体师生对济南疫情的发展不明朗，预估在线教学时间不会太长，因此计划方案中的课程内容安排，语文、数学以复习整理为主，兼顾新授课预习，而其他学科教学则以综合实践类活动为主要内容，如美育探航、心灵驿站、科学探索、劳动创乐等。在最初一周的实施过程中，通过教学管理人员巡课和家长反馈，普遍认为语文、数学学科教师利用腾讯会议直播授课，学生参与度较好，但其他学科教师的课程由于面对多个班级，为保障网络的稳定，以语音代替直播。这种教师不出镜的授课方式，不能在学习进程中实现面对面的师生交流，对于低年级学生缺乏吸引力。几天后，此类学科在线教学中陆续出现学生出勤率不高、活动参与度下滑等问题，教师和家长都认为此类学科在线学习效果不佳。

针对出现的问题，学校管理督导组结合济南疫情的发展现状和市区教体局关于线上学习新的要求，4 月初学校重新修订了线上教学方案，调整了学校在线教学班级课表，规范了在线教学教师直播流程、学生一日学习流程、班主任在线管理一日流程等。教师、学生、家长三方通过新流程的明确要求，清晰定位了下一步的努力方向，做好了保障本学期教学任务如期落实和教学质量扎实提升的准备。

学校管理人员则通过"四个一"督导，即每日巡课一重点、每日反馈一建议、每周落实一举措、每周教研一妙招，让 PASFI 五个模块形成闭环，整体把控线上教学质量，聚焦师生状态和家校沟通，实现在线教学质量管理效能落地。

（三）线上教学 PASFI 模式下的人性化管理

在 PASFI 在线教学质量管理模式中实现以"学生为中心"的教学理念，从教师角色转换（即从传授者转换为指导者、帮助者和促进者），教学功能的系统性转变（即重造教学流程、教学行为，实现差异化、个性化），学生学习方式重新定位（即按照自己的方式选择学习路径）三个方面来落实。

1. 从学"会"到学"习"

低年级在线直播时间限定为20分钟，在直播时间内教师既要完成新授课、指导、作业、点评的教学过程，还要时时提醒学生注意听讲、不做小动作等。因此教师需要对课程资源与教材知识进行重新处理，重组学科知识结构，重构教材知识体系，实现知识学习的"扁平化"，以降低知识学习的门坎与认知负荷，提高对学生在线学习的"黏度"。

一年级美术课"妈妈的节日"在线教学设计很好地诠释了这一理念。该课例融入母亲节多种礼物制作方法的视频。教师引导学生从画妈妈的画像、制作母亲节贺卡、为妈妈送上祝福等多角度思考，呈现各类佳作的赏析，用理查德·梅耶的"切块呈现原理"，以模块化、切片化、分帧式的形式呈现教材知识点，激发学生的创作欲望，拓宽创作空间，努力把教材内容变得有趣、有用和有意义，提升学生在线学习兴趣。授课教师鼓励每个学生主动了解自我需求，在济南市智慧云平台创设"活动广场"提供展示交流平台。学生为实现作品的独特性，对比达成结果的活动可行性，自主开展独立创作，并有意识地寻求学科要素，主动与教师在线沟通，通过作品收获学科素养，在教师和他人的评价中获得成就感、满足感。本节课后教师共收到学生作品262件，有2624人次进行访问，这是在日常班级授课时无法实现的。

2. 从教"学"到共"情"

线下教与学的双主体（教师与学生）是置于同一个时空环境（教室）中，教师与学生直接面对面，全方位、立体式、无间隔地接触交流，不需要通过任何"媒介"与"中介"，教师的一个眼神、一个肢体动作都可以直接有效地感染学生。而线上课堂的学习双主体是"分离"的，要以各种网络技术平台为"媒介"才能相联，教师与学生在空间上的"隔离"会使教与学产生"疏离"感，原来线上课堂学生的专注度、注意时长、教与学双向互动的"直接效应"、教师对学生的"观察度"和对课堂的"把控力"都会打折扣。因此，教师在线教学过程中要学会与学生"共情"，即在课堂的设计上通过多样出彩的可视化的分享呈现（PPT、图像、视频等），吸引学生的注意力，不断激发、调动学生的学习兴趣。通过教学环节"小步"推进，使授课节奏明快，不混杂拖沓，让学生时刻保持新鲜感和适度的成就感。通过亲切的语言让学生感受到教师不仅对他有学业上的关注，更对他的身心有关爱。

例如，一年级数学下册"两位数减一位数、整十数（不退位）"在线教学设计，教师每一段的讲解、问题、师生互动，都是前后相连、层层递进，由简而繁、从易到难。学生的思维不断地被激活、认知的活力持续被触发，师生的对话、提问、互动、讨论一步步向课堂目标的顶峰登攀。

为实现这个效果，教师通过"小任务、勤提问""小循环、多反馈"等形式，利用轻松活泼的视频、动画，不断引导学生集中注意力；通过精准设计有思维含量、能交流互动的问题，激发学习兴趣，开展学习过程，尽最大可能与学生形成互动。

另外，建议开展直播教师统一授课与助教教师线上答疑相结合的"双师"课堂。课堂上助教教师眼观六路、耳听八方，尽力关注到每一个学生，用亲切的语言、及时的评价保证学生避免"分心""游离"，甚至"掉线"。课下做好作业落实、课后辅导、生活指导等线上教学服务，随时为学生进行答疑和辅导，时时满足学生的学习需求，让学生时时感受到教师的温暖，有效保证了线上教学质量。

3. 从"测"评到"综"评

通过线上"智能测试"对课程实施进行评价是最简单直接的方式。但对于小学低年级学生来说，操作电子设备能力有限，单纯的在线学科检测结果并不能全面、真实地反映其学科素养和学习状态。为准确评价学生在知识技能、数学思考、问题解决和情感态度等方面的综合表现，优化学习进程，提升学习价值，学校借助济南市教育资源公共服务平台中的学生评价功能，将过程性评价和发展性评价方式相结合，实施教师评价、学生互评、学生自评三维评价。

在评价方式上，通过抽查在线率、作业考察、学习报告、学业测试、线上交流、实践活动反馈等形式，综合评价学生在知识技能、学科思考、问题解决和情感态度等方面的表现，形成学生线上教学评价的立体化体系。

综上是学校对 PASFI 在线教学质量管理模式的初步实践。居家学习期间，学校 12 个教学班在线直播课堂，管理科学、规范，多次受到巡课教研员的表扬。复课后，在本学期期末主题化学科综合素质考核中，学校 551 名学生全优率达到 99% 以上。可见，PASFI 在线教学质量管理模式可以有效地帮助学校实现在线教学管理质量的提高。特别是该模式下的流程化、人性化和持续改进的特点，尊重参与者的体验，更适合小学在线教学工作推进和教学质量的达成。

孙霞、孙敏 / 济南市天桥区京师实验小学

参考文献：

陈秀琼，傅蓉芳，李霞 . 应用型本科院校 PASFI 在线教学质量管理模式探究 [J]. 三明学院学报，2021（1）:118-124.

网格化管理构建线上教学新生态

新冠肺炎疫情背景下，学校教育从校园课堂"迁徙"到线上直播间，教师的主导作用大大弱化了；15—20 分钟的课堂教学，让师生、生生的交流、互动与生成也大大减少了；学校各种教学管理制度对学生的硬约束降低了……随着学习环境、教学关系、管理方式等发生变化，接踵而来的是师生对教与学的不适应和家长对居家学习效果的焦虑，所以学校管理方式变革迫在眉睫。

线上教学如何保障教育教学质量，更好地关注每一个生命的生长呢？如何多方协同聚力推进每一个学生全面发展呢？济南市舜耕小学立足于"立德树人"这一根本任务，坚持"五育融合"，把方向，抓管理，架构起"学校—年级—班级"三级网络，实现了"校领导班子、教研组、年级组、教师、学生"的五级联动，构建起"事事有人管，生生受关爱"的网格化教学管理新格局。

网格化教学管理类似于网格化城市管理模式，就是将全体学生按班级和年级分成若干个网状单元，按照划分好的网格结构，班级由班主任和任课教师参与管理，年级由级部主任和分管领导联合管理，通过统筹资源、多学科协同、家校共育的方式，建构起由校长、年级主任、班主任协同管理的"学校—年级—班级"三级网络，"纵到底、横到边"，深入每个年级与班级，做到"底数清，责任明"，及时了解每个学生的成长动态。

一、建立网格化管理模式下的"学情会商"机制，关注每一个学生

学生居家学习，从高度组织化的学校学习环境回归到家庭这样高度分散化的自主学习环境，如果说平时在学校教学时，教师们可以把更多的精力用于研究如何上好课上，现在则要千方百计地把学生组织起来、调动起来。

为确保"不漏一人"的居家学习，学校实施网格化教学管理，通过三级网

络进行三级"学情会商"制,让所有教师都承担起全面育人的重任,切实做到"全员育人、全程育人、全方位育人",激发学生居家学习的积极性,促进学生全面、健康、和谐发展。

（一）实施学情台账策略,实现"一班一案""一生一策"

首先以班级为单位建立"学情台账",详细记录学生的家庭情况、个性特点、线上学习情况等。每班成立"学情会商"小组,制订线上学习方案、一班一课表,让每位任课教师都熟悉班内每位学生的学习、家庭背景等情况,确保有针对性地做好线上教学和居家生活指导工作。同时,通过学情会商制订"一生一策",尤其是对特殊学生实施重点跟踪,确保线上教学不漏一人。

小宇同学的妈妈是位抗疫"大白",为保障小宇的线上居家学习效果,大家通过"学情会商",确定了各科教师相约晚上七点轮流"一对一"辅导,白天全程线上陪伴、答疑,帮孩子解决学习、生活困难,具体到人,细化到每一个时间节点,全员、全程、全方位地为孩子做好学习和生活指导,真正实现了线上学习不漏一人的私人订制式服务。

（二）实施"三级会商"策略,推动教学方案的动态调整

学校建立了班级、年级、学校"三级会商"制度,通过"班级教师随机碰头会、年级组日教研、校级学科周教研"三种形式,交流学生情况,研究教学对策,引导教师以学生为主体,动态调整学校教学方案,提高线上教学质量,促进学生的发展。

在年级"学情会商"时,教师们提出:一、二年级学生与高段学生相比,好奇心强,善于模仿,更需要情景式的教学方式,需增加线上教学的互动性和游戏性。经过会商研讨,形成了以下解决策略:首先对低段的课程表进行微调,将学科天地、艺术乐园等模块的内容进行优化,增强学生参与的积极性;其次利用网络平台设立班级评价机制,通过学生自评,同学、家长、教师等多元评价,形成教、学、评一体化,促使学生自我持续发展。

（三）实施联动巡课策略，加强教学的过程化管理

学校通过校长室、教学管理部、教研组、年级组"四线"联动在线教学巡课，保证对每位教师、每个教研组进行监督和评价。在"四线"联动的巡课策略下，巡课组通过网格化管理平台，详细记录每节课的教学资源建设、过程组织、活动安排及学生出勤等具体情况，做到问题及亮点日日反馈，切实将"学情会商"纳入教学常规管理，及时推动教学方案的动态调整。

二、建立网格化管理模式下的"协同教学"机制，创新"多师同堂"课堂新模式

在网格化管理中，通过学科内协同教学和多学科协同教学等方式，建立"协同教学"机制，创新了"多师同堂"教学模式，有效地提高了线上教学质量。

（一）运用"大观念"，实施学科内整合教学

在学科教学中，对课程内容进行整合和具体化，围绕主题提取核心概念，形成可普遍迁移的"大观念"，进行学科内协同教学，可更好地促进学生的深度学习。"图形的旋转"这一课从"大观念"的角度进行纵向知识融合、资源开发和整合成果，不仅通过设计防疫标志，将二年级和四年级的平移、旋转和轴对称图形等知识巧妙地融合进来，还通过陀螺旋转，让学生初步从图形运动的角度认识圆这一六年级的数学知识，纵向贯通了学科内整合教学。

（二）创设"大情境"，进行多学科协同教学

学生居家学习，事实上已离开了教师的直接管控，也没有了往常同学之间互学赶帮的学习氛围。教师更应设计一些有趣味的大情境教学，通过主线引领的方式，实行融合多学科知识的协同教学方式。在二年级"有余数的除法"一课中，通过创设制作"冰墩墩"这一个大情境，让同学们去解决人员分组、分制作材料的数学任务，再利用美术课完成"冰墩墩"的制作。真情景、真问题，将数学学习资源与美术学习资源自然融合，学生的逻辑思维和形象思维在双师融合课中得到提升，促进"五育"的全面渗透。

网格化管理打破了学科壁垒，将不同学科的教师聚到一起，根据新课标的理念来共同设计"大情境""大任务"，协同推进"五育融合"课的研究，让学生们走向参与和体验的深处。

（三）搭建赛课平台，推动协同教学模式研究

在网格化管理模式中，为推动协同教学走向深处，学校通过开展云端示范课、"耕耘杯"课堂教学研讨活动等，进行"学科内""学科+"等形式的五育融合课堂教学展示，各教研组通过"直播展示—交流碰撞—专家引领"的模式分享线上研究成果，展示经典课例，向教师们推广成功经验，推动协同教学模式的研究。

三、建立网格化管理模式下的"家校共育"机制，推动学生全面发展

在网格化管理中，通过建立"学校—年级—班级"三级"家校"线上协同育人共同体，融通学校与家庭教育的支撑性力量，形成目标一致、多元主体参与的生态线上教育系统，发挥双方互促性优势，丰富领域资源，实现校内外线上教育同步，促学生全面发展。

（一）以"同"为目标，建立协同育人共同体

横向建立"家校"协同育人共同体，实现线上教育的合作、协同、融合。在"节日主题课程"——庆祝劳动节中，通过劳动技能云竞赛、线上颁奖礼、设计"一家一案"劳动清单等方式，打造全方位劳动教育空间。在亲子共同设计个性化劳动清单时，让孩子们明白劳动是作为家庭成员应尽的责任，自觉地参与劳动。在主题实践课上，同学们谈收获、说感受，展示了自己和家人主动学习的成果，这也锻炼了学生的思维、表达和促进知识结构化的能力。

（二）以"通"为核心，探索育人新模式

以答疑解惑、居家生活学习指导为主的"相约七点"家校协同课；基于单元主题和学习进程的综合性实践活动和主题项目式研究；对学生进行热爱祖国、

感恩他人付出的"舜娃思政课"……这些课程的开发以"纵向贯通，横向融通，协同育人"为途径，探求线上融通育人新模式，推进五育融合，促进学生全面发展。

总之，教学管理网格化是时代发展之需，学生管理所求。通过创建立体网格化线上教学管理机制，变被动为主动，变单一为协同，变分散为统筹，通过畅通"学校—年级—班级"三级网络，让教师成为学生在线指导的"好伙伴"，使学生成为居家学习"小主人"，使家长成为在线教育的"好搭档"，构建了"横到边、竖到底、全覆盖"的在线教学新生态，实现了学生的全面发展。

胡爱红、刘李 / 济南市舜耕小学

参考文献：

[1] 肖艳，马楸媛，马万勇 ."梯进式"学情会商　助力学生健康成长 [J]. 基础教育，2020(Z4).

[2] 张志勇 . 学生的居家学习不同于学校班级教学 [J]. 人民教育，2020（5）.

[3] 邓静武，刘娜 . 以大情景统领课堂，克服情境创设碎化[J].基础教育课程，2020（22）.

[4] 樊雅琴 . 线上线下家校共育的现状、关键点及案例设计 [J]. 辽宁教育，2022（4）.

居家雅行"3＋1＋Z"课程模式下的教学管理初探

一、问题缘起

2020年疫情爆发初期，学校结合线上教学实际，根植于学校"雅行教育"办学理念，开发出了"3＋1＋Z"课程模式，即学科学习3课时＋健身操练1小时＋Z(兴趣拓展＋家务劳动亲子交流＋主题式综合实践)。2022年疫情期间，学校在原有课程模式基础上，聚焦线上教学管理研究与实践，细化课程内容，升级课程驱动机制；健全教研、备课机制；借助信息技术手段，进行作业管理机制研究与实践，深挖疫情期间学生居家学习特性，使学校"雅行"办学理念持续落地，以期达到学生核心素养稳步提升、发展学生自主能力的初衷。

二、研究内容

（一）"3＋1＋Z"课程完善升级

1. 细化学科课程内容，锻造课程模式

原有的"3＋1＋Z"课程内容产生于疫情发生之初，受限于课程资源有限、经验不足等原因，内容及模式还需要进一步提升。随着线上教学经验的不断积累与实践，借力学校信息技术2.0提升工程及合作学习项目深耕阶段的推进，学校对各学科原有课程模式进行了再次优化升级，更加关注学生的预习、质疑、合作、总结等学科素养的提升。

以语文学科为例：以提升学生学科素养为目标，结合各学段学生身心发展规律，以"预习、课堂精讲20分钟、拓展"为主要模块，晨读、午写等校本课程"短时精练"线上化策略转换。生发经典课程的生命力，对学校原有校本读本《知书达礼》《墨香至恒》等进行有效整理、提炼，以任务驱动、情景设

计为手段，致力于提升学生的听说读写能力，更重要的是对学生预习、质疑、反馈、总结等自主学习能力的渐进性培养。

2. 升级课程驱动机制，充分发挥学生的自主性

对原有课程 1.0 版进行升级锻造，2.0 版的渐进驱动模式"三锦囊"更加关注学生的自主性和发展性，在推动课程实施的过程中，驱动作用范围更广、持续性更强。

锦囊一 2.0：自我发现居家学习闪光点，帮助学生制订目标学习方向和提升自信心。学校从"红领巾雅行争章"内容和"德智体美劳"的五育要求出发，启迪发现每一名学生在立德、学习、健体、潜能、劳动、自主、团结、奉献、传承等方面的亮点，使每一个学生都能在居家学习中树立目标，建立信心。

锦囊二 2.0：发挥学生的自主性，帮助学生制订居家个人成长计划书。在学校"4321"成长计划书的顶层设计下制订个性化成长计划，学生学会自我规划、自我管理、自主发展，以求在疫情环境下实现个性化成长、达成学习目标的同时，劳动技能、意志品质、情感体悟以及情绪管理方面的素养有效提高。

锦囊三 2.0：丰富评价机制和展示内容，让学生在居家学习中有所发展。面向每一名学生，从立德、学习、健体、潜能、劳动、自主、团结、奉献、传承九个方面表彰"居家雅行好少年"，对学生居家学习实践情况做阶段性表彰；每两周，综合考量学生居家学习时的行为习惯、学习习惯、运动参与积极性、是否坚持练习个人兴趣爱好、是否坚持参与家务劳动等评选出每班的"居家雅行小达人"，在班队会活动课时进行班级表彰，在学校公众号平台进行表彰和展示推送，以此激励学生居家期间严于律己、奋发向上、向"雅"而"行"。

（二）日教研、周教研下的备课机制

1. 年级组一日一研，学科组一周一研

学校制订"云端教研，共研共思"线上线下相结合的教研活动方案。教研

活动的开展主要有两种思路：年级组一日一研，学科组一周一研。

年级组日教研固定在每天晚上 8 点，同年级班主任和学科教师齐聚云端，互学共研，就教学内容、重难点、作业布置等方面深入研讨；交流线上教学管理经验，包括学生考勤、课上互动、作业提交、学生评价等方面；特别是对特殊学生的关注，交流个别学生在学习习惯、心理状态、行为表现等方面出现的问题，并研究解决策略等。

每个学科周教研固定时间段，采用"主题选定—教师自主研究—集体教研—总结反思"四步教研流程。

主题选定：每周五下午，各学科骨干教师商讨选定下一周线上教研活动主题。主题选定一方面考虑教学计划、教学进度、教材解读、学情分析、作业设计等教学中的问题和困惑，另一方面包括优秀资源的遴选等问题。

自主研究：教师围绕线上教研活动主题，或按照教研组布置的研究步骤及任务进行自主研究。

集体教研：依托学校规定时间定期开展集体线上、线下相结合的教研，共同探讨和帮助教师解决教学实践中的典型问题。

总结反思：每位教师结合个人研究和集体教研活动的收获，及时进行总结和反思，进一步提高教研能力和思想认识水平。教研组长提炼线上教研的活动成果，进一步提高学科组教师的教学研究能力。

2. 细化备课管理，形成"学生、教师线上学习标配"

在年级组日教研以及学科组日教研的模式推动下，注重提升学生的自我管理能力及学习习惯培养，注重教师备课的针对性和线上教学的可操作性，注重细化备课管理，保证线上教学的顺利、高效运行。

学生"三备"：以"线上学习准备清单"的形式，让学生做好学习环境的准备、网络学习的准备、个人学习状态的准备。回顾昨天的学习内容，把个人状态调到学习模式。整齐着装，想象在学校的氛围，手机闹钟设置成上课铃，营造课堂模式。

学生"三表"："自主成长规划表"让学生目标更清晰，学习更自觉；"学校课程居家雅行课程时间安排建议表"让学生学会规划时间，生活更有规律；"线上问题记录表"让学生发现线上课程的难点和问题。

教师"三备"：一是教学内容备课，线上教学内容、重难点、作业布置等资源课件再准备；二是管理准备，包括学生考勤、课上互动、作业提交、学生评价、特殊学生的关注等方面；三是协调准备，即需要班教导会协调、需要与家长沟通等准备。

教师"一库、一表、二本、一名单"："一库"线上教学资源库；"一表"学科线上教学课程表；"二本"备课流程记录本记录线上教学内容以及流程、学生上课状态，教研记录本做好年级组日教研、学科组周教研的研讨记录；"一名单"，带有家长联系方式的学生名单，方便及时沟通。

在"研"上下功夫，在"备"上显时效，线上教研、备课机制聚焦学生的学、注重问题解决，保证了线上教学的有效性和科学性。

（三）巧用信息技术平台，助力作业管理

自开展线上居家学习以来，学校在教学管理中坚持加强作业管理，严格控时提质，各学科教研组从线上作业的设计与布置、作业提交与批改反馈等方面进行深入研讨，并不断改进。各教研组就作业方面进行有效统筹与创新，各学科结合学生学习内容布置"基础＋实践＋弹性"作业，以帮助学生在进行展示类作业、思维品质培养类作业、自主探究类作业及体验感受类作业的过程中，促进线上学习效果的巩固提升。在作业方面的信息技术手段支持中，各学科教师主要采用了 QQ 平台中的群作业功能，有效实现作业布置、收集、批改反馈，促进作业管理的落实。

1.作业布置、提交方便高效

在作业分布置方面，各学科教师通用自定义作业功能，结合学生单元学习主题与课时学习具体内容，布置有针对性的各类型作业，通过同步上传照片、语音、视频等形式为学生提供作业示范和具体指导。学生可以通过手机、平板、电脑等终端实时接收作业，根据具体要求拍照提交，或以发送语音、视频等形式提交，学生使用方便、易操作。

2.作业评价多元、有针对性

在作业批改方面，教师通过群作业接收学生作业图片、作业语音、作业视频等多样作业，采用批注、语音备注等多种形式进行作业反馈，便于学生了解自己作业完成的质量。同时各学科教师运用学校雅行平台卡章进行评价，促进落实反馈。利用作业批改中的待修正、已修正功能进行追批，清晰显示需复批指导学生的情况，在二次批改过程中提升作业实效。

3.挖掘学科特性，提高作业趣味性

英语学科，借助班级 QQ 群中的群作业听课文与朗读课文功能，根据学习的课时内容，及时进行课文的听读模仿、朗读提交，系统实时评分，学生可以通过读音有误的标红提示明确自己需要改进的读音，规范读音。根据语文学习的需要，教师选择朗读课文、认识生字、作文讲解，有效帮助学生落实课堂学习内容的巩固或者新课内容的预习。根据QQ群作业的辅助程序"教师助手"，数学教师结合课时学习内容选择对应练习题，实现系统自评，实时反馈，并实现平台数据收集，反馈班级学生答题情况。音乐、体育、美术等线上课程还使用了个性化技术平台，如体育学科云比赛线上跳绳活动的开展，提高学生体育锻炼的热情。

三、结语

疫情期间,学校继续完善居家雅行"3＋1＋Z"课程内容以及模式,秉承"以生为本"课程理念,聚焦教研、备课机制研究与实践,进一步发挥信息技术提升 2.0 工程的辐射作用,在作业管理上做研究,保证了线上教学扎实、有效地开展。下一步,将继续完善各学科课程内容模式,对加强线上巡课机制的研究、开展后疫情正常教学、优化假期课程等方面的效用最大化、可持续化进行研究。期待达到在疫情环境下实现个性化成长、达成学习目标的同时，学生劳动技能、意志品质、情感体悟以及情绪管理方面的素养得以有效提高。

郭霞 / 济南市历城区实验小学

高奎莉 / 济南市历城区洪家楼第三小学

参考文献：

[1] 纪婷婷 . 西方课程编制模式对网络课程的启示 [J]. 第六届全球华人计算机教育应用大会，2002（6）.

[2] 宋灵青 . 精准在线教学 + 居家学习模式：疫情时期学生学习质量提升的途径 [J]. 中国电教化教育，2020（3）.

[3] 斯琴图雅 . 解析网络课程设计与实施的有效途径 [J]. 赤峰学院学报，2010（3）.

基于数据的线上教育教学管理策略探索

2022年3月30日，线下教育教学按下暂停键，学校教育教学被迫转移到线上进行，济南市历下区历山学校结合2020年疫情期间线上教育教学管理经验，对教师线上教学、学生线上学习、家长线上教学配合的管理策略进行总结提炼。

一、问题提出

教师线上课堂教学针对性、时效性差。部分教师线上教学主观性强，讲授模式单一，对学生的学习状态和参与度无法进行监管和指导，线上课堂针对性差、效率低。

学生自主性不强，两极分化加大。在教师监管不力的情况下，部分学生自主学习能力和自主管理能力差的弱势逐渐凸显，消极懒散、两极分化现象越来越严重。

家长认识与支持力度不够。部分家长对学校的线上教学安排理解不到位，认为线上教学增加了其额外负担，积极性不高，影响线上教学的顺利进行。

最后，学校应对线上教学的准备不足、经验不够，线上教学期间过于重视教学任务，课程类型单一，忽视育人职责。

二、优化策略

（一）依托课题，经验保障

为了确保线上教学的精准高效，学校重新研究了本校2020年"山东省疫情与教育"专项课题（初中学段基于大数据的线上教学组织与管理策略研究，项目编号2020YZJ050，已结题）的相关成果，根据当时成型的线上教学管理策略，结合当前的实际校情，进行了系统化管理模式优化，完善线上教育教学各项数据的收集及反馈方式，构思线上管理工作的闭环制度及路径，确保线上教学各项工作精准高效地进行。

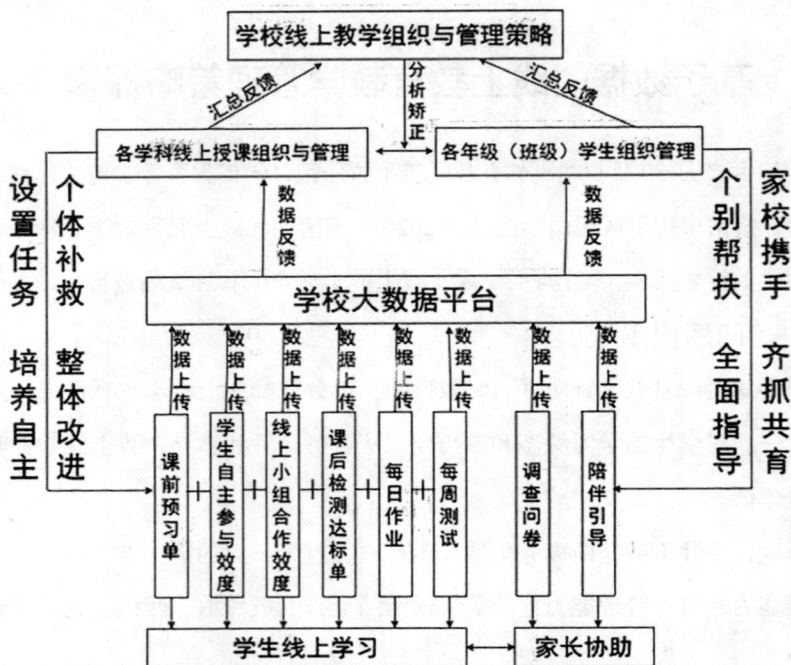

图1　线上教育教学组织与管理课题框架图

（二）数据收集，精准支撑

学校对四个平台收集存储的学生、教师和家长行为数据进行整理和分析，对结果进行及时反馈，确保教育教学管理科学决策，有力指导各学 科进行线上教学和学生线上学习，提高线上管理效率，保障线上教学质量。以学生自适应学习平台使用为例，平台不仅可以收集学生学习结果数据，能对学生自学时间、频率、资源使用效率等数据进行全方位的收集，还能对学生自主学习的薄弱点进行寻根溯源式的分析，及时为学生精准推送纯个性化的学习资源与过关检测试题，让自主学、精准教、个性育成为现实。

（三）线上"四清"，确保"双基"落地

为避免学生线上学习差距拉大情况发生，学校将成熟的线下"四清"（堂清＋日清＋周清＋月清）模式移植到线上，利用智学网平台对每个学生实施

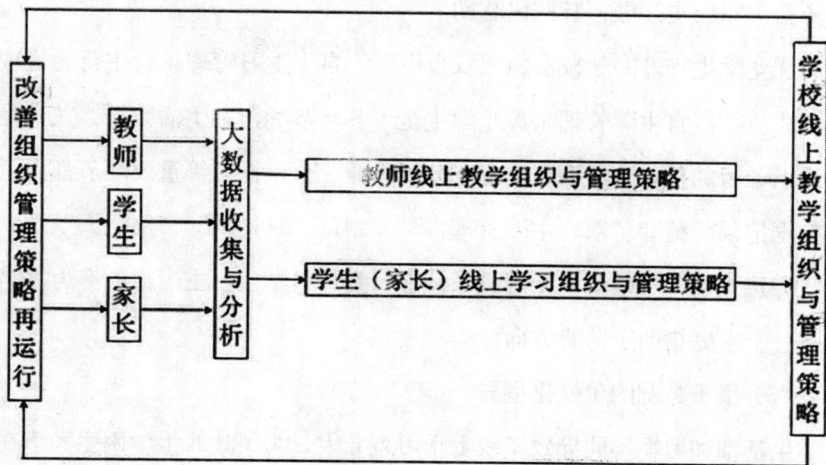

图2 线上教育教学管理数据收集、分析、矫正

精确的数据追踪，确保线上教学"双基"知识落地。定期进行线上"双基"诊断，借用"学科教师分析＋学科组长分析＋班主任分析＋年级主任分析＋学部主任分析"五级闭环数据分析模式，领导小组及时进行反馈与矫正，确保了线上教学的精准高效。

（四）定期问卷，及时改善

为及时把握线上教育教学动态，学校每周对学生、家长、教师进行教学情况问卷调查及分析，对异常数据进行个性化跟踪，及时反馈、矫正，建立工作闭环，确保各学科线上教学管理决策及时、高效。家长助学情况问卷重点了解家长陪伴与支持情况、亲子交流和谐程度、亲子沟通障碍及问题、学生线上学习态度及效率、对学校管理和学科教学的建议等。学生问卷设置重视对学生自主管理和自我评价的引导，通过家长陪同情况、学科课改执行情况、课堂效率、作业情况、对学校管理和学科教学的建议等题目的设置，重点了解学生线上教学的体验感和获得感；教师问卷侧重于线上教学执行情况、学生变化情况、课改执行问题、集体教研效率及心理压力等，重视对教师潜力的激发和引领。

（五）双自主升级，数据化驱动

为优化学生管理，学校实施"双自主"（自主学习管理＋自主行为管理）管理模式。"双自主"管理来源于学生全天各环节学习和生活数据，尤其是对学生线上学习的摄像头开启、连麦互动、作业、合作探究等重要环节都做了详细的数据记录。配套"双自主"管理，学校制订"日达人""周达人"及"月达人"评选规则，明确了学生的成长标准，是培养学生自主习惯的有力举措，也为每一个家庭指明了监管方向。

（六）基于数据的个性化指导

学生基础和习惯不同导致了线上学习差异大，为了让线上学困生和潜在学困生不掉队，也为了能让学有余力的学生利用丰富的线上资源快速提高，学校基于精准的数据分析，确定各学科培优扶弱的名单，基于适时的数据为每名学生提供需要的课程资源，开启线上个性化辅导。

（七）四级巡课，监管闭环

学校制订线上教学"四级巡听课制度"，每级巡听都有详细的表格记录反馈，精准到人、到问题，建立了人——问题线性联系；学科教师线上课堂记录表—年级主任日巡课记录反馈表—教导处主任日反馈—校长日总结指导，每级反馈包括：学科、平台、内容、实际上课人数、未开摄像头人员及原因、未参加线上课堂及原因、课改执行情况、课堂效果、整改建议等指标。

（八）基于数据，科学评价

"基于学生问题教＋自主合作探究学"的"一微三单"的课改教学模式在线下教学阶段已经展现出了巨大成效，为将课改模式快速移植到线上，学校组织开展线上课改示范，明确线上教学的各项标准，按照课前、课中、课后的原则将线上教学分为三段环节并制订了自主学习评价表、合作探究学评价表、差异化作业评价表，对每一个环节、每一个细节做了明确的要求，确保线上教学向着更加精准和精细的方向发展。

（九）激发家长，创设氛围

家长的陪伴支持与教育理念是保证线上教学质量的关键要素，学校高度重视家长队伍的激发与培养。每周颁发"先进督学""优秀家长"等荣誉称号，满足家长心理上的荣誉需求，提高家长对学生线上督学的积极性，同时对责任心不强的家长起到警示作用；定期推送优秀家长督学经验，以学校官微宣传的方式在班级、年级之间形成积极正能量的风气引领，调动更多家长参与学生学习学习的过程，也为其他家长提供优秀的经验；实施亲子劳动课程，设定缝制沙包、最美卧室等亲子劳动课程，在完成课程任务的同时增强亲子沟通交流，构建和谐向上的家庭风气，为学生的学习营造良好的环境与氛围；举行一对一家校联合会，根据学生线上学习的表现及课堂效率等情况，与家长、学生进行三方交流，让家长感受到学校教师对学生居家学习、生活的关心，从而全力配合线上教学。

三、不足及反思

这套基于数据的线上教学管理模式探索虽然较为缜密和细致，但各种数据的收集和反馈表格的填写占用了教师一部分教学及休息时间，给教师增加了一定的压力，随着线上教学时间的增长，各种因素交织，不可避免地出现了个别"躺平"型学生，个别教师失去了线下管理监督，也出现了思想波动、工作打折等情况。

线上教学是大势所趋，我们要及时观察、思考和研究，为深层次的教育信息化全面落地探索经验和模式。线上教学既是特殊时期的积极应对之举，也是实现学校育人和教学方式转型的重要契机。学校探索的基于数据的线上教育教学管理优化策略高效指导了教学实践，基本实现了"自主学、精准教、个性育"的目标，我们将立足探索经验与反思，积极创新，勇于实践，扎实推进线上教育教学向高质量、高标准发展。

张亮、辛吉荣／济南市历下区历山学校

第二章　线上教学管理机制探索、构建与实践

参考文献：

[1] 王坦 . 论合作学习的基本理念 [J]. 教育研究，2002（2）.

[2] 袁威 . 自主——合作学习法与英语教学的整合策略 [J]. 黑龙江高教研究，2007(12).

[3] 林众，冯瑞琴，罗良 . 自主学习合作学习探究学习的实质及其关系 [J]. 北京师范大学学报 (社会科学版)，2011（6）.

[4] 王鑫，白树勤 . 从理念到实践："合作学习能力培养模式"的构建 [J]. 中国高教研究，2014（6）.

[5] 宋玮，马建桂 . 多媒体和网络环境下的合作学习探索 [J]. 外国语文，2007（6）.

基于"双减"背景下的"521"线上教学
管理模式探索

一、背景分析

"双减"背景下应落实立德树人，关注课堂教学质量，提高课后服务课程教学质量，加强作业设计相关研究，切实做到课堂教学减负增效，课后服务丰富多元。探索建立发展性课程评价体系，以评价贯穿课程建设的全过程，以评价促进学生的全面发展，从而保证学校育人的质量。

因为疫情，学校教学形式由线下切换到线上，济南第三十中学实行了"521"教学管理模式，该模式是"双减"背景下疫情期间线上教学管理模式，保证线上教学管理工作有序、有质、有效开展。"521"中的"5"是指五个阶段——未雨绸缪统筹部署、云端相聚平稳有序、精研深耕智慧分享、深耕细作提质增效和线上资源线下共享；"2"是指教学与教育两种合力携手共管；"1"是同心同向共克时艰的一种向心力。

二、同心同向 共克时艰

"521"的"1"，即家校、师生齐心协力、共克时艰的一种向心力，推动各项工作的开展。学校每周召开校务会，研讨线上教学以及线上班级管理相关工作，如学校及时为教师购买了手写板，教务处制作了腾讯会议使用小技巧的视频讲解等，为教师线上教学提供了技术支撑。学校利用腾讯会议组织召开各年级线上家长会等，充分利用"山东省济南第三十中学"微信公众号推送防疫知识、心理疏导、线上学习学法指导等，家校联手，同心战"疫"。

三、线上教学五个阶段

（一）未雨绸缪统筹部署

学校各部门协调统筹，共同建构起线上教学管理网络。学校第一时间制订线上教学方案，如《济南第三十中学线上学习指导手册》《学校港湾式暖心工程方案》等，为线上教学平稳有序开展保驾护航。班主任迅速建立线上班委会群，实行小组网格化管理模式，及时召开家长会，明确居家学习期间班级管理的具体细则及家校合作的具体要求。教务处组织各教研组长及时有效地开展线上集体备课，积极探索线上教学方法，针对线上教研、备课、上课、作业等各个环节再次提出明确要求。

学校各项统筹准备工作多管齐下，目标明确，教师、学生、家长初步达成共识，为线上教学从演练到实战的顺利开展打下坚实基础。

（二）云端相聚平稳有序

课堂教学已由线下转换到线上，为落实学生的听课效果，任课教师充分利用网络信息技术，将线上实时课堂与线上量化评价相结合，采用QQ屏幕分享、腾讯会议和腾讯课堂等教学软件，并在空中课堂开展上课起立、点名、签到、举手、提问、互动、检查、反馈等环节，注重上课的仪式感。教师充分运用网络信息技术带来的便捷性，实行学生上传课堂笔记、线上量化评价、分层作业布置、全班打开摄像头进行"云自习"等各种方法和手段，充分调动学生的积极性，保证学生的线上学习效率。针对疫情压力下学生线上学习可能会出现焦虑、恐慌、烦躁等不良情绪现象，班主任密切关注班内学生的心理状况，通过心理课和班会，排查学生有无心理异常状况。

（三）精研深耕智慧分享

学校集体备课精研深耕，智慧分享，成为教师线上高效教学的"导航仪"，通过各教研组精研深耕，形成了以下共识：

1. 研讨学生真正融入课堂、不走神、不做无关学习的事情的方法

教师在实践中常用的四种方法：①基于学生的问题设计课堂，让学生提出问题，再让学生来解决问题。②学生随机讲题，学生补充，教师只点拨重点或讲题不到位的情况。③运用腾讯会议分组讨论的功能，让学生动起来，让课堂

活起来。④课堂不可一言堂，边讲边做边巩固，一节课可以练10分钟、讲10分钟、巩固10分钟。小步子，快节奏，既可让课堂不空闲，也可让学生有事做。

2.线上教学要注意学生的"三率"

一是上线率，二是在线率，三是在学率。进入课堂第一时间打开摄像头；进入课堂第一时间打开麦克风，以保证随时回答问题；要求学生课后第一时间将课堂笔记上传，确保学生上线、在线、在学。

3.结合"双减"，科学布置作业练习，及时反馈

对每天的课堂容量以及内容的筛选、作业量、布置反馈方式进行统一，要求每一位学生按时完成作业，并且保质保量，及时提交作业，按时打卡。

（四）深耕细作提质增效

针对前三个阶段平稳有序开展，为进一步推进线上教学，确保提质增效，学校要求各教研组在总结前三个阶段宝贵经验的基础上，结合学科特点制订了线上教学流程或课堂教学模式，如下表：

教研组	线上教学流程或课堂教学模式
语文	以生为本，注重学生高效学习，在教学中关注课堂容量，以抓牢课堂落实为出发点，形成"导学→自学→助学→展学→固学"的课堂模式。
数学	精确定位，精准施策，保质增效，重视分层，实行每日一题，课前、课堂、课后、作业及检测五个方面规范统一。
英语	精简整合教学内容，优化教学方式，增强师生互动，让学生多练多读多说，精讲多练，跟进落实，争取在有限的时间达到最好的教学效果。
物理	利用数字化手段改进教学措施：八年级通过录制视频和完成小制作等方式，九年级通过问卷星小测，直击学生薄弱点。

化学	深耕集备，发挥集体功效，重视分层教学，通过检查课堂笔记以及基础知识背诵扶"贫"，又给优生进行课后辅导培"优"。
地理	优化教学环节，体现学科特色。课堂上充分利用软件画图功能，采取了重点知识当堂背诵等方式，形成了地理学科的规范流程。
生物	智慧互动，管理领航。通过教师精讲、有针对性的练习、落实书写与背诵等环节，提高了生物教学的课堂容量和教学效果。
历史	教研组重在集备反思，及时改进问题。课堂通过师生互动、教师问题引领等方式提高学生专注度，利用问卷星和任务清单加大知识落实力度。
道法	构建"以学为主"课堂模式，加强四个方面的落实：学习目标设计"精准"；活动设计善于"激趣"；教学互动方式"善变"；教学效果务必"求实"。

各教研组深度思考适合本学科的教学流程，真正将提高课堂效率落地落实。从线下到线上，变的是教研方式，不变的是教师们的智慧碰撞和携手共进的教育初心，各教研组用积极的心态以研促教、以教促学，助力学生线上学习，努力提升学校教育教学的质量。

（五）线上资源线下共享

学校在线上教学前四个阶段积累了许多可以借鉴的经验。比如，利用问卷星进行课堂检测，根据问卷星进行大数据分析并根据学生的数据制订菜单式作业；利用问卷星进行分层测试及分层作业布置；利用腾讯会议可实现分层教学；线上教学还可以实现小组内、小组间的无障碍讨论交流。这些宝贵的线上教学经验凝聚着教师们的智慧。线上教学改变的不仅仅是授课的形式，更改变了教师们追求和接受新事物的愿望。

四、教育教学两翼齐飞

线上教学期间学校实行"以制度促管理，用量化抓落实"的云端管理模式，教务处与教育处形成合力携手共管。

（一）科学谋划，周密部署

教育处明确班主任线上管理职责，做好指导工作，确保线上教育教学质量。班主任通过家长会明确居家学习期间班级管理的具体细则、家校合作的具体要求，对班级中的特殊困难学生，制订一生一策，确保线上教育教学服务惠及每一个学生。

（二）抓好落实，全面保障

重视学生居家学习期间各个环节的管理，注重线上教学"仪式感"，例如云端誓师活动、每日着校服上课等；班主任充分发挥自主能动性，开展"早读打卡活动""晚间一起写作业""家长群每日上交手机接龙活动""颁发电子小奖状"等各种量化评价奖励，加强班级管理的凝集力，保障线上教学的落实。

（三）妙招分享，经验提升

为了更好地进行班级线上管理，博采众长，学校召开云端班级管理经验线上分享会和交流会，部分优秀班主任分享线上班级管理经验，大家共同探讨在新的形势下，如何更有效地做好线上班级管理，并为学校后续的线上教学工作保驾护航。

（四）家校联动，隔空携手

学校定期召开线上家长会，结合当前疫情防控形势，向学生及家长们传达学校疫情防控的工作要求，就家校共育等方面积极寻求配合。

（五）缓解压力，心理辅导

定期召开主题心理班会，推送教育局的家庭教育讲座，主要围绕学生可能出现的心理问题、如何调节不良情绪以及如何实现线上高效学习等方面展开。

（六）五育并举，德育赋能

学校一直重视艺术体育工作，实现育人模式全景贯通，疫情下的网课阶段，学校德育侧重与家庭德育有效结合。例如，开展"花开云端、艺起飞扬"云端艺术节活动，让学生保持良好的心理状态，科学安排居家生活；组织学生开展"疫情防控，三十学子'画里有话'"活动，培养学生的爱心，增强其社会责任感；开展"线上居家学习，看我书桌最整齐"活动，促进学生居家学习期间学习习惯的养成。

（七）安全教育，健康保障

定期开展安全教育，提高学生安全意识，排除安全隐患，如召开"居家学习，安全守护"防溺水主题教育班会等。

学校在线上教学中探索出了"521"管理模式，积累了许多宝贵的教学资源，其中包括23个教学班的班主任的《线上班级管理智慧集》，11个教研组线上教学期间打磨出的线上授课优秀课例等。学校将结合线上教学特点，立足"双减"，展望未来，打造并完善特色教学管理模式，不断提升学校的教育教学质量，实现"双减"政策的真正落地。

刘菁、李明 / 山东省济南第三十中学

参考文献：

[1] 杨娟，扈明聪，李瑜婷."双减"背景下学校教学管理策略 [J]. 大连教育学院学报，2022（3）:59-61.

[2] 袁磊，雷敏，张淑鑫. 把脉"双减"政策，构建在线教育信息安全体系 [J]. 现代远程教育研究，2021（5）：4-6.

[3] 肖正德."减负"背景下有效作业的设计策略探究 [J]. 课程·教材·教法，2014，34（4）:50-55.

济南电子机械工程学校
"三层级五维度"线上教学实施与管理实践

为应对新型冠状病毒感染的肺炎疫情，济南市教育局做出线上教学工作部署，学校第一时间启动应急预案，在校党委带领下，按照山东省教育厅下发的《关于当前疫情形势下中小学校线上教学的指导意见》（鲁教疫控组〔2022〕16号），制订了《济南电子机械工程学校线上教学工作方案》《线上教学工作安排》等文件，协同学校其他职能部门，借助"互联网＋教育"优势，自2022年3月31日起连续实施了7周的线上教学，多措并举，确保了特殊时期教学工作顺利开展。

一、基本情况

学校领导及教导处主要负责人高度重视疫情期间的线上教学工作，认真研读文件，领会精神，展开整体部署和细致规划。2022年3月18日下午顺利开展线上教学模拟演练。3月31日正式启动线上教学，截至5月13日，线上教学累计开课周数7周，课程安排执行原班级授课安排，每节课30分钟，每天180分钟，累计授课15510课时，开设在线课程87门。其中使用的在线教学平台（APP或网络在线平台）有4个，分别为QQ群、腾讯课堂、腾讯会议和钉钉教学平台，参与在线教学的教师人数为172人，学生平均到课率达到97%。

二、主要做法

（一）统筹部署，有序推进

在线上教学模拟演练基础上，形成了由学校领导亲自指挥、周密部署，教导处、政教处、信息中心等处室多措并举、精准施策、一科一策的"校—处—科组"三级领导工作体系，"教研院、企业、平台、教师、学生"五个维度立体交叉的线上教学质量保障体系，形成了"计划—运行—控制—反馈—改进"的质量管理闭环。

（二）狠抓落实，三层级教学质量保障

通过学校、教导处、科组三个层级，落实线上教学计划，保障线上教学质量。

1. 校级：亲自指挥，周密部署

学校领导提前谋划，多次部署，培养技术，督导教学。成立线上教学工作组，指导制订了《济南电子机械工程学校线上教学工作方案》，开展"师德师风专项教育""线上教学优质课评比活动"，按照"教学标准不降，教学质量不减"的总要求，为线上教学工作顺利实施指明方向和思路。

2. 处级：多措并举，精准施策

线上教学第三天，教导处面向全校学生开展线上教学情况问卷调查，内容涉及学生个人情况、线上学习情况、教学评价、意见建议等。从调查结果来看，超过 80% 的同学能够比较自觉地完成居家学习，也有少量的学生反映对线上学习不能适应。结合调研数据，教导处展开整体部署，组织各科组探索更高效的线上教学模式。

丰富课程内容。全方位开设国家课程，课程内容拓展到体育、美术、音乐、劳动、信息、综合实践等，坚持课程学习与疫情防控知识相结合，注重加强爱国主义教育、生命教育和心理健康教育，鼓励学生积极锻炼身体，促进学生的全面发展。

组织教研活动。在学校党委亲自指挥下，教导处立足线上教学的省情、市情、校情，开展线上教学研讨会、教学管理例会、师德师风建设、教学巡查、典型案例收集、云听课、研课、公开课、展示课等活动，组织教师参加市级各教研中心研讨会，邀请济南市教育教学研究院专家开展云端研课活动。13 位年轻教师开设了线上公开课，22 位教师参加了学校线上教学优质课评比活动，促进了教师综合素质、专业化水平和创新能力的全面提升。

3.科组：精准发力，梳理典型

各科组按照课程性质组建线上教学组，针对专业技能课、综合实训课、1+X考证、职教高考复习课等开展线上研讨，挖掘典型案例。线上教学期间，学校网站和微信公众号报道了17次典型教学案例。

两校区有38位教师参加了全市学科课程标准线上培训，有28位教师参加了市级学科教研中心教研活动。其中，学校作为牵头校组织了中职机电技术应用专业、工业机器人专业教研中心研讨活动，学校4位教师在市级专业教研中心进行了教学分享。10余场市级教学研讨活动大大促进了教师综合素质、专业化水平和创新能力的提升。

（三）五维度教学质量保障

1.教研院线上巡视督导促质量

济南市教育教学研究院多位领导和教师先后对学校机电技术应用专业、工业机器人教研中心、数学教研组开展教学督导巡视以及课程思政研课等活动，促进了教师间的探索交流，营造了浓厚的线上教研氛围。

2.校企共育有温度

学校校企合作企业山东智捷电子商务有限公司、山东笑语三维设计有限公司、济南鑫昊洋信息科技有限公司的驻校团队积极配合学校的总体工作安排，按照"停课不停学，在线不减质，居家不降效"的要求，主动承担合作办学责任，通过真实项目助力学校在线教学。

3.利用平台整合资源

学校教导处线上教学技术团队积极对接相关主流教学平台，测试各类直播系统，梳理总结平台功能特点，根据线上授课课程特点确定QQ群、腾讯课堂、腾讯会议和钉钉等6个平台。针对各类教学平台可能因为网络等原因出现的延时和卡顿，做好教学预案。充分利用"国家中小学智慧教育平台""济南市教育资源公共服务平台""济南市中等职业教育教学资源共享平台"等国家、省市各级各类平台资源，对现有的教学资源进行整合优化或二次开发。

4. 教师为主导，"三心"保质量

教师通过学习平台、直播软件、实时通讯工具，摇身变成云主播。"静心"保障"课前"准备充分；"细心"保障"课中"教学效果；"耐心"保障"课后"巩固提升。

教师提前发布上课资料，在授课过程中，有的教师运用动画演示，步骤清晰；有的引导学生将所学运用于日常生活，实现活学活用。教师熟练操控平台，悉心研究教学方法，开创了各具特色的线上大讲堂。课后第一时间让学生反馈学习效果。对因网络信号不佳而导致一些知识点没有听清的学生进行一对一辅导，及时疏导学生的不良情绪。

专业实训采用企业化管理模式，学生每天按时签到、签退，撰写实训日志，认真做笔记，完成测试，提交作品。先后组织了"海报助力战'疫'情""晒笔记""晒日志""教学满意度问卷调查""线上阶段性云测试"等活动，并通过实训班的微信公众号进行推送，多措并举提升了实训效果。

5. 学生为主体，"一生一策"保效果

在深入摸底的情况下，学校加大对防疫阻击战一线人员子女和学习困难学生的帮扶力度，确保每名学生都能较好地掌握已学知识。针对线上学习困难的学生，开展"一生一策"落实工作，跟踪学生学习和生活状态，确保教学不落下一位学生。

（四）监控指导，检查评价

为保证线上教学质量，在遵循全面性原则、发展性原则、多元性原则的基础上，学校构建了"科组长—同行—巡查专员—教导处—校级督导"五位一体线上教学运行机制，实现质量监控全员参与、全程监控、全面评价、有机互动，形成"计划—运行—控制—反馈—改进"的质量管理闭环。

教导处制订了《济南电子机械工程学校线上巡课听课要求》，提出全贯穿的教学考核新策略，更新考核量表，使线上教学检查从注重结果转变为更注重

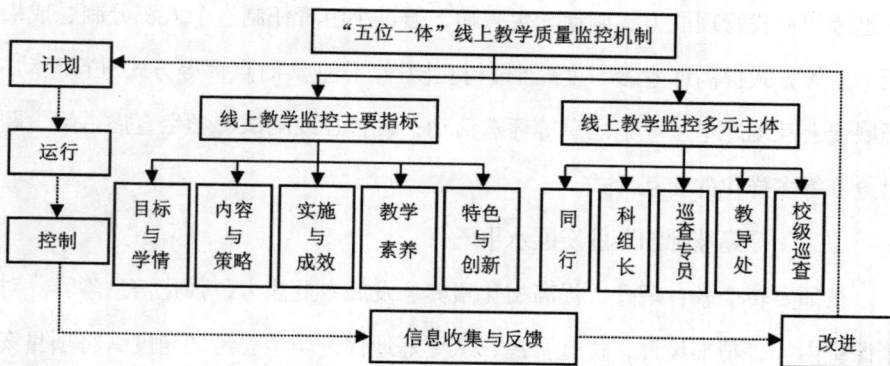

"五位一体"线上教学质量监控机制

教学过程，兼顾线上平台资源建设和教学活动设计，建立健全线上教学管理机制。学校安排 17 位教学巡查人员对全校 80 个教学班级展开线上教学巡查，巡查专员和学校督导组每日进入直播间听课指导，关注师生互动效果、微课录制效果、学生听课状态等方面。对于表现突出、效果良好的教师予以通报表扬，对于敷衍塞责、麻痹大意的教师予以通报批评。调查问卷显示，学生对学校线上教学组织满意度达 96.28%，对自己网课学习质量和收获满意度为 94.66%。

三、存在的主要问题

线上教学开展以来，存在一些问题。比如：学生自主学习能力不足；电脑老化、网络不稳定、没有话筒等；软件安装不顺、操作不熟练、声音传输出现卡顿；直播教学与学生互动性差；部分实训性较强的专业课程，缺少必要的软、硬件支撑，教学效果难以评估等。针对存在的问题，教师们全身心投入，想办法克服，认真研究教学软件，优选教学资源，创新教学方法，制订更加完备的教学方案，做好线上教学和正式开学后授课的衔接。

四、思考与建议

关于线上教学的几点思考与建议：

（一）发展学生的自主学习能力

教师和家长应该一起努力，强化学生学习动机和良好学习习惯，培养其独立思考和自我管理能力。调动学生兴趣，通过小组责任制、个人积分制、成果展示制等方式提高课堂参与度；通过树立榜样、作业实时点评等方式进行互动；开展线上互动之星、笔记之星等评选活动；设置在线测试、学生直播讲解、题目抢答等多样化的交互形式。

（二）提高教师的专业发展水平

教师要转变教育理念、提高文化素养、发展专业能力、强化信息素养。对于课堂内容，精准设计，优选资源，从更好地促进学生思考的角度，将项目案例、社会热点等与知识结合，创建多元化课程展现形式。

（三）关注心理健康

疫情期间，教师在调整好自身状态的同时，应多多关注学生心理健康，缓解学生的思想压力，给学生分享舒缓的音乐、有趣的电影、书籍等，鼓励学生加强锻炼，提高其免疫力。

疫情期间，学校各年级课程全部实现线上教学，切实做到了"停课不停教，停课不停学"。学校在保证现有线上教学稳步运行的同时，继续积极探索更为有效的居家学习模式，传授了知识，缓解了疫情给学生带来的焦躁和不安，实现了预期的教学效果和育人目标。

甘信丹、李飞飞／济南电子机械工程学校

线上学科教研思考、创新与突破

编者按： "教而不研则浅，研而不教则空。"教研是教学的关键环节，是教学的基础和助力。学科教研员作为专职承担教研工作的教学研究人员，搭建起沟通教育理论与实践、教育行政部门与一线教师的"桥梁"，对促进教师专业成长、提升基础教育质量发挥着举足轻重的作用。疫情非常时期，济南市各区县学科教研员积极响应济南市教育局《关于疫情防控期间线上教育教学工作的方案》、济南市教育教学研究院《关于加强线上教育教学工作的指导意见》《关于加强全市普通中小学线上巡课工作的意见》等文件精神，熟思审处，引领一线教师团队积极探索线上教研及教学方案，助力全市线上教学平稳开展。济南市各学科教研员砥志研思，开展了一系列线上教研行动，积累了一些线上教研经验，形成了基于学科而又不囿于学科的线上教研思考与建议，促使我们认真审视并思考疫情常态化时期"线上＋线下"混合教学新样态。

第一节　精准学科教研，助力线上教学新突破

"订单式项目化"线上教研的实践与思考

——以初中道德与法治学科"云端连线，共话中考"为例

教而不研则浅，研而不教则空，教学与教研相伴而生，相辅相成。当前疫情形势复杂多变，线上线下教学随时切换。曾经线上教学是传统教学的"配角"，现在线上教学是"停课不停学"的刚需，未来线上教学是数字化时代的"标配"。如何适应线上教学新形势，开展线上教学和教研活动，是摆在广大教育工作者面前的重要课题。面对线上教学新常态，教研部门积极探索，破解新课题，在初中道德与法治学科实施了"云端连线，共话中考"教研项目，逐步探索出"订单式项目化"线上教研模式，取得了良好的效果。

一、"订单式项目化"线上教研的内涵与路径

"订单式项目化"线上教研是指在线上教研中发挥一线教师的主体作用和教研部门的指导作用，由一线教师根据线上教学的需求和课后反思，梳理自己在线上教学中的"疑难杂症"，向区教研中心发出"问题型清单式"教研申请，由区教研中心根据提交的"订单""量体裁衣"，确定项目，开展教研，精准解决一线教师线上教学中的困惑和发展瓶颈，指导线上教学。

"订单式项目化"线上教研聚焦一线教师线上教学的实际需求，通过前置调研、摸清家底—问题梳理、整体研判—形成订单、确定项目—项目分解、分类实施—项目展示、考核评价—实践检验、指导教学六大环节，以区教研中心为"指导中枢"，引领汇聚全区中小学一线教师精准参与，形成教研成果，精准服务一线教学，助力教学质量提升。

二、"订单式项目化"线上教研的具体做法

（一）开展调研，了解教师需求

"订单式项目化"线上教研的生命在于精准，价值来自教师的需求，教师提交的问题越明确、越具体，教研结果才会越精准、越有效。教师的困惑应该是教研的起点，只有满足教师成长需求的教研，才能激发教师参与的欲望。为此，在开展教研之前，我们通过问卷调查、在线巡课、教师交流等方式，及时、准确摸清教师的"家底"，急教师所急、解教师所需。以4月份毕业班道德与法治"云端连线，共话中考"为例，为组织本次教研活动，我们设置了选用平台、教学方式、教学资源、校本教研、教学困惑、教学创新点、教学需求点、教研期待等线上教学情况和教学需求调研表，带着教师去发现和提炼线上教学过程中出现的真问题，为开展"订单式项目化"线上教研提供载体。

（二）分析问题，确定教研主题

通过前期多维调研，每位教师从自己的教学实际出发，提供了丰富的样本，后台收集到的数据具体、宽泛，因需求不同各有侧重，我们需要对众多问题进行梳理，划分为个性问题和共性问题。对于个性问题可单独交流；对于反映出来的共性问题，再进行分类。教研中要特别注意不能就事论事，就问题谈问题，必须通过认真研究，敏锐地发现问题的实质，从而将一个一个问题转化为明确有效的主题。

比如，道德与法治"云端连线，共话中考"前期调研的问题见表：

表1 线上教学情况和教学需求汇总

项目 ＼ 主题	线上教学情况和教学需求汇总			
选用平台	钉钉	腾讯会议	QQ群课堂	微信
教学方式	直播课堂	点播课堂	使用资源	个性化辅导
教学资源	市级资源平台	区级资源平台	其他	

教学计划	以知识图谱为面，复习基础知识；以专题为线，构建知识体系；以时政热点为点，预测和训练。			
校本教研情况	1.每周备课组活动，每两周教研组活动； 2.一人主备，其他人补充；或每人一个侧重点，分工合作等； 3.内容：平台操作、互动教学、教学进度、作业设计、制订导学案和练习题等。			
线上教学创新点	课堂签到	候课互动	优秀作业数量换取奖励	
教学困惑	难以把控学生学习	师生互动不畅	作业参差不齐	线上测试效度低
教学需求点	1.如何解决与屏幕前学生互动的问题？ 2.怎么解决学生"在线不在岗"的问题？ 3.怎么解决学生作业应付甚至互相抄袭的现象？ 4.钉钉平台有哪些好的功能？还有什么好用的平台推荐？ 5.本学期的时政热点有哪些？ 6.济南中考命题特点分析。 7.初一、初二年级的教材如何复习和把握？			
教研期待	1.确定复习时政热点和时政材料。 2.分享各学校线上教学好的经验和做法。			

通过分析，这些问题可以归纳为两大类，即：

1.教学策略类。因为对线上教学准备不足，对平台操作不熟悉，教师缺乏有效应对策略。比如，如何积极应对线下到线上的转变；线上教学如何调动学生的积极性，确保学生的参与度；如何有效发挥线上平台的优势，确保教学效果等。

2.教学内容类。调研反馈从一定程度上反映了教师对中考命题研究不深不透，对课标的纲领性地位认识不足，存在就教材考教材的认识偏见，所以有必要带领大家对学考进行再解读，再领悟。比如，学考的时政材料如何确定，今年的时政热点主要有哪些，非毕业班级教材内容如何取舍等。

（三）形成订单，推动项目实施

通过调研梳理、分析研判，把教师反映上来的纷繁复杂的问题进行分类总结，然后形成"订单"确定教研项目，制订计划，组织实施。

项目实施分为三步，即"项目分解—项目展示—项目考核"。

第一步，项目分解。根据各学校的教研水平和教师的研究专长，按照"一事一案""一师一案""一校一案"对项目进行分解。以任务驱动教师进行理论知识和教学实践的关联研究，促使教师既能就某一专项问题进行深度思考和研究，又能让自己的项目有跨度，实现多个问题的聚焦和关联。这样，项目研究就能在多角度、多层面、立体化的时空中运行。

首先，对于调研中发现的好做法、好典型进行归纳提炼，把凌乱的、不成体系或者偶然的成功做法，从理论依据、设计思路、具体实践、反思提升等角度进行提炼，促使教师再学习、再反思、再提升，实现"一事一案"。

其次，根据项目任务，主动给学科骨干教师压担子，根据他们的研究专长，分配一项具体任务。如让参与过学考命题的教师介绍命题思路、命题原则、命题中对于教材内容与课程标准的处理、命题中的困惑与成长等；让参与学考阅卷的教师谈阅卷的感受，尤其是对于答题规范、答题思路、阅卷进度等的思考。通过他们的切身感受，带领教师更准确地理解和把握学考方向，更好地指导教师教学，实现"一师一案"。

最后，对于教研氛围浓厚，校本教研做得好的学校，让他们从确定的项目中选取最感兴趣的一项开展校本教研，让每位教师都浸润于研讨中，通过头脑风暴，把教师们的思想整合起来，把可能的解决路径都最大限度地挖掘出来，再结合学校实际和落实的可行性进行取舍，最终形成最佳方案，实现"一校一案"。

第二步，项目展示。前期经过项目研究，通过名师示范课、青年教师研讨课、赛课、专题讲座、主题研讨等形式，进行项目展示。如参与命题的教师展示的学考分析，见表2、表3：

表2 近三年课本知识占比分析

专题 ＼ 年度	2021年	2020年	2019年
心理道德	8个（20分） 26题（4分） 共24分（28%）	7个（17.5分） 22题（6分） 共23.5分（28%）	2个（5分） 26题（9分） 共14分（17%）
法律	3个（7.5分） 24题（8分） 25题（6分） 共21.5分（26%）	3个（7.5分） 24题（8分） 25题（6分） 共21.5分（26%）	7个（17.5分） 24题（9分） 25题（6分） 共32.5分（38%）
国情	5个（12.5分） 21题（8分） 22题（8分） 23题（6分） 26题（4分） 共38.5分（46%）	6个（15分） 21题（8分） 23题（8分） 26题（8分） 共39分（46%）	7个（17.5分） 21题（6分） 22题（8分） 23题（6分） 共37.5分（45%）

表3 骨干教师分享的时政专题

专题一 庆祝建党百年，展望壮美前程 热点1 "七一勋章"颁授仪式 热点2 传承伟大建党精神	专题五 坚持绿色发展，建设美丽中国 热点1 新法规为建设美丽中国保驾护航 热点2 "绿水青山就是金山银山"提出16周年 热点3 环保督察行动
专题二 聚焦民生问题，推进共同富裕 热点1 全面建成小康社会 热点2 山东打造乡村振兴齐鲁样板 热点3 河南抗洪救灾；疫情防控	专题六 加强特殊保护，筑牢保障防线 热点1 "双减"政策 热点2 《转校生的抉择》桌游——聚焦校园欺凌
专题三 创新驱动发展，建设科技强国 热点1 "祝融号"火星探秘 热点2 空间站航天员出舱圆满成功 热点3 跨海高铁桥合龙	专题七 厚植文化自信，传承中国精神 热点1 中国世界遗产总数全球第一 热点2 加强文化交流，打造民间文艺精品 热点3 《跨过鸭绿江》隆重献映

专题四　坚持厉行法治，全面依法治国	专题八　展现中国担当，促进合作共赢
热点1　推进协商民主	热点1　冬奥会如期成功举行
热点2　常态化扫黑除恶	热点2　新冠疫苗援助惠泽世界
热点3　《法治政府建设实施纲要（2021－2035年）》	热点3　《生物多样性公约》缔约方大会第十五次会议举行

第三步，项目考核。在教师提交订单到完成项目这一过程中，我们可以看出，教师在理论层面、课堂设计、专业素养、团队协作等方面有了明显的提升。为进一步调动教师参与的兴趣、深度和广度，促使教师探究、沟通、创新、协作，针对教师们的展示分享，我们借助问卷星平台进行考核评价，并将结果运用到教师的年度考核之中，鼓励教师长板更优，短板改进，综合提升。

（四）实践检验，指导教育教学

教研是教学的基础，教学是教研的目的，教研自始至终是围绕教学、服务教学的。教研从真实问题出发，寻求解决问题的策略和方法，最终落脚到教育教学的实践活动中，用于指导教师教学，提升教师的素养。这次"云端连线，共话中考"研究项目是根据教师的现实需要提出的，教师又全程参与了教研活动，对教研成果表现出积极主动的精神，围绕确定的时政热点主题，有取舍地进行学考前的最后冲刺复习，并根据教研成果，查缺补漏，倒排工期，进入实战演练状态。同时，录制了十节公益课堂，面向全区开放，各学校结合本校实际选择使用，公益课堂实现了优秀师资和优质资源共享，为提升全区教学质量助力。

当然，教学实践是不断发展的，已解决的问题可能会有新的变化，新的问题也会随之而来，又会形成新的"订单"和"项目"，我们要继续深入研究"订单式项目化"线上教研。

三、"订单式项目化"线上教研的主要收获

"订单式项目化"线上教研立足学校、教师和学生的实际，瞄准学校、教师和学生的发展点，以"订单式项目"的方式，开展针对性教研，做到了问题

精准、对象精准、任务精准、措施精准，走出了一条中小学线上教学研究的新路子。

"订单式项目化"线上教研打通了教研部门与一线教师沟通交流的壁垒，将传统的"大水漫灌"式教研发展为"精准滴灌"，教研重心下移到学校和教师，教研阵地前移到课堂，将教师的困惑以订单的形式定制服务，教学服务定位精准，满足了一线教师的个性化需求，提高了教研的针对性。

"订单式项目化"线上教研的起点是一线教师线上教学的困惑，通过项目实施，分层分类开展教研，形成研究成果进行推广，在实践中检验和指导教学，并将实践中发现的新问题新需求再次进行新一轮的教学研究。"项目化"教研具有覆盖面广、资源方式多样、参与人员多维、探究性强的特点，解决了教研活动碎片化、表面化的问题，提高了教研的指导性。

"订单式项目化"线上教研激发教师成长的内驱力，调动了教师自主提升和学习的积极性。教师为了完成自己的项目，主动学习、主动协作、主动尝试，以前所未有的热情参与到项目研究中，在学习、实践、交流、展示中提升了素养。

学习无止境，奋斗正当时，教学研究永远在路上。作为课堂教学的专业研究人员，我们致力于通过"研"的方式，解决"教"的问题，在不断完善"订单式项目化"线上教研模式的基础上，探索符合新时代教育教学研究的新方法、新路径，为建设教育强国、办好人民满意的教育助力。

秦玲／济南市钢城区教育教学研究中心

集思广益 众"智"成城
——线上教学视域下的小学语文集体备课模式初探

当前，中小学的疫情防控工作步入常态化阶段。与 2020 年教师在毫无思想准备的情况下被推上"云端"教学相比，2022 年的线上教学在课程设置、资源储备、平台使用等方面，学校、教师均做了充分准备，实现了线上线下教学的无缝切换。随着线上教学的深入，课堂中也出现了亟待解决的一些问题。面对问题和困难，教师们精心筛选资源，借助他人的经验做法，尝试摸索适合线上教学的平台、软件，寻找多种方法，优化课堂。但从根本上说，使线上教学扎实、有效的关键还是"备课"，除了教师个人的备课，团队、组内的集体备课是解决、改进线上教学问题的重要途径。

集体备课是常规的富有实效的教研活动。与个人备课相比，它对教材的把握更加准确，对学情的分析更加细致，对课堂教学过程的设计更加有效。因此，经过集体备课的教学设计会更切合学生的实际需要，更有利于提高课堂教学的效率。传统意义上的集体备课，是教师在课堂讲授之前，由本教研组或同学科教师集体研究、讨论该教师的讲课内容，帮助该教师提高备课质量，进而提高教学质量的一种备课形式。而线上集体备课，将教师随时随地、面对面的研讨变成了隔空交流，暴露出了一些问题：

第一，研讨问题不聚焦，泛泛而谈。线上集体备课应针对线上教学反映出的授课时间短、教材解读不到位、教法学法的改进等问题进行组内备课与研讨，汇聚集体的智慧，为下一步在线教学提供有效的经验和方法。实际备课中，由于备课组没有提炼出针对某一课时或某一单元的研讨话题，教师们的发言容易"东一榔头，西一棒槌"，无法就某一个关键点进行深入剖析，仅仅是重复已有的备课思路，没有凝聚集体智慧，效果甚微。

第二，沿用线下备课流程，缺乏效率。线上集体备课，教师不受时空限制，可以借助线上平台进行无障碍交流。但在实际的集体备课中，多数备课组仍沿用线下集体备课的流程，大段念教参或网络上的文本解读，缺少自主备课后的独立思考和教学方法的创新，给彼此带来的启发和引导乏善可陈，也使得集体备课效率较低。

第三，集体备课少落实，缺乏反馈。线上集体备课是对线上教学的先验性指导与点拨，在备课后应付诸线上授课实践，再次总结反馈实际操作中遇到的问题或亮点，从而进一步完善教学。在实际的集体备课中，活动是割裂的、零散的，缺乏系统性和连贯性，走完流程后一切照旧，缺少反馈与提升。

为确保线上集体备课有效凝聚集体智慧，在分工与合作中展开深度教研，使集体备课真正达到优化教学设计、提高教学质量的目的，经过探索与实践，我们初步总结出以下三种集体备课模式。

一、师"生"交互——磨磋·演练·实战

对线下"自磨—共磨—复磨"的传统流程进行优化创新，自备个案之后进行线上模拟演练，一位教师当主讲，其他教师做学生，在师"生"交互的过程中进行深入研讨，形成优案，最终用于课堂实战。模拟演练是这一模式的核心，教师们模拟学生人人发言，深度参与，能准确地把握课堂进度是否合适，问题设计是否恰当。演练结束后，教师们对突破重难点的方法进行研讨，对学生可能遇到、提出的问题进行预知，进而优化教学设计，优化任务单，真正提高 20 分钟线上课堂的教学效率。

例如，五年级下册《牧场之国》的集体备课，备课组教师在集备前、中、后是这样做的：

第一步：个人自备，发挥优势。集体备课之前的自备是个人能力的彰显，更是合作交流的前提。在集体备课的前一周，备课组长组织第一次线上会议，就《牧场之国》的备课提出明确要求：每位教师均要研读教材，设计教学思路，

找出困惑和问题；对备课内容做到心中有数，以求在线研讨时充分阐述自己的观点，吸取他人的有效建议。

第二步：搜集信息，建资源库。在网络环境下，教师可以利用信息化手段查找资料，并以资源平台为支撑，丰富课程资源储备。一方面通过 QQ 交流群随时沟通想法，另一方面借助济南市历下区公共资源服务平台，在人人通创立《牧场之国》教研活动板块，随时将教案、课件、感悟等备课成果上传平台，形成本课的资源库，以增强集体备课的实效性与互动性。

第三步：集思广益，拓宽思路。经过自备、信息搜集，教师们对教材有了各自的见解，为下一步研讨做足了准备。基于此，备课组长组织第二次线上会议，每位教师带着自己的想法，带着一颗积极进取、虚心求教之心参与活动。经过充分研讨，依照已经确定的教学目标，形成初步的教学方案和学习任务单。

第四步：模拟演练，试讲研讨。备课组长组织第三次线上会议，即课堂模拟演练。通过试讲，教师们发现教学方案冗长、教学目标不精准、教学环节不紧凑等问题。尤其是"作者眼中真正的荷兰到底是什么样的"这一重难点问题难以突破，且耗时较多导致试讲严重超时。经过集体讨论，将"作者眼中真正的荷兰到底是什么样的"这一问题设计进任务单，引导学生在课前预习时就带着这个问题读课文，圈画语句做批注，给学生提供思维支架。课堂上再进行深度学习，从而提高课堂效率。

第五步：课堂实战，教后反思。在试讲研讨的基础上，主讲教师总结、撰写出最佳教学方案并组内共享。完成课堂教学后，每一位教师将自己的课堂实录上传到人人通教研活动板块，互看互评，打破原有备课时间和空间的限制，相互学习，共同进步。在观摩他人课堂的基础上进一步反思、完善自己的教学，让 20 分钟线上课更加高效。

模拟演练实现交互只是形式，但形式背后是教师前前后后多次的研究与打磨。这种备课是一种历经课前备课、模拟试讲、集中共研、反思改进等研究过程的系统备课，有助于教师开展充分且深入的教学反思，从而不断超越和创新已有的教学设计。由于该模式以模拟讲课为核心，因此特别适用于以青年教师发展为中心，骨干教师为指导，帮助和促进青年教师成长的备课组。

二、说议一体——分解·攻坚·合围

此模式为组内教师分工合作，采用说课方式，以达到明确教学目标，明晰语文要素，理顺课堂步骤，细化重难点突破的目的。之后进行评议修改，共同研讨出突出重点、突破难点的最佳解决方案。

该模式实施的前提是要精准提炼出从单元到课时的核心要素以及学生的难解点，才能有的放矢。例如，四年级下册第五单元习作指导课的集体备课：

第一步：分析学情，找准研讨重点。本单元是习作单元，要求"学习按游览顺序写景物"。前面学习过通过观察描写景物，但写游记是学生第一次接触，因此，如何降低难度，减轻学生对游记的畏惧心理，成为集体研讨的重点。

第二步：围绕重点深挖教材，分工合作。全面深入地解读教材是突破重难点的基础，将解读内容化整为零，组内分工合作。一位教师负责整体解读，包括单元编排意图、单元目标，确定教学重难点；一位教师提炼教法，对两篇精读课文进行梳理，整合表达手法，落实习作指导方法；一位教师研究学法，以两篇习作例文为抓手，同时整合交流平台和初试身手，指导学生在习作中迁移运用；一位教师设计习作评价单，依托例文，围绕习作评改设计习作评价表，组织学生"云评价"；最终由一位教师把所有教师提供的资源，进行有效整合，理顺教学步骤，设计教学流程，说明设计意图。

第三步：说课评议，集众所长。根据教材、教法、学法的解说，大家就最后一位教师的设计发表意见，调整教法，在正式上课前形成最佳教学方案。

该模式的优点是既有效利用了有限的教研时间，又提高了教师对于拟授课程的全局性意识。此模式下，组内教师集中力量，集思广益，从学生的学情出发，预判问题，调整策略，突破重难点，达成教学目标。

三、课例嫁接——观摩·融合·集成

把优质课例引入集体备课，供教师观摩学习，借鉴使用。此模式为一人主持，一到两人荐课，以同课异观的方式学习名师突破教学重难点的精妙设计，借鉴其抓放有度的教学设计脚本，优化学习资源，将线上学习活动任务化。之后备课组教师共同研讨，确定教学思路和学习任务。教师通过学习任务单的形式提前布置预习，课堂上教师根据任务串联课堂，保证20分钟线上教学高效进行。

该模式并不是简单地集他人之所长，而是要求推荐课例的教师必须对本单元、本课时的主要任务了如指掌，才能在众多线上资源中选出最适用于本教研组学习的课例。例如，三年级下册第五单元《宇宙的另一边》一课的集体备课：

第一步："荐课 + 观课"，筛选资源，丰富认识。主持人就本单元的语文要素和人文主题进行剖析，并结合课标和教材要求，确立本课的教学目标及重难点。有两位教师在搜集资源的过程中，筛选出国家中小学智慧教育平台和济南市教育资源公共服务平台上的两节精彩课例，全组教师共同观看学习。

第二步：集中研讨，取其精华，凝聚智慧。观课之后，组内教师就两课例重难点的确立和教学方法的使用展开交流。结合课例的优质要素，确立本节课的核心问题为"作者究竟是怎么展开想象，把宇宙的另一边写得这样有趣的呢"，并设计出问题链"'宇宙的另一边'到底藏着什么样的秘密？为什么说宇宙的另一边是这一边的倒影？你都学会了哪些想象的方法"。

第三步：围绕核心问题，独立备课，形成个性化教案。经过前期的观课与研讨，教师们明确了教学的重心，之后再进行独立备课。经过这样的集备形成的教学设计，同中有异、异中有同，凸显教学共性与个性特色。

该模式的优点是在"遵同"中"求异"。汲取已有课例资源的教学智慧，提炼教学重难点，设计核心问题，形成问题链，保证教学内容的"优质"。教师们在此基础上结合个人教学风格与学情，最终形成"彰异"的个案。同时，教师们的集体智慧也让课堂更加充实，具有可操作性。

从形式上看，三种线上集体备课模式沿袭了传统的路径——个人准备、集中研讨、活动后再反思，流程虽未变，但内容要素都有丰富的加工与创新。三种模式各有特点与优势，但其共同点能帮助我们比较好地解决线上集体备课存在的问题：

1.组内教师既有分工又有合作，人人深度参与，避免了一人在集备中唱独角戏，其他教师当观众的现象。

2.个人钻研与集体讨论相结合，大家都经历了研读、讨论、集中、反思的磨课过程，避免了集备只是某一个时间段内的某一个活动这种现象。

3.借鉴资料与独立思考有机结合，有效凝聚集体智慧，形成优质备课资源，避免了集备的结果只是现成或网上资料的拼盘现象。

基于线上教学的特殊性，教师们因地制宜，生成了三种集体备课模式，以网络为平台，打破时空限制，实现了本校乃至本区域教师之间的集思广益，是对优质教育教学资源的智慧开发与整合，使优质教学资源得以真正共享。

此外，需要注意的是，我们不应把线上集体备课作为线上教学的衍生物，用后即抛，而应顺势而为，继续优化，令其更加规范科学，形成网络集体备课范式，无论线下教学还是线上教学，都能作为一种固定化、普适性的集体备课模式，用以指导校本乃至区域教研。

张华颖／济南市历下区教育教学研究中心

参考文献：

[1]胡红杏."高端备课"：基于课堂研究的备课新范式[J].西北师范大学学报，2020，57（4）：45-52.

[2]何鸿，刘芳.构建集体备课模式，促进教学资源活化[J].四川教育，2020（Z1）：19-20.

"双减"背景下小学语文线上教学
作业设计的有效策略

2022 年春天，一场突如其来的疫情迫使济南市中小学全面进入线上教学模式。"停课不停学，在线不减质，居家不降效"是济南市教育局提出的线上教学要求，也是一线教师线上教学的目标。济南市教育教学研究院院长助理、小学语文教研员武先玲在商河的线上课堂巡课时提出，只有丰富课前、课后的作业支撑，才能有效提高线上教学效率。因此，"双减"背景下，如何通过作业设计撬动学生的居家自主学习能力，提升线上教学效率，就成了商河小语团队努力的方向。

一、明确作业目标，增强"教—学—评"一体化意识

科学、明确、合理的作业目标可以有效地提升课堂教学效果。但"双减"背景下，依旧存在教师不够重视作业目标设计的现象。笔者在参与 2021 年省市小学语文优秀作业设计评审工作中发现，大部分作业设计没有作业目标。而明确作业目标是提高作业设计质量的第一步。只有明确作业目标，才能避免大量、重复、无效的作业，达到"双减"工作"全面压减作业总量和时长""提高作业设计质量"的要求。线上教学的作业设计更应目标明确，有的放矢，只有这样才能最大限度地撬动学生的自主学习能力，使学生保持学习兴趣，保证线上教学效果。

《义务教育语文课程标准（2022 年版）》指出，"教师应树立'教—学—评'一体化的意识"。而作业设计其实就是一种评价任务设计，也就是通过作业来评价学生的学习情况，诊断教学效果，改进教学手段。高质量的评价任务设计需要清晰的作业学习目标为指引。我们根据单元语文要素确定课时教学目标，根据教学目标制订作业目标，使作业目标和课堂教学目标互补。

以三年级下册第七单元《海底世界》一课为例，结合学段特点和单元语文要素，可以将教学目标确定为：1.认识10个生字，读准多音字"差"，会写12个字，会写16个词语；2.正确流利地朗读课文，能说出课文是从哪几个方面来表现海底世界的景色奇异和物产丰富的；3.理解"窃窃私语"等词语的意思，体会它们的表达效果；4.能说出第四、五自然段是如何围绕一句话把一个意思写清楚的。

根据教学目标，确定本课的作业目标如下：

表1　《海底世界》作业目标设计

作业类型		作业目标
预习作业		1.熟读课文和生字词。 2.疏通文章脉络，把握课文主要内容。
随堂作业	第一课时	1.分类识字，指导书写走之旁的字。 2.利用思维导图，厘清课文是从哪几个方面来表现海底世界的景色奇异和物产丰富的。
	第二课时	1.巩固本课生字词，指导书写上下结构的字。 2.运用多种方法理解"窃窃私语""免费的长途旅行"的意思，体会其表达效果。 3.借助表格、关键词句，说说第四、五自然段是如何围绕一句话把一个意思写清楚的。
课后作业		1.巩固"了解课文是从哪几个方面把事物写清楚的""围绕一句话把一个意思写清楚"两个要素，为本单元习作"初步学习整合信息，介绍一种事物"做准备。 2.通过绘画、影视等手段，加深对课文的理解，激发对大自然的探索和热爱之情。

二、优化作业序列，合理设置作业梯度

余琴教师说："作业在课前是教师备课的资源内容，在课中是学习活动的组成部分，在课后是学习效果的评价素材。"从课前预习作业、随堂练习作业、

课后巩固作业三个方面优化作业序列，通过有层次、有梯度的作业设计让学生的居家学习有序、高效。

（一）课前预习作业：夯实基础，疏通障碍

济南市教育局《关于规范有序做好线上教学服务工作的通知》中要求，原则上小学生每段教学活动持续时间 15—20 分钟，每日线上学习时间不超过 80 分钟。在有限的线上教学时间内如何实现课堂效率最大化？这就对预习作业提出了极高的要求，既要尽可能把学生可以自主学习的任务在预习时完成，又要保证作业量符合"双减"要求。因此，把"熟读课文，熟识生字，厘清文脉"作为预习作业的主要目标，同时又根据不同学段的特点适当调整：低段以"熟读课文，熟识生字"的非书面作业形式为主；中高段在完成"熟读课文，熟识生字，厘清文脉"任务的同时，根据文本特点，适时穿插理解关键词句、收集资料、积累有新鲜感的词句、"学贵有疑"等环节。以预习作业为支架，帮助学生养成良好的自主学习习惯，培养自主学习能力，为线上课堂教学做好充分的准备。

（二）随堂练习作业：突出重点，有序训练

现代教学论认为，教学的主要特征就是将教学过程变为引发学生练的过程，教学任务是通过不同层次的练习来实现的。随堂作业是教学过程的一部分，在教学过程中合理使用作业可以有效推进学习活动的开展。

统编教材"双线组元"的特点决定了单元语文要素就是单元核心能力训练点。以六年级下册第四单元为例，本单元的阅读要素是"关注外貌、神态、言行的描写，体会人物品质""查阅相关资料，加深对课文的理解"。为有层次、有梯度地落实单元语文要素，本单元精读课文《十六年前的回忆》第一课时的随堂作业重点落实"关注外貌、神态、言行的描写，概括人物品质""借助历史背景理解人物品质"，第二课时的随堂作业重点落实"借助文化背景，理解人物的理想信念""用理想信念解释人物的品质"，把两个语文要素的落实细化为四个随堂作业，合理分布到两个课时里，层层递进，让随堂作业成为推进课堂教学的支架，真正实现了"一课一得"。

（三）课后巩固作业：丰富作业类型，探索线上线下学习深度融合新模式

《关于进一步减轻义务教育阶段学生作业负担和校外培训负担的意见》指出，提高作业设计质量，系统设计符合年龄特点和学习规律、体现素质教育导向的基础性作业，鼓励布置分层、弹性和个性化作业。线上教学期间，预习作业和随堂作业以基础性作业为主，课后作业通过丰富作业类型进行分层设计，给学生自主选择的空间，既保证巩固课堂知识，保护中低水平学生的学习兴趣，又能保证高水平学生的进阶式发展需求。

以五年级下册第七单元《牧场之国》为例，课后作业设计如下：

表2　《牧场之国》课后作业设计

作业目标	1. 巩固"体会静态描写和动态描写的表达效果"这一阅读要素，为落实"搜集资料，介绍一个地方"这一表达要素做准备。 2. 通过绘画、影视等手段，加深对课文的理解，激发了解世界多元文化的兴趣。
作业要求	请根据自己的喜好，选择你喜欢的作业，最少集齐3颗星。
积累 小达人 ☆	1.必选题： 作者笔下的牛、马、羊等动物都别有一番情趣，如"牛犊的模样像贵妇人，仪态端庄"。找出这样的句子，读一读，再把它们抄下来。
云端 朗读者 ☆☆	2.宁静的荷兰牧场中，你最喜欢哪一幅画面呢？选择文中相应的段落，有感情地朗读，并上传到班级喜马拉雅电台，争当云端最美朗读者。
手绘 荷兰美 ☆☆	3.根据课文内容，结合你搜集到的荷兰的相关资料，试着画一画你心中的"牧场之国"吧。
纪录片 直达 ☆☆☆	4.喜欢观影的你，请观看纪录片《运河之旅荷兰》，跟随镜头去直观地感受荷兰的异域风光，结合搜集到的资料和观影所得列一个讲解荷兰的提纲，为本单元口语交际做准备。

第1题和第2题是基础性题目,保护和激发了中低水平学生的学习兴趣;第3题和第4题是充分考虑了不同学生的兴趣爱好和学习习惯;第2题和第4题充分利用了互联网资源,符合新课标积极利用网络资源平台拓展学习空间,丰富学习资源,整合多种媒介的学习内容,提供多层面、多角度的阅读、表达和交流的机会,探索线上线下学习深度融合新模式的要求。丰富的作业类型,让学生在多样的语文实践活动中,习得语文能力,提升核心素养。

三、细化作业评价,提升自主学习能力

评价是本轮课改的核心。因线上教学时间非常有限,如果教师能够提供具体、可操作、可自检、可自正的课后作业评价标准,它将代替教师监控学生的学习过程,扮演"学习监理"的角色,不仅能起到裁判的作用,还能发挥教练的功能。

以五年级下册第八单元《手指》的课后作业为例,根据《教师教学用书》的习作提示,我们将各项评价标准细化为一个表格,这既是小练笔的学习支架,又是小练笔的评价标准:同学们,你能从人的五官中选一个,仿照课文的表达特点,写一段话吗?要想把这段话写好,可以先完成下面这个表格,完成后可以对照表格对自己的习作进行评价。

表3 《手指》课后作业设计

题目:_____

习作要点	选定要点	评价标准	星级
选定写法(把事物当作人来写/把事物当作其他事物来写)		1.运用了2次及以上"把事物当作人来写/把事物当作其他事物来写"的手法	☆☆
		2.语言风趣	☆

选定五官的一个特点		1.特点鲜明	☆☆
		2.语言简练	☆
围绕一个意思写（举例子）		1.举例都与五官的这一特点相关	☆☆
		2.举例2个以上	☆
试着用上本课词语表中的词语		使用1个可得1颗星	☆☆☆
总计	/	/	

作业是教学过程的重要组成部分，是教师教的抓手，是学生学的帮手，理应纳入日常学科教研范畴。线上教学期间更应该精心设计作业，充分发挥作业的导学助教、评价诊断和育人功能，用作业撬动学生的自主学习能力，提升学习的内驱力，真正做到"停课不停学，在线不减质，居家不降效"。

李敏 / 商河县教育教学研究中心

参考文献：

[1] 刘琳娜，刘加霞.学习进阶视角：作业设计的目标、任务及其评分量规[J].基础教育课程，2022（8）:20–26.

[2] 来鑫.基于教学目标的课堂作业设计现状及策略研究——以小学数学高年级为例[D].大连：辽宁师范大学，2018:14–15.

[3] 余琴.小学语文作业的设计原则与使用建议[J].语文建设，2021(11):10–15.

[4] 徐云波.小学语文预习作业的设计及运用[J].读与写·下旬刊，2014(11):126.

浅谈要素视域下生物学科线上有效教学

疫情的特殊性，让我们在这个春天开展了一种特殊形式的教学，从面对面教学直接跨越到空中课堂，学习的双主体"分离"了，要通过各种网络技术平台作为"媒介"才能相联，教师与学生在空间上的"隔离"，使教与学产生了"疏离"感；线上课堂学生的专注度、注意时长和教与学双向互动的"直接效应"都会打折扣，这对教师而言是一个新的挑战。线上教学要想取得实效，需要在"备、教、评"三个关键要素上加强研究。

一、深耕易耨，课前精心准备

不管线上还是线下教学，认真备课都是抓好教学质量的关键。线上课堂存在较多不可预设的因素，教师备好课就更重要了，只有充分准备，才能有预而立。

（一）备好课程，领会并验证课标

线上授课要调整备课方向，由于授课时长有限，在架构方面应更合理、更简化、更有序，教学内容要更精致。教师需按照课程标准，精心筛选线上教学的具体内容，合理地整合、使用教材。

1.有所破、有所立

线上教学在备课时，教师要对教学内容进行加工，可适当打破生物教材章节的前后教学顺序。例如：生物学科所学内容与本次疫情有很多相关知识，可以基于疫情与生物学科知识进行融合，如病毒、传染病、免疫、生物圈、转基因技术等，可以按照从引起疫情发生的元凶病原体以及它的宿主，到传染病的流行、人体自身的免疫以及疫苗的研制、基因技术的应用，最后到人与自然的和谐相处这条主线，由微观到宏观进行设计，帮助学生深刻领悟学科知识并在联系实际中实现迁移和升华，提升学科核心素养。

2.备课架构要简化有序

心理学观点认为，人在处理信息时，大脑会以一种结构化的模式运作，即通过合理的总结或简化尽可能地减少认知资源的消耗，以便在单位时间内可以获取更多的信息。所以，线上教学的备课架构更合理、更简化、更有序。例如，初一生物"物质运输的途径"一节，确定的学习任务单有：①通过绘图和模型，说出血液循环的途径；②通过观察，说明血液循环过程中血液成分的变化；③通过分析血液成分的变化，阐明血液循环的意义。这样设计可以使学生精准地掌握课程信息，快速找到想要的有效资源，提高学习效率，满足个体自我控制感的需求。

（二）备好学生，体现分析、关注和分层

线上教学需要全面分析学情，教师要了解学生的学习态度，了解学生居家学习的自主管理能力，了解家长的协同和配合能力，充分了解后，利用家长会和学生家长进行沟通，将线上教学的计划安排及相关要求告知家长，取得家长的支持与配合；通过在线会议的形式对家长进行家庭教育、学生管理、亲子沟通等方面的培训，使家长懂教育、会教育，参与到线上教学工作中来，帮助孩子及时参加线上课堂，监督孩子认真学习，按要求完成学习任务，以积极的心态来应对线上学习，养成良好的线上学习习惯。

教师还要了解学生的认知水平，考虑到学生的实际，防止"学优生吃不饱，中等生吃不好，学困生吃不了"的被动局面，基于班级学生的实际，设计分层个性化学习任务单。

（三）备好资源，有效开发合理利用

线上教学资源非常丰富，教师可以充分利用并发掘。比如国家教育资源公共服务平台、一师一优课、空中课堂、"学习强国"微课堂等，面对铺天盖地的网络资源，教师要灵活运用，通过横向比较、纵向思考，过滤、筛选、加工、重组，为己所用，为学生提供适合的素材。

在充分备课的基础上，精心制作课件。线上教学对教师的课件制作要求更高、更严，需要将这些资源恰如其分地用于课件中，有声有色，有图有文，声画同步，让屏幕前的同学们清晰、直观地看到所学知识，使课件具备思维可视化的特点，通过多样出彩、可视化的分享呈现，吸引学生的注意力，进而提升授课效果。

二、务求实效，形塑学习场域

线上授课不是把传统课堂搬到线上，而是要充分发挥线上学习的优势，趋利避害。真正有效的线上教学，应该引导学生主动"入场"，吸引学生保持"在场"，减少学生松散"离场"。其教学重心应该分成三部分，即课前巧设疑问，激发思维兴趣，将教学目标指向问题解决；课中步步设问，将教学内容问题化，教学过程以问题为纽带，培养学生的逻辑思维；课后鼓励提问，培养学生的质疑能力。

（一）营造线上情境场域，实现外显行为的深度呈现

教师和学生身处不同的地方，只有借助网络才能进入虚拟的课堂，与真实的课堂相比，在线课堂的临场感、现场感较弱，师生之间面对面的吸引力大大降低，因此教师在教学中应该以生活情境召唤学生广泛参与，以游戏情境激发学生的情感体验，或者以问题情境推进学生学习。例如"人体的呼吸"这一节，可以尝试创设情境：全班学生在摄像头前进行憋气比赛，坚持不下去的学生就关闭摄像头，大家都跃跃欲试，结果陆续挑战失败，没有一个人能够一直坚持不呼吸。可见，线上课堂的教学氛围同样可以热闹，教学效果同样可以精彩。

教师应当着眼于学生的最近发展区，借助活动情境，提出带有一定难度的问题，以调动和激发学生的学习动机。例如"性状的遗传"一节，让学生先做一个小活动：两手食指交叉紧握在胸前，观察大拇指是左手在上还是右手在上。学生说法不一，引出"相对性状"的概念，提议学生让父母也参与活动，观察

他们的情况并思考：如果父母的性状相同，而自己与他们不同，这是什么原因呢。在这种真实情境下，在"已知"和"未知"之间架设桥梁，促使学生快速进入学习状态。

（二）搭造线上交互场域，实现潜在认知的深度建构

线上教学不能是教师在屏幕一端慷慨激昂，学生在屏幕的另一端鸦雀无声。没有互动的教学是一种单向的输出，学生很难将教学内容内化为自己的知识。所以教师应当在每个教学环节设置互动话题或问题，重在引起学生反复、多次参与课堂，因为问题是课堂教学的灵魂，是学生思维"动起来"的关键，所以教师要充分借助"问题"优势，将教学内容分解成具有一定序列的子问题，并串联子问题以引起学生的学习期待和深度思考。例如，在学习"神经调节的基本方式"一节时，教师给出有效的问题引领：用游戏"我说你做"进行导课，学生完成教师指定的任务。结合结果，师生交流：人体的反应是否准确快速？人体做出准确反应是通过哪个系统调控的？它们是怎么调控的？这些问题将复杂的概念陈述转化为零散的知识碎片，让知识在碰撞中自然生成，在交流讨论中动态生成。

（三）建造线上体验场域，实现高阶思维的深度漫溯

生物学科是一门以实验为基础的学科，实验的设计与实施过程对学生理解生物概念、原理非常有帮助，而线上授课时，很多教师往往以无法创造满足实验的教学环境为由，以讲实验的方式进行，但这样不利于学生建构知识。这种背景下，教师可以选择让学生在家中进行实验，面对家庭实验条件有限的现实，教师指导学生在简化实验过程、寻找替代实验材料和改进实验装置方面下功夫，让学生对实验素材进行挖掘和创新设计，进行各种实验探究。这样做不仅能激发学生的学习热情，培养其科学探究能力，还有助于提高其创新能力和解决实际问题的能力。例如，在学习"鸟的生殖与发育"这部分内容前，给学生布置"探秘鸡蛋"的作业，让学生在家里用生、熟鸡蛋探究鸡蛋每部分的结构，从而掌

握了鸟卵的结构，而且还将生活与课堂联系了起来。再如学习"蒸腾作用"之前，教师可以布置给学生一个任务：将家中的水果或蔬菜装入塑料袋内密封，然后放在阳光下照射一段时间，拍下前后的照片作为对照，直播课堂上展示体验成果时，学生不仅可以清晰地描述现象，说出塑料袋中水珠产生的原因，还能联系呼吸作用的相关知识拓展蔬果保鲜的方法，实现生活经验的积累。

三、精准把脉，有效反馈评价

完善的评价体系是提高线上教学质量的保证。线上教学应该以学生课前准备、课中表现和学习效果为纵轴和主脉，采用量评和质评、绝对和相对、激励和发展等多维评价方式，对学生的线上学习活动进行诊断性、形成性和总结性评价。

（一）课前诊断评价，聚学生难点

课前诊断是进行"精准教学"的必要前提。为实现线上诊断性评价的效果，可采用"教师线上布置预习任务—学生线上提交预习成果—教师/生生线上反馈预习成果"的方式进行。课前教师布置有明确目标导向的预习任务，教学活动开始前通过信息技术手段查看学生居家学习期间的课前准备情况，判断其实现学习目标的程度。例如，让学生绘制思维导图，诊断学生知识技能的掌握与生物素养的形成情况；或者利用"问卷星"或"UMU"等线上平台对学生进行课前在线预习测试，检测学生的预习效果或复习效果，发现问题，调整教学内容，及时指导、跟进，从而一步步帮助学生攻破网课学习中遇到的难点。

（二）过程性评价，知学生感受

维果斯基指出，对话过程是一种内化的学习过程。因此线上教学应充满反馈评价式的对话，教师及时跟紧每个知识点，讲完一个小点就练一个小点，边讲边练，这种做法能够削弱线上长时间听课的疲惫感，也能给学生一种积极的强化或善意的提醒。答题方式可以多样化，例如，通过"单独连麦"等方式对学生的个人表现进行评价；使用"希沃白板"启动即时答题功能，学生端弹出选项，限时作答；还有一些软件有抢答和对抗赛的功能，可以大大提高学生线上学习的效率。对于学生的课堂表现，可以利用平台追踪学生的学习情况，进行实时评价，特别注意评价以激励为主，教师可以利用网络上丰富的奖励形式进行激励，因为激励能点燃学生心中的火花，让他们积极地参与网课学习。

（三）学习效果评价，分析问题所在

线上课后练习是课堂教学的延伸，是学生掌握知识、形成技能、发展智力、挖掘创新潜能的重要手段，是教师检测学生学习效果的重要环节。线上的测试交互更有利于推动学情的精细反馈。交互测试可以采取以下几种形式：使用课件、WORD 等展示试题，学生限时提交；教师发布纸质作业，学生书写以后拍照上传；教师利用问卷星、七天伴学等平台编制网络试题，学生在线答题，平台自动收集学生的答题情况、用时、成绩等。这些方式不仅能甄别学习成果，更能对学生的学习表现给予倾向性意见，根据答题情况进行针对性的分析和辅导，让评价发挥它的延迟效应。

停课是对生命的保护，不停教是教育的使命。陶行知先生说："真正的教育是心心相印的活动，唯独从心里发出来，才能打动心灵的深处。"不论线上教学还是常态教学，只有坚守"本然"的教育理念，剖析"实然"的教育风险，探寻"应然"的教育途径，才能走向"自然"的教育生态！

于潇 / 济南市天桥区教育和体育局

参考文献：

[1] 中华人民共和国教育部 . 义务教育生物学课程标准（2011 年版）[M]. 北京：北京师范大学出版社，2012.

[2] 余震球 . 维果茨基教育论著选 [M]. 北京：人民教育出版社，2005.

核心素养背景下高中历史线上教学的思考

疫情期间的线上巡课，虽然课堂观察点不如线下教学全面，现场感也稍显逊色，但从教学研究角度来看，线上巡课在两个方面比线下听课更有利于观察和发现问题：一是可以更好地聚焦并持续观察教师的教学行为，发现任课教师的优点和需要改进之处。二是能够随时进入不同教师的课堂，无论同课异构，还是同课同构，可以在同时间段观察到多个教学样例。

一、基本判断

从线上教学的大多数课例来看，历城区高中历史教师对学科核心素养培养的研究与实践，虽然已经起步，但尚处在一个较低的水平，突出表现在教师课堂教学的关注点更多集中在对教学内容的处理方面，采取的教学方式主要还是讲授——接受式，学生被动听讲的状态没有根本改变。诚然，新的高中历史课程结构体系下，教学内容进行了大量更新，对内容进行研究非常必要，也是基础性工作，熟悉内容是实现学科课程目标的前提。然而，新课改下的课程目标已经进化为学科核心素养，那么，教学内容的学习与学科核心素养的培养存在什么关系以及如何处理呢？学生的学科核心素养的发展依靠教师的讲授还是依靠学生的深度学习？这是需要深层次思考和解决的问题。遗憾的是，教师在这方面的进步尚不明显，鲜有亮点。通过统计，无论是新授课还是复习课，在一节45分钟的课中，历城区的高中历史教师平均讲授的时间在40分钟左右，课堂教学的重心仍在知识传授方面，"满堂灌"问题比较突出，知识中心、教师中心的局面没有根本改变。在课程标准中，"核心素养的水平划分比较抽象，而学业质量的水平划分在一定程度上结合了具体的教学内容"，这就要求教师应该从学生要达到的学业质量的水平出发，倒推教学内容与学科核心素养培养如何结合。但实际上教师依然是从如何更好地讲授内容出发进行教学，素养目标培养的指向性不明确，没有把内容学习与学科核心素养培养有机结合起来，导致学科内容的教学与学科核心素养的培养之间出现了脱节。

二、原因分析

（一）客观原因

1.教学内容较多，导致课堂教学容量大。从线上巡课来看，几乎每节课的教学内容都非常多，教师不知疲倦地讲解。这种情况与新教材的特点有关，因为本轮新课改高中历史教材，尤其是必修课程教材，其突出特点是提纲挈领，点到为止，言简意赅，微言大义。密集的知识点，令人望而生畏，需要解释的地方太多，因此，教师必须进行分析、补充、拓展、讲解。在不改变教学观念的情况下，教师的苦恼随之而来：面对这种教材，只能进行更多的讲解，可讲得多了，就成了满堂灌。

2.基于新教材的新高考试题尚未问世。这样就造成了教师不知道课堂教学的边界在哪里。2023年的高考试题尚未问世，实际使用新教材的第一届学生目前处在高三备考阶段。新教材、新高考下的试题是个什么面目？和新教材的关系到底如何？无人知晓，只能靠猜测。一线教师不敢越雷池一步，只能按照以往应对高考的方法，穿新鞋走老路，把更多精力用在讲解教学内容、补充大量材料和试题上，无形中给学生增加了学习负担。教学的边界在哪里？至少教师们在新教材新高考试题尚未问世的情况下，不敢轻易定夺。于是，水多泡大墙，仍大有市场。线上教学的环境则进一步加重了这种情况。

3.线上交流的制约。线上集体备课受到一定制约，教师们很难进行充分的集体备课和讨论。集体备课变成了分工备课，学科组一人备课，大家共享，结果是主备人上课相对游刃有余，而拿来主义的教师，只能照本宣科，照课件宣科。

4.网络教学资源的存在。信息时代，查找教学资源十分方便。围绕新教材设计的课件由无到有，逐渐在各种网站上被晒出。教师们经过筛选，下载下来做参考无可厚非，也十分必要，但这却带来了明显的副作用。有的教师对网上的教学设计资源稍做修改，甚至不做修改就直接使用，没有结合校情、学情进行调整、补充、完善。很多网上资源主要呈现的是知识梳理以及教学资源的补充，基本没有教学方法方面的指导。教师拿来即用，成为此类网上资源（主要是课件）的"传声筒"，严重影响了自己对教学内容的研究，严重影响了自己对学情的研究，有这两个研究的严重弱化，怎能指望教学取得高质量呢？

（二）主观因素

1. 对课程标准的研究不够深入。本轮课改，课程标准变动很大，解读课程标准是一个长期任务，一线教师应不断结合自身教学实践，全面、深刻、持续、反复地解读，绝不可浅尝辄止。尤其是与旧课程标准相比，其中发生变化的部分，更是解读和研究的重中之重。线上教学无疑暴露了教师在课程标准解读中出现的问题：一是重教材研究，轻课标研究。教师在线上教学中过度集中于对教材内容进行梳理。二是学科核心素养目标意识淡薄。突出表现在对教学内容中隐含了什么学科核心素养因素、如何有意识涵养这些核心素养缺乏研究，教学内容与相关核心素养的匹配度不高。

2. 对现代教学的本质认识不到位。现代教学活动的本质是"教师引起、维持或促进学生学习的所有行为"。以教师讲授为主的线上教学活动，很难体现这种本质。学生在学习活动中被动听讲，学习的积极性、主动性、探究性大打折扣，甚至受到抑制。

3. 对教学评一体化研究薄弱。"教学与评价一体化是将传统上彼此孤立的教学活动与评价活动有机地融合为一个整体，形成动态的'教学——评价循环体'，并发挥循环体持续性的反馈与导引功能，提高课堂教学的整体效益"，这就需要教师实现历史课程目标向教学目标的转换，在落实明确的、可操作性的教学目标过程中展开教学和评价的循环。在线上教学中，由于教师们认识不到位，要么制订不出这样的教学目标，要么制订出目标后不能对照教学目标展开教学评一体化教学活动。教学评一体化观念及行动的缺失，成为制约很多高中历史教师在本次课改取得成效的一大短板。

三、改进策略

综上所述，线上教学比较充分地展现了目前新课改背景下高中历史教学常态课面貌，具有典型价值。线上教学产生的主要问题及原因分析，为今后区域内高中历史教学教研工作带来了很多启示。今后在历城区高中历史教研工作中（无论线上、线下）我们将确定如下重点，采取如下策略：

（一）树立课程标准的权威意识

目前的实际情况是，教师们都知道课程标准很重要，但上起课来，基本上就不要了。为什么？关键是解读不够、不透，领悟的层次太低，缺乏用三种眼睛看课程标准的意识和过程（飞鸟般的眼睛——从时代要求、党和国家对人才要求的高度；蜻蜓般的眼睛——从课程体系建设的角度；蚂蚁般的眼睛——深入课程标准文本内部深入研究的程度）。国家组织课程专家，投入大量人力物力财力制定的课程标准，如果不能成为教师自觉的行动指南，则会严重影响课改的顺利推进。新课程标准的方向，是教师教学追求的理想目标，其权威性必须建立。对教师而言，应该每时每刻、每天每月、长年累月不断追问自己：我懂课程标准吗？我按照课程标准做了吗？我的教学行为符合课程标准吗？作为教研员，无论线上、线下，必须持续发挥好引领、督促、检查、反馈的作用，让教师们养成随时随地对标新课程标准的意识和习惯，进而引发教学行为的变化。

（二）守好教学的边界

在教学中，适当补充与拓展教材外的知识是必要的，但一定要掌握好"度"。教师应该充分认识到，本次课程标准的研制团队，也是教材编写的专家团队。他们对教材的编写，充分渗透和体现了课程目标意识。教材提供的很多经典的文字、图片、地图等辅助学习资料，对于高中历史学科核心素养目标培养来讲，有极高的开发和利用价值。由于多种原因，高中历史教学中出现了一种抛开教材另起炉灶的倾向，教师对教材中的优质资源没有充分利用甚至弃之不用，却挖空心思去寻找其他资料。这样就大大降低了教材资源的利用价值，使得教学的边界模糊：或远离边界而不达，或远远超界而不知。教材文本解读不透和不能充分利用的问题，应该引起足够的重视并采取措施加以解决。教研员责无旁贷，应组织教师加强这方面的研究，将教材用到极致。

（三）寻找实现素养落地的路径

当前及今后一段时期，探究历史学科核心素养培养如何落地是学科教学的中心问题。历城区在上一次课改中经过实践探索，初步形成了以教学目标叙写和实施为核心的高中历史课堂教学模式，取得了良好的教学效果。目前，我们正利用已有研究成果，结合学科核心素养目标提出的新要求，启动了新课改背景下高中历史教学目标叙写改进研究，希望能够探索这样一条路径——以明确叙述出来的渗透式、直接指向式、反思式的核心素养教学目标引领高中历史课堂教学，走出一条具有历城区特色的高中历史学科核心素养落地之路。

（四）高度关注新教材高考元年试题的变化

2022年，全面启用新教材的高中生将参加历史学科等级考试。今年的历史等级考是何种面目，大家正翘首以待。可以确定的是，试题结构已无悬念，素养导向也已明确，关键是题目与新课程标准中的内容要求有什么关联，和教材有什么关联，素养目标的彼岸在哪里。随着2022年历史学科等级考试题的问世，我们对新课改下的历史教学会有新的认识，进而采取相应行动。

（五）加强团队研究，形成团队作战优势

从目前高中历史课程改革来看，单打独斗的个人英雄主义时代已经过去，团队研究势在必行。必须以教研员为主导，把有追求、愿奉献、善思考的教师组织起来，以培养学生历史学科核心素养为研究方向，以课例研究为研究载体，以学生的理解性表现为研究内核，以教学评一体化为研究思路，全面实现高中历史课程标准对教师专业工作的新要求，自我加压，形成合力，创出新局。

当前，高中历史教学正行走在使用新教材探索学科核心素养培养的征途中，虽然已经起步，但前路漫漫。在新课改面前，教研员和一线教师在某种情况下处在同一起跑线上，但由于分工不同，看问题的角度不同，发现的问题自然不同，需要进一步形成教研共同体。线上巡课发现的问题，也是历城区高中历史教学下一步要着力解决的问题，得到的启示，也会转化为我们改进教研工作的策略和方法。坚持问题导向，找出解决策略，将研究和实践紧密结合起来，高中历史教学改革之路才会越走越宽广。

王西明 / 历城区教育教学研究中心

参考文献：

[1] 徐蓝 . 教师指导 · 历史 [M]. 上海：上海教育出版社，2020:131.

[2] 崔允漷 . 有效教学 [M]. 上海：华东师范大学出版社，2009:20.

[3] 郑林 . 基于学科核心素养目标的历史教学与评价一体化设计 [J]. 历史教学，2022（5）:3.

线上教学创新思路　云端思政提高实效

——疫情背景下中学思政课线上教学反思

线上教学期间，教师们经历了初为主播的"兵荒马乱"，开始渐渐成长为拥有固定观众的主播"新势力"，从慌乱卡顿到各种手段协调配合，体会到线上教学给予的教育机遇的同时，也遇到了一些问题。由于在线教学能力不足，导致"移植式"教学，在线自主学习把控不力导致了"被动式"教学，师生在线互动不佳导致了"离场式"教学等。

审视当下线上教学存在的这些区域性问题，经过与部分学校业务校长、一线骨干教师适时研讨，笔者在线上教学技术支持比较得力的背景下就如何提高中学思政教学效果做出如下思考，以期对未来中学思政课在线教学的健康可持续发展提供有益借鉴。

一、优化教学设计是"硬核"

线下教学是"教材、学生、教师"三者在教室或其他教学现场的一种动态的生成过程，是师生双方的互动过程，而线上教学的先天不足就是缺乏师生的现场互动，学生的学习过程很难融入一个完整的课程体系和课堂结构。学生只是知道"去哪儿"，对"怎么去""到了吗"都很难测评。这就需要我们重新思考与整合教学内容和课堂时间，发挥线上与线下教学的不同优势，充分利用智能设备，增强课堂学习的交互性、合作性与探究性，设计的活动、综合实践要求和路径要清晰且有思维含量。特别是教师自己制作的"微课"，录制的"小视频"，要规划好活动或操作路径、呈现方式等，思维要可视化、图示化，能激发学生想象、联想。

一部好的戏剧、电影、电视剧，必须具备好的脚本。教学方案好比一部电视剧的"脚本"，"脚本"设计好了，演员才能出彩，剧情才能扣人心弦，观众才有"追剧"的欲望,若"脚本"都没有设计好,我们如何去"演",哪来的"彩",又有谁去"追"。然而,关于线上教学的讨论热点主要集中在技术方面,比如资源怎么找、视频怎样拍、PPT怎么插、如何连麦、如何截屏、怎样上传展示等非必要条件。一堂好课,不论是线上还是线下,"脚本"好才是"硬核",是必要条件。可见,实现线上教学保质保量、高效运行的核心在于科学的教学设计。

教师要针对线上教学实际,将课前、课后,线上、线下全方位结合,根据课程重点和难点,安排课前预习、讨论,课后作业、测验、互动交流。教师要以互联网的思维转变教学思路,重构教学内容,将教学内容按照理论性和实践性、基础、重点和难点进行梳理,为学生提供不同的教学资源,选择不同的教学方式。同时合理安排授课进度,每节课的讲课时间最好控制在半小时左右,自主展示、教师讲解、课堂测试、互动讨论等方式交叉进行,保证课堂效果。线上教学还要突出重点,给予学生时间消化和吸收,保证学生的学习效果。

二、坚持设计原则是关键

线上教学不等于把线下教学方式搬到线上,不等于专家讲座培训式学习,更不等于教师可以以电视播放式或"慕课"方式让学生看、听学习资源。因此应坚持以下教学设计原则。

(一)课前准备少而精

"少"是指规划的课堂时间,要比线下教学时间少;教学内容要少,以教师讲透,学生学会一个知识点(一个问题、一个模块)为好。如毕业班级线上复习课,一节课可以针对一种题型进行训练。"结合材料运用所学知识进行分析"是济南市近几年必考的特色题型,答题模式具体为:材料(抄或概括题干材料)+体现(或说明)+观点。教师可以利用一节课的时间,利用学考真题引领学生分析掌握答题技巧,借助多媒体呈现该题型的具体问题,要求学生去分析回答,其他学生找出不足,师生共同纠正。

"精"是指在对典型问题的选编、习题的配备上要精心考虑，满足不同层次学生的认知需求。问题要有一定的基础性、综合性、启发性、代表性与典型性，能突出知识之间的内在关联性，问题之间的思维层递性。把一个单元（模块）中，学生平时练习反映出来的易错、易混、易掉进陷阱的题提炼出来，就这节课的重点知识选取典型的问题巩固所学知识。如复习完"中国共产党的领导"这一模块内容后，教师可以选取 2021 年济南学考试题第 21 题，要求学生结合材料并运用所学知识进行分析，得出中国共产党始终以人民为中心的发展思想。

　　（二）线上实施明而透

　　"明"是指知识、方法、思维结构呈现要清晰明确；学习目标、重点要明确；提供给学生的学习指南、支持学习的技术条件要明确；提供问题解决、反馈的渠道要明确。如每节课提前几分钟进入视频课堂，利用这几分钟组织学生打开摄像头，准备好这节课要用到的东西，如复习的学案、配套的练习，明确这节课要解决的问题，复习的模块等。避免出现学生边上课边到处去找需要的材料，有时还关闭摄像头去找。

　　"透"：确保每个知识点（问题、小模块）能在 10~20 分钟内讲清、讲透，突出知识结构、重点、难点，总结出解题要害，归纳出解题关键，提炼出解题规律、方法和思想。尽量减少讲的时间，减少说题过程的时间。在线学习时，学生自主性增强了，互动性差了，因而需要多设计探究性问题，多开展提炼方法、规律性的学习活动，少一些低思维层次交流。

　　（三）课后跟进评而析

　　"评"是利用各种网络平台和手段，课后及时跟进学生的学习效果，弥补线上不能及时反馈、评测的短板，真正实现线上、线下的"混合学习"。如可以利用钉钉的家校本，布置一到两个有针对性的问题，让学生能在 10 分钟之内完成，及时巩固落实课堂所学的重要知识点。教师及时批阅，把出现的问题逐一反馈给每一个学生，要求其在线上进行订正再提交。

"析"是指利用各种网络平台和手段，收集有效数据，根据数据对学生进行归类分析。如每节课要利用平台的统计功能统计出学生的上线人数，并与班主任沟通。利用线上测评方式对学生的掌握情况进行测试，统计出学生对所学知识的掌握情况，有针对性地指导学生、跟进学生。

三、完善教学过程是根本

着眼学习目标中的核心内容或某个问题，在教学过程要"一步一步地向前走""一块一块地来落实"，杜绝串讲串问，克服碎问碎答。教师要根据学习目标，精选教学和训练的内容，形成"块"状训练方案。如可以按"创设情境、导入问题—精讲点拨、解决问题—得出结论、开展评价"步骤，在方案设计中考虑好整个过程，规划好每一板块的教学时间，把教学内容与教学手段进行合理链接后呈现给学生。

（一）激情有趣导入，关注时政热点

兴趣是最好的老师。设计好课前的开篇语和能引发学生学习兴趣的话题，可用故事、歌曲、视频、情境、图片等，引出相关话题。教师要自觉开发和利用济南市第十二次党代会相关的课程资源，讲好济南故事，讲好身边的故事；关注冬奥会、感动中国、时代楷模、抗击疫情、党的二十大等时政热点，在时政播报、情境创设、学以致用等环节，都可以穿插使用；鼓励学生课余时间准时观看《新闻联播》《新闻30分》《新闻1+1》等栏目，通过"时政播报"等教学环节，将时政热点引入课堂，引导学生关注社会生活，观察体验并深入了解真实的社会大课堂，增强课堂教学的时效性，让线上的思政小课堂与社会大课堂同频共振。

（二）注重课堂互动，转变教学方式

坚持问题导学，把提炼出来的题按基础性、综合性、拓展性进行归类，设置对应问题。围绕学生已有的知识、能力、经验、体验，引导其主动参与交流、

讨论，以递进性"问题链"为线索，进行探究活动。教师通过问题链带动学生积极思考，通过课堂举手抢答、点名连麦、投票、答题卡等方式让学生参与课堂互动，让学生能始终参与课堂学习，提升线上教学的实效性。教师要修炼教学语言，简单明了，指向性要强，富有启发性；还要克服"即时性问题"，克服"碎问碎答"，即"会不会""会了吗""回复一下""对不对"等，多设计一些能引发学生思考的问题。

（三）激发学生兴趣，实施多元评价

课堂上鼓励的眼神、期待的微笑、微微点头的肯定等及时回应的课堂评价在线上教学中难以发挥作用，教师要不间断地翻看学生的在线状态，发现问题及时指出。坚持"点多面广，积极评价"的原则，不断探索开展多元评价，激发学生的学习兴趣。尝试"教师—家长—学生"三位一体的评价主体，进行即时性评价、展评性评价、过程性评价、终结性评价等，全方位多角度地评价学生，采用定期表彰、线上颁奖等形式激励学生，调动学生参与线上学习的积极性。

四、家校智慧合育是支撑

线上教学既离不开教师必备的专业技能支撑、师生的默契配合，也离不开家校的通力合作。

（一）教师"六巧"智慧

思政课教师要提升在线教学胜任力需具备以下教学智慧：

一是巧设教学任务。思政学科教师更要同心同德，科学规划，抱团发展，目标一致，让学生有张有弛，乐学善思。

二是巧借检测手段。确保教学阵地转移但不影响教学质量，使学生每天学有所成。

三是巧借数据分析。及时了解学情，督促学习进展。开展好家长、好学生评比活动，在班级群里树典型立榜样，起引领感召作用。

四是巧借家长之力。在群内开展大讨论，呼唤更多家长陪伴孩子，带动孩

子成长。

五是巧借网络资源。借助网络中充满正能量的资源去感染学生，只有用力用心，学生才会受益。

六是巧借形势教育。把握时代脉搏，倾听时代最强音，让学生了解社会，树立热爱家国意识，厚植家国情怀。

（二）学生"三会"智慧

认知心理学研究发现，学习者承担的任务越复杂，对学习者的自主学习能力要求就越高。长期以来，局限于"教师讲、学生听"的单向传授模式，部分学生缺乏必要的自我管理和自主学习能力，易受到各种干扰；思政教师把控力不够，加之线上学习测评体系尚未建立，也加剧了思政教师被动式教学现象。居家学习的学生必须做到：一是学会自律，自律才能使自己更强大；二是学会自学，自学才能培养学习力；三是学会总结，认真反思，反思归纳才能补齐短板。

（三）家长"三懂"智慧

线上教学家长陪读、陪学、陪成长，功不可没。有责任心和远见的家长，更应该理解领悟以下三点：

一是懂得疫情是让孩子认知社会的体验。多难兴邦才能锻炼自己，疫情是孩子终身难忘的经历，也是历练成长的宝贵财富。

二是懂得疫情是亲子共同成长的良好契机。尊重、信任、像朋友一样对待孩子；相信榜样的力量，发现孩子的闪光点；培养孩子良好的生活习惯，热爱运动。

三是懂得疫情是家校共育的契机。爱是最好的语言，爱的教育才会收获爱的喜悦。致家长一封信，向学生家长发出当好学生居家学习"引路人"的倡议；倡导各学校及时开展线上家长会、线上班会，为家长答疑解惑；在区教体局公众号开辟"家庭教育零距离，铸就济阳家力量"专栏，定期择优刊发学校家庭教育专兼职教师撰写的文章，家校协同，共同育人。

"上下同欲者胜，同舟共济者赢"。线上教育有爱有声，线上教学有滋有味。有情怀、有担当、有作为的济阳思政课教师将秉承严真细实快的工作作风，主动适应新形势，探索新路径，落实立德树人的新理念、新生态，打造线上教学新范式，踔厉奋发笃定不怠！

王军 / 济南市济阳区教学研究室

参考文献：

陈华洲，项微微. 疫情期间中学思政课在线教学的问题及对策 [J]. 教师教育论坛，2020，33(10):48-50.

第三章 线上学科教研思考、创新与突破

从"内容中心"走向"学习中心"

——基于线上教学的思考

2022 年春，疫情再度倒逼教学转战线上。2.0 版的线上教学管理更加扎实有序，教师在信息化加持下更加熟练从容，努力实践，深入思考：线上教学要遵循在线学习者的认知规律和学习轨迹，通过在线学习活动的设计和组织来引导、促进在线学习。下面以初中语文单元教学设计为例，以线上教学中各环节学习轨迹为线索，阐述对初中语文线上教学有效实施策略的思考与认识。

一、未成曲调先有情：单元统整，成果导向，目标为灯

为克服线上学习更易碎片化的弊端，必须更加重视大单元学习。在单元学习之始，即让学生明确本单元学习最终要呈现的成果。以终为始，知道要到哪里，才能知道如何出发。例如学习八年级下册第五单元"游记单元"，师生可以共同研读单元导读和浏览课文，用"人文经验+语文经验=学习成果"的统整思维，研讨确定本单元核心目标，即单元学习成果——写一篇寄情于景，感悟"民族文化精神"的游记类文章。目标为灯，指引学习航程，由此为学生绘制的学习地图，才是路径清晰的。

（一）以"单元核心目标"统整"课文功能目标"

教材中的单元课型分"教读课""自读课""写作课"，各课型承担不同的功能。依据文本类型理论，需把单元核心目标恰当地分解为课文功能目标。以八年级

《壶口瀑布》
1. 领会黄河伟大性格、民族精神
2. 把握文章独特写景角度和方法

文人的山水情怀

《在长江源头格拉丹东》
1. 学习将景物与感受、体验、思绪融合写法
2. 领会敬畏自然、探索自然的文化内涵

《写作指导》
1. 构建三种类型游记的一般写法
2. 引导学生选文化素材深刻立意

《一滴水经过丽江》
1. 学习"自然+人文"全景式选材
2. 把握文章独特视角、新颖构思

图 1　核心目标统整分解

下册第五单元为例，可对单元内的三篇课文及作文课进行分解（见图1）。

（二）开发评价量规，统整线上教学评价

实施好单元统整教学离不开"目标、任务、评价"三个纬度，评价是教学链条中至关重要的一环。教师应针对不同单元学习的核心目标，制订细致、科学的评价方案和指标。单元统整教学特别要制订学生单元成果完成情况的学业评估方案，促进学生语文核心素养的动态生成。线上学习还应更多地发挥学生的学习主体作用，单元学习成果评价量规是促进学生线上学习效果的有效学习工具。以八年级下册第五单元为例，可设计表1的评价量规：

表1　"寄情于景＋感悟民族文化精神的游记"作文评价量规

评价标准	具体指标	分值	评价
文面	书写工整、段落合理、字数达标	10分	字八分满，认真工整（5分）； 7段左右，600字以上（5分）
基础要求	生动形象的语言写景状物	40分	游踪为序或定点换景，顺序井然（10分）； 3处五官绽放的描写景物特点（3×5分） 拟人、比喻句至少3句（3×5分）
	描写景物时融入体验，暗含所言之哲理思考，哲理感悟与物的特征契合	20分	明确写出观景的感受、体验（10分）； 哲理思考与物的特征契合（10分）
	结构上按照"再现型""感受型""思接古今"型某一种样态写作	20分	游记类型明确（15分）； 文章结构思路清晰（5分）
基础要求	感悟与思考有独特性、丰厚性、深刻性和文化内涵	10分	感悟与思考有独特性（5分）； 感悟与思考逐层深入，有文化内涵（5分）

（三）布置适宜预学任务，以预习单为支架

线上教学时间短，课堂节奏紧张，内容精要，更要重视学生的课前预学。布置适宜的预学任务，让学生带着思考走进课堂，有助于他们课堂学习时的"消化吸收"。线上学习之前，教师要设计以基础知识、整体感知、阅读疑惑为主的前置预习单，并在预习单中纳入课堂教学的主问题，既引导学生有方向地思考，又方便教师及时了解学情，有机调整线上教学内容。例如，学习八年级下册第五单元时，可以让学生用丰富、有创意的方式为各篇游记课文绘制作者的游踪和心路历程图，这样有助于学生提前思考课堂主问题，把握游记的核心要素，如此便可规避学生在紧凑的线上学习中缺乏思考时间的现实难题，使学生告别"虚假学习"，让学习真实发生。

（四）以视频、微课为媒介，助力学生自主学习

统编语文教材中，不少课文的时代色彩和地域色彩较强，学生学习时很难理解。在线上教学的预学阶段，教师可以巧妙地利用媒体资源，借助网络视频和自制微课，化抽象为形象，帮助学生初步感知课文，开展自主预学。例如学习《在长江源头格拉丹东》时，可以向学生推荐纪录片《再说长江》；学习《一滴水穿过丽江》一文时，播放水墨动画版《一滴水经过丽江》等。

自主预学是自我系统启动的标志，是高阶能力发展的首要条件。它强调以学生为中心，引导学生自主建构知识。线上学习离不开线下学习，大量的学习活动要在线下完成。因此，线上学习的起点同样也是自主预学。教师要指导学生线下充分运用感官，全方位、多角度地感知，以预学单、微课、视频、学习包等多种形式指导学生自主学习，同时引导学生以思维导图、视频、音频等多种形式呈现预学过程和结果，引领学生自主建构知识。

二、大珠小珠落玉盘：以学习任务贯穿线上课堂

线上教学中，师生互动缺少了直面的便捷，面对屏幕，课堂常常变成教师单向地输出，缺少双向互动，教学效果大打折扣。鉴于此，以学为主的活动式课堂就显得更为重要。

（一）三阶活动式课堂，让学生沉浸于学习中

线上课堂最忌以内容和教师为中心的一言堂，学生的学习才是课堂的中心。

教师要将"课文功能目标"转化为"可见学习任务"，让学生在学习地图的指引下，一步步达到目标。线上教学节奏一般比线下慢些，这就要求教师简化教学环节，增加学习活动时空，不旁骛不游离，以清晰简约的活动设计，组织好学生的课堂学习。建议采用"三阶·活动式"课堂设计学习过程（见图2）。

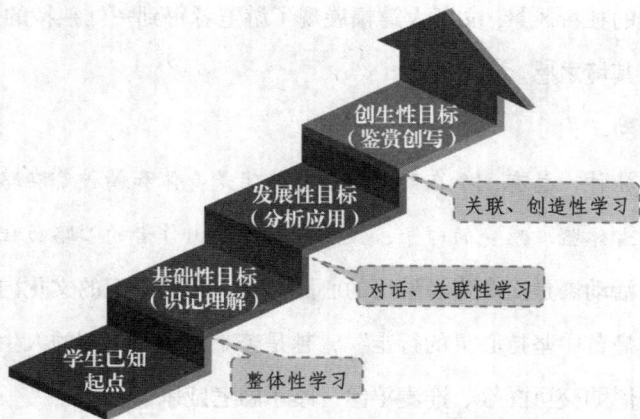

图2 "三阶·活动式"深度学科课堂

例如，教读课《在长江源头格拉丹东》可设计如下三个学习活动。

学习活动一：

标题比较：之前学过的游记标题一般都是直接以游历地点命名，如《壶口瀑布》《小石潭记》，本篇游记若以游历地点为名的话应为"格拉丹东"，为什么作者还要加上"在"？为什么还要加上"长江源头"？

本活动设计意在引导学生深入理解题目的含义，整体把握本文两个重要特质，从而明确：加"在"是强调"我"，即作者的存在，强调作者的感受体验，表达情感思考；加"长江源头"是因为长江是中华民族的母亲河，孕育了中华文明，蕴含着文化精神的内涵，体现了游记的文化特质。

学习活动二：

作家李敬泽说，某种程度上因为马丽华这部书的刺激，"西藏"本身也迅速成为重要的时尚元素，人们向往打卡的圣地。阅读文章，思考：马丽华的游记为什么能让"西藏",能让"格拉丹东"成为人们向往打卡的圣地、重要的时尚元素。

本活动设计意在引导学生把握文章特质,聚焦本篇游记的学习重点,进而明确:这篇文章是一篇极佳的旅游攻略。文章清晰写出行踪;以镜头式描写了冰塔林绝佳的独特风景;文章大篇幅展现了游览者每到一处独特的体验、感受,让人有身临其境之感。

学习活动三:

身体和精神,总有一个在路上。旅行其实是身体和精神都在路上。聚焦文章中描写作者体验、感受的句子,按照行踪梳理出作者的心路历程。

本学习活动聚焦文章作者游历的心路历程,领悟游记的文化内涵。明确作者"在身体痛苦中坚持心灵的行走",越是苦难,越是深刻的人生观。

(二)借助交互面板、连麦平台,展示思考成果

教师在线上授课过程中,在文本品读的重难点处可适当留白,设置思辨性较强的问题,引导学生在互动面板上写下自己的观点与思考,促使学生以文字形式在互动面板上展开争辩。在学生研讨思辨过程中,教师尽可能多地与学生连麦,根据学生的回答适时补充与总结。

例如,教学《一滴水经过丽江》一课时,可以让学生思考并表达:如果让你来写济南城,你准备选用什么做游览的主角。充分利用学生资源,启发学生提问,生生互动,先由学生回答,再由教师点拨、补充,在课堂上形成精彩的思维碰撞。

(三)介入"我来讲课"视频互动,培养学生的高阶思维

线上教学,师生无法面对面交流,可积极创设思辨平台,设计"我来朗读""我来讲课""我来分享"等系列活动,让学生在线下自主学习的基础上,将自己的学习理解或成果用视频等形式提前上传给教师。教师在线教学时,适时介入"我来讲课"视频等创设思辨平台,鼓励学生质疑、争辩。例如在教学《壶口

瀑布》时，就可以让学生从黄河、泰山、漱玉祠、老舍故居等地，选择一个景观写下所感，进行"我来分享"的视频互动交流。如此能有效调动学生的参与度，也能使学生避免"虚假学习""浅学习"，从而提升高阶思维能力。

三、江上清风助行舟：适时作业评价的跟进

学习评价反馈对促进学生的学习有着巨大的帮助作用。教师可借助问卷星、投票等方式调查学生的重难点掌握情况，也可采取激励制度，每日分享优秀作业或公布当天课堂的"勤学之星""好问之星""阅读之星""写作之星"等，激发学生自主学习的积极性。

（一）布置强基和配方作业，靠近学生最近发展区

作业设计要紧扣学习目标，少而精，重视作业的集中反馈与答疑，保证每天有一定的线下自主作业时间，便于学生理解、消化和整理。因材施教还体现在作业分层上。依据布鲁姆思维分类，为不同层次的学生布置可供选择的作业，满足学生的个性化发展。语文作业可以分为基础性、发展性、创生性三类，后两类可以设置为配方作业。例如，学习《壶口瀑布》一文后，教师可以设置三项作业：梳理《壶口瀑布》中景物与作者情感融为一体的方法（基础性）；阅读梁衡的《泰山——人向天的倾诉》，画鱼骨图（发展性）；选择一处景物做定点细致观察，写出景物特点，融入个人体验（创生性）。不同水平的学生可以选择性完成。

（二）线上分享优秀作业，点燃学生学习"激情"

由于线上教学弱化了教师的行为作用，作业评价环节要设计互评机制，激励学生持续学习。尤其要设计线上达标任务，检验学生线上学习效果，做到心中有数。

根据学生每天上传的作业，教师选出本班的优秀作业分享在 QQ 群中，给予肯定与激励。如此一来，被分享作业学生的学习积极性得到点燃，其他学生也有了追赶和学习的目标与动力。同时，教师要适时、适机地转换角色，加强对学生的课后辅导和作业评价。

四、为有源头活水来：关注学生学习轨迹

线上教学不是传统课堂的线上搬迁，而是线下学习的纠偏与创新，要从知识本位的被动学习走向素养本位的能动学习，从以教师和内容为中心转向以学生为中心，从内容导向转向学习导向。基于"学习导向"的线上教学，改变了以往"内容导向"的教师主体形式，让教师、学生均成为线上教学的主体，多元主体融合，形成完整的学习共同体。在线学习设计应选择恰当的在线学习方式和学习活动，关注课前学习与线上学习、线上学习与课后学习，关注预学、互动、合作、作业、拓展等学习环节。积极探索基于自主学习的线上教学流程（见图3），并不断实践与创新。

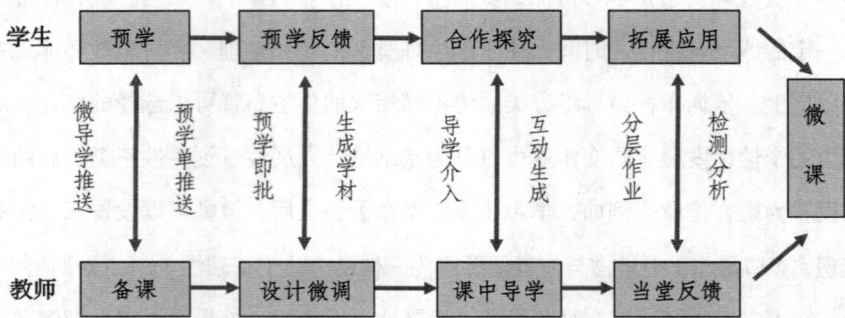

图3　基于自主学习的线上教学流程图

我国已经进入教育信息化2.0时代，疫情之后的线上学习也将是线下学习的重要补充。虽然它不能完全替代学校的课堂教学，但给传统的线下教学带来了两个契机：一是深化核心素养背景下的"学习中心"，促进有意义的学习和深度学习的教学改革契机；二是由线上教学向混合式教学转变和过渡的契机。未来的教育变革，我们期望着，也一直努力着。

秦丽／济南市槐荫区教育教学研究中心

任剑飞／济南市槐荫区礼乐初级中学

贯彻自主性原则，提升小学综合实践活动线上教学效率

"自主、合作、探究"的理念在新课程背景下已经深入人心，突如其来的新冠肺炎疫情，改变了学生的学习生态，学习活动成了在教师线上指导下、在资源支撑下学生自主开展的学习活动，"自主"成了学习的主格调，自主性发挥的如何也直接制约了线上教学质量。前期在小学综合实践活动（劳动）的线上教学中，通过指导一线教师开发实施了上百个线上学习资源，有效促进了特殊背景下综合实践活动（劳动）课程的实施。就如何在资源开发、线上教学、学习评价几个方面发挥学生的自主性，笔者谈一下自己的粗浅认识。

一、线上教学资源开发立足居家特点，为学生自主学习提供有力支撑

"知识是在其他人（包括教师和学习伙伴）的帮助之下，利用必要的学习资料，通过意义建构的方式而获得。"线上教学是通过网络推送学习资源，学生依据资源指导开展居家学习，资源是学生居家学习的重要资源支撑。市域先后开发的数百个综合实践活动（劳动）课程资源大体可以分为：家政服务类，如食物制作、物品整理、居家净化美化；个人管理类，如学习任务规划、作息时间安排、个人卫生整理；设计制作类，如手工制作、物品改造、创意设计等；社会服务实践类，如抗疫宣传、公益活动等。《中小学综合实践活动课程指导纲要（2017 版）》（以下简称《纲要》）明确指出："综合实践活动是从学生的真实生活和发展需要出发，从生活情境中发现问题，转化为活动主题，通过探究、服务、制作、体验等方式，培养学生综合素质的跨学科实践性课程。"《义务教育劳动课程标准（2022 年版）》（以下简称《课程标准》）也明确指出，劳动情景创设要"立足学生真实生活经历和体验，面向现实生活"。对照《纲

要》《课程标准》要求，这些主题资源在贯彻基本要求的同时，都突出了居家学习的基本特点，资源主题选择与日常生活密不可分，把现实生活作为问题背景、活动场景，学生有着较为丰富的生活体验，学生可以自主在家庭或者社区内完成实践活动任务。在课程资源推送过程中，针对城市、城镇、农村不同资源状况的学生设计了较为丰富的课题资源，为学生发挥自主性提供了选择，为不同居家学习条件的学生提供了有力支撑。如设计种植养殖项目时，为城镇学生设计了阳台花卉种植，为农村学生设计了种植花生、豆角等实践项目，用不同的实践项目为载体，实现了共同的劳动育人目标。结合地域饮食特色设计了"玫瑰梨丸子制作""拔丝地瓜制作"等特色传统地方菜肴的制作项目，食材便于搜集，学生喜闻乐见。

二、教学组织上适当留白，为自主学习提供空间

"在线课程的教学模式要真正落实'以学生为中心'的教学理念，给予学习者探索知识和构建知识的机会，让学习者积极地参与学习过程，并在此过程中加速在线学习者自觉性与主动性的养成。"

线上教学提倡的"慢节奏小步幅"就是为了适应线上教学环境的要求，满足不同学习特质的学生能够围绕教师设计的学习内容开展自主学习。适当留白为学生内化吸收提供空间，以免形成"夹生饭"，同时为了防止优等生"吃不饱"，设计了弹性可选择的学习任务。综合实践活动课程"开放性、自主性"的特点也要求学生实践活动的主题选择、内容安排要具有"自主性"，这样主题实践活动既满足了学生基于兴趣选择课题的要求，也满足了实践活动居家环境实施需要的硬件资源。如在"水养蒜苗"实践项目中，在实践操作环节，教师详细指导了用细铁丝固定蒜瓣的方法，这就为全体学生开展实践活动提供了范例，动手实践能力较差的学生可以"学着做"。接下来师生探讨蒜瓣固定的作用——固定蒜瓣、提供水分，以此为基础，师生探讨出了就地取材用泡沫塑料挖孔、用细沙等固定方法，引导学生深度思考，拓宽了动手实践内容，提升了综合素

质，到达了动手实践更高的层次——"创新做"。从"会做"转化到"创做"，整个主题实践活动周期在 4 周左右，为学生实践探究提供了足够的时空，为不同特质的学生提供了成长空间。

三、以学习任务单为驱动，关注学习过程，助力自主学习

线上教学效果取决于居家学习是否真正发生，关键在于学生是否能够真实学习。学生是学习的主人，学习是学生自己的事情在线上教学中体现得尤为深刻。班级授课背景下起主导作用的是教师，教师掌控整个学习的过程——环节和节奏。综合实践活动（劳动）强调小组合作下的自主探究，但从实践方案制订、过程方法指导、中期反馈交流到末期评价展示，无不是在教师面对面的引导、指导、督促下完成的。线上教学则缺乏了班级、小组的相互影响，学习氛围明显不足，学生年龄较小，缺乏学习的自觉性；视频交流的教学组织形式，使得教师的感召力明显下降；线上教学学生分散，点多面广，教师难以全过程、全面兼顾，再加上综合实践活动主题实践内容丰富、不一致，不利于教师跟踪指导。开展线上综合实践活动教学更需要一个教和学的支撑——学习任务单，它是任务驱动教学法在综合实践活动（劳动）教学中的具体运用。"任务驱动教学法不同于传统的'教师讲，学生听'，而是力求将'教、学、实践'融于一体，培养学生的综合能力。"学习任务单把主题实践任务分解到每个步骤，明确了各个环节需要完成的任务，激发了学生自主学习的积极性，为不同学习潜质的学生提供了弹性的完成时限，使线上资源有着更为广泛的适应性。如六年级主题实践活动——"制作家乡美食梨丸子"设计了如下学习任务：

任务1：了解玫瑰花种植历史等相关资料；

任务2：准备制作"玫瑰梨丸子"的材料；

任务3：探究活动一：梨丝与面粉的比例；

任务4：探究活动二：制作特色梨丸子馅料；

任务5：总结丸子抟制过程遇到的问题，解决的办法；

任务 6：制作梨丸子，总结制作步骤；

任务 7：评价反思交流，评价一下自己的作品，通过班级 QQ 群分享自己的作品。

通过任务单可以看出，任务单做到了环环相扣，围绕制作"玫瑰梨丸子"，从知识储备、材料选择、技法学习、实践动手、作品评价等环节分别设计了具体的学习实践任务，把一个相对复杂的学习任务分解为多个相对容易达成的目标，紧扣学生实践活动的各个环节，推动实践活动逐步深化，在完成一步步任务的过程中让学生获得成就感、满足感，充分调动了学生参与实践的积极性，助力学生自主学习。

四、强化评价，提升学生自主学习的内驱力

教学评价是不可或缺的教学环节，能够有效提高学习者参与学习的积极性。在小学综合实践活动线上教学中，活动前期教学评价主要体现在让学生充分理解活动任务以及活动要达成的目标，这就要求教师要与学生及时沟通，充分发挥学生的自主性，学生选择感兴趣的活动主题，商议确定实践主题或者劳动项目，明确主题（项目）的学习目标，把学习目标、学习任务及评价标准作为重要内容呈现在学习任务单上，为学习任务达成评价确立大方向，明确学习评价的内容，带着目标去实践，用学习目标、评价标准约束、激励自己不断进取。"突出学生成果的可视化、思维可视化、参与多元化，为学生劳动参与、体验提供导向和发展目标。"活动中期，注重过程评价，教师指导学生按照要求达成阶段学习目标，通过晾晒学习过程、交流研讨问题、分享实践阶段成果，激发学生参与实践的内在动力，教学资源的推送要依据学情需要有所选择，提高资源的针对性。活动后期，对照师生设计的评价量规，评价实践成果，反思实践过程，交流实践经验，深化实践效果，让学生体会学习获得的幸福感、成就感，激发继续探究实践的欲望。如在"叠 T 恤"实践活动中，在学生学习完成 T 恤基本叠法的基础上，教师设计了创意叠法的比赛环节，固化了 T 恤叠制技

术要求，把创新探究的理念与展示评价有机结合，学生参与活动的积极性得到极大提高。

T恤创意叠法评价表

评价项目	评价标准	评星
1.创意叠T恤方法种数	3分钟内完成，每找到一种获1颗星，最多3颗星。	
2.创意叠完成度高	对称、平整、厚薄比较均匀、无褶皱。符合一项得1颗星，共4颗星。	
3.创意叠T恤方法简述	如方法来源，父母教、网上学习等；主要要领等。1颗星。	
……	……	
自评成绩	共获得（　　）颗星。	

　　教学活动是一个师生互动、生生互动的过程，在师生的交流碰撞中，知识得到学习，能力得到提升。综合实践活动（劳动）提倡学生动手实践，亲历亲为，需要在小组合作中开展实践活动，在小组成员的密切配合下完成实践任务，学生要发挥自主性，也需要同伴的合作帮助，更需要教师的指导、引导、督促。我们在这里强调学生的自主性是鉴于线上教学的特殊学习环境决定的，发挥自主性，强调学生的主体地位，并不排斥教师主体地位的发挥，更不排斥生生互动的学习环境的营造，线上教学为我们实现这些教学追求提出了挑战，也提供了新的舞台，让我们一起探讨，促进线上教学效率的不断提升，助力疫情下学生的健康成长。

邱德江、蒋建颖／平阴县教育教学研究中心

参考文献：

[1]崔夷修."小步调、阶梯式"任务驱动教学法研究与实践[J].教育教学论坛，2022（12）：108.

[2]任岩，安涛.自主学习能力对在线学习者学习结果的影响[J].中国成人教育，2021（21）：13.

[3]徐瑞桃.任务驱动教学法在综合实践活动中的运用[J].新课程研究，2020（23）：74.

[4]关春霞，陈东东，李淼.劳动教育课程实施与评价[M].北京：知识产权出版社，2020.

线上教学规约的重建维度与思路探索

新冠肺炎疫情爆发以来，学校教学进入非常规时期，线上教学越来越多地替代了线下的常规教学方式。在线下常态教学中，既有的常规教学规范有效保障了常态教学的有序实施，在线教学同样讲求规范化、组织化，但是由于线上教学与线下教学的环境、组织形式、教学关系和管理途径存在较大差异，在线教学沿用线下常规教学模式下的规约和规范显然不能实现规约规训行为主体的作用，进而无法发挥规约保障教学秩序和成效的价值。故此，我们需要更新思维，多维度构建崭新的在线教学规约。

一、课堂行为规范的重建

课堂行为规范即课堂常规，通过明确规定职责、权利、义务，使课堂系统的每个个体或群体都明确应该怎样做或不应该怎样做，使他们的行为有规可循，从而对行为主体发挥规训作用。课堂行为规范主要对应教师和学生两类主体，针对教师的教和学生学的行为有明确要求。在线上教学不同于常态教学的要求与条件下，教学的行为规范自然随之发生改变。

（一）重建"教"的规范

目前线上教学主要存在的问题是，教师出镜效果不好、网络卡顿导致课堂断断续续。而教学过程中，教师无法与屏幕另一边的学生有语言、肢体、表情等交流，教师单向输出导致师生缺少互动，只沉浸于个人的教授中；缺乏教学反馈，讲课速度过快等问题普遍。为保障在线教学的质量，全国各地出台了相应的规定和倡议，对教师课前准备、课上教学、课后辅导中的一系列教学行为做出规约。如《辽宁省大中小学校线上教学规范要求 20 条》中提出了教学行为"十做到",除了"着装、发型、化妆等整洁得体、朴素大方,行为举止符合教师职业行为规范"等常态教学环境下的相关规约,对于教师在线教学的课前准备环节,明确要求教师直播前对设备进行调适,保证直播时"人在框内,远近适中,画面清晰";对于课上教学环节,要求教师表述简洁明了、语速适中,注意把控在线教学时长;对于课后辅导环节,要求教师做好师长协同,强化督学行为等。这些针对课前、课中和课后的一系列教师行为要求,都是依据线上教学的特点设置规范的条件与内容,从而应对线上教学中出现的新状况,对教师在线教学中教的行为进行规范的同时,避免线上教学品质的落后和效果的欠缺。

由此我们可以发现,线上教学在环境、设备、方式、内容和师生不同场域等方面与常态教学有区别,教学行为的规约必然会顾及这些线下教学中并不存在的干扰因素,通过附加或重构的教师行为要求,明确教师在线上教学中必须关注和承担的职责,提示教师保障教学效果。这些不是附加,而是非常态教学形势下教师必须履行的职责,也是教师职业规范的"新常态"规约。

（二）重建"学"的规范

由于线上教学缺乏临场感,存在一定的学习氛围缺失,学生学习过程中必然容易分心。加之长期看屏幕产生视觉疲劳,设备或网络不通畅,以及缺乏自控、自律性差的现实,学生学习的兴趣、动力、身心投入等水平均不及线下教学。有效在线教学成果的取得,很大程度上依赖教学的流畅度和学生的参与度,在这样的情况下,以新规约对学生的在线学习行为进行重新界定,并规范其具体表现、学习参与和投入,既促进教学的顺畅,又保障在线学习的水平和质量。

此时的"重建"首先应包含"重复性"建构。比如,很多学校和班级在学生线上学习期间提出穿着校服的要求,在有限的条件下最大限度暗示学生进入学习的环境和氛围,增强学生的临场感。另外,对常态教学中学习行为的再强化也成为在线学习规范构建的重要内容。比如，上课回答问题、发言的要求在生生间不便交流和互动的情况下，占比会增加，从而形成间接交流和互动，师生交流也随之强化，学习过程得以活化。

同时，基于在线学习独特性的学习，行为规范须进一步补充。如以信号、指令等统一对学生提前进入课堂、开关摄像头、举手、关麦等行为进行规范，对学生的课堂留言进行规范，甚至对学习资源引入的信息伦理进行规范等。这些规约一方面保障和促进学生流畅、专注学习，更在教学的同时渗透教育的意涵，教书且育人。

二、教学方式规范的重建

相对线下教学直接参与、面授成效更高、教师监管更为及时和具有针对性的优势，线上教学的益处也是明显的。线上直播课可以回看，学生课后可以根据个人需要反复观看，依据自己学习的实际情况进行再次学习，这是线下教学不可替代的优势。

同时，线上学习具有一定的自由性，除了学校教师的课，各级资源平台的网课资源较线下教学资源更为丰富或优质，可选择性强。而充分发挥线上教学优势的有效措施，绝不是单纯放手，以单一化的提升线上直播教学的备课水平和实施质量，或给学生提供某个、几个高质量资源平台可以实现的。

（一）教学方式新规范

针对线上教学的特点，教师需要在充分研究其优势和缺点的基础上，吸纳多种方式并灵活组合，以促进线上教学的科学性和有效性。同时，在不同常态的教学情境和状态下，教学实施的思路、重点，新课堂文化的构建，学习动力的激发与持续性监管等，须有新规约与之匹配。

1. 课堂文化重建

在线上教学状态下，很多教师会产生恐慌：没有了课上面对面的教授，没有了课下一对一的辅导，学生能不能学会学好，教师完全没有了把握。于是在线上侧重进行定结论、全程主导的掌控式教学，教学变为督学。

在线上教学模式下，学生居家自主学习的时间、空间扩大，恰恰需要弱化和减少给定学生的东西，教师依据教学环境、条件、设施和资源的变化，尤其是优势影响，以教师的主动干预促进学生自主学习。

变督学为助学，协助学生明确在线学习目标，会比领悟几个概念、背过几篇课文更为要紧；给学生传授有效的自主学习经验，更胜手把手带学生做会几道习题的价值；指导学生活用线上学习平台与软件，优选适合自己的学习资源，必然会避免教师单方面推送的因噎废食；关注学生在线学习的困惑与需求，协同学生调节线上学习的不适应，亦是线上教学区别与常规教学的重点。

2. 律学规约重建

线上教学环境下，几乎所有常规性的律学规约都不再适用，需要重建新型律学方式和规范要求。比如，通过网络教学平台的推送、打卡、签到等功能提醒和督促学生及时进入学习平台，接受、完成学习任务；借助学习群组的评估功能，鼓励督促学生自主学习与合作学习。

同时，居家在线学习过程中，家庭教育的影响不容忽视，家长须被纳为重要的律学资源，通过增加与家长线上的交流与沟通，协同促进学生的线上学习。

3. 教学方式重组

相比常规教学，线上学习的资源、途径更加丰富，教学方式更为多样化。但多样化未必最优化，在线上教学中，教师须依据学情、结合目标，对多样化的网络资源、线上教学方式予以优选和优化重组。

面对丰富、多样的网络学习资源，如微课、直播课等，教师需要以严密对标的甄别和分层建议替代"优选即有效"的资源泛推送；与基础课堂教学相辅相成，将课前导学、在线互动、自主检测、学习组互助等纳入课前、课后的教学环节，形成可依据学习进程随时微调的大模块教学系统，引导学生自主学习、自我诊断，强化各种教学方式的针对性和时效性。

（二）学习方式新规范

在学习方式的规范方面，除了在线直播课，目前中小学多以辅助在线辅导、答疑的教学方式予以新授课的补充。这些都是同步学习的线上学习方式，教师提问和反馈学习效果不便，很难识别学生何时感到困惑或解决困难；当学生和教师之间进行讨论时，很难通过自然的即兴插入来中断在线课程；与此同时，技术上的困难会使学生无法完全理解或参与课程。

依据上述同步学习的弊端，目前线上学习普遍单一应用同步学习方式的规则需要被打破，补充在线讨论板、视频讲座、线上或电子学习课程的异步学习框架。异步学习时，学生可以在方便时与学习内容互动，并可以按自己的步调更深入地研究他们感兴趣的主题。在各具优势和不足的在线学习方式中，建立翻转课堂的基本规范，将同步学习和异步学习有效融合，促进两者优势互补的同时充分落实先学后教、以学定教的教育理念。

三、评价规范的重建

传统教学中，侧重检测教学和学习结果的终结性评价是主要的评价方式。线上教学不具备传统教学中教师可以面对面了解学生学习情况，直接获取学习结果的条件，其评价关注点就随之调整。如何为学生提供展示自己的机会，更加精准评估学生的学习就显得更为重要，这需要教师实现从"终结性评价"到"表现性评价"的转变。

（一）基于大数据的学情前测新途径

无论常规教学或线上教学，课前学情的评估尤为重要。线上教学实施学情前测的优势就是学生的学习在平台留下的印记和大数据，这些可以成为教师评估学生基础学情的重要依据。教师课前采集学生线上学习的有效信息，分析、总结与评价，找出学生课上学习的基础、优势和薄弱点，据此以精准"补给"的思路设计新课教学。

同时，借助课前的线上互动，教师以问卷或简要访谈的方式了解学生之前学习的感受、困惑、兴趣点、学习风格等，从而以针对性的介入促进学生后续的有效学习。

（二）技术支持与人员补充的课中诊断

课堂教学过程中，教师的及时判断非常重要。而在线上教学环境下，一边从事教学一边观察学生表现的难度增加，这就需要教师在关注点规则转移的前提下，辅以关注途径和人员的规则补充，比如巡课人员的介入、"双师"课堂等。

同时，线上相互隔离的教学环境中，教师重视发现学生线上学习的表现和进步，注重捕捉在线课堂中学生展现的闪光点，通过即时性评价的激励措施（如点赞等），或借助技术手段让学生充分展示成果，不断予以学生积极的情绪体验，持续学生在线学习的兴趣和动力，进而进行智能化评价和诊断教学。

（三）互评互学的课后互动评估

课堂教学过后，线上互动成为线上教学形态下课后评价的重要载体，同时也是线上教与学评价的必要规约。在这一规约规范下，师生可以开设一个开放的、多主体参与的互评场域，如班级论坛、家校互动、学习组互评、师生留言等，拓展教学评价时空，广泛获取诊断和改进教学的信息。

在开放性的网络平台支持下，线上教学的课后评价可以依托有效的激励性评价措施进行学业成果的在线展示，开展组间互评与交流，提升学生的自我效能感，激励他人；设置班级论坛，鼓励学习者相互交流学习，促进个体反思；家校互动将家长代入学生学习的经历中，积极引导家庭教育；通过"师生留言板"的间接性、延迟性对话，教师可以获取学生更真实、理性的反馈，对学生的学业状况和相关影响因素进行综合评估，从而精准改进教学。

四、总结

当教学空间、形态发生变化时，教学背后的权力运作模式、义务关系、执业标准、实施模式等都应随之发生改变，以扬长避短，促进不同形态的教学发挥作用。此为规约调整的价值所在。单一化地停留在备课、上课、作业规范的制订与调整中的线上教学，依旧是治标不治本的"摸着石头过河"。只有以系统的规约框架规训下的行为和方式转变才是有效适应变化、对应变化的基本方法。

[1] 何森林. 论课堂场域里的规训 [J]. 重庆教育学院学报，2010，23（5）:47-49.

[2] 崔允漷. 要避免在线教学变成"站着教的电视教学"[N]. 江苏教育报，2020-4-3（6）.

以网上教学为背景构建新型教师梯队金字塔

一、疫情期间"双师课堂"的出现预示着一种新的教师分野

任何行业在常态下的发展通常是渐进的，而在重大社会和自然变迁之际的变化可能是剧烈的。新技术、新方法往往在非常时期催生，同时，技术和方法又反噬人的思想和意识，考验人对变化的适应能力和思想定力。

线上教学早在 20 世纪 90 年代末期便随着互联网的发展开始兴起，并随之进入一个快速成长阶段。2020 年初，新冠肺炎疫情突如其来。出于防疫需要，师生居家，线上教学代替线下教学，网课平台风起云涌。这是网课第一次大规模有组织地进入公办教育领域，解了非常时期的燃眉之急。但也出现了很多新问题，一些课堂教学的顽疾性老问题，被贴上了"网课"的标签。随着疫情暂时平息、线下教学的恢复，曾经"甚嚣尘上"的网课问题又被束之高阁。2022年防疫形势日趋严峻，问题升级性回归：如何适应新平台、解决新问题，新背景下老问题浮出水面。诸如，教师处境的紧张与尴尬，对学生注意力的无法把控，对学生练习真实性的不确定等。我们在实践中深入探索解决方案，即通过"双师课堂"解决教学与管理的矛盾。

所谓"双师"有两种形态：其一谓之"一教一管"：每堂课由两名教师在线，一位教师负责授课，另一位教师负责落实学生出勤情况、听讲学习状态、授课教师是否按时上下课等。其二谓之"一教一辅"：一位教师进行系统教学，另一位教师协助个别辅导，特别是在自学时间，辅导教师发挥了重要作用。于是在教师中产生了新的分工，即主讲和陪学。

主讲的工作由学科责任教师承担，他们在集体备课的基础上进行系统备课，负责教学和管理，也是教学工作的主要责任人。

陪学的工作由班主任、学校干部及其他相关人员承担。上网课时，教学管

理者安静地坐在电脑前陪伴观察。这种陪伴观察可以有效了解教师教学的进程与实效，更重要的是在细节观察中发现教学问题与需求。比如有的教管人员在陪教过程中发现教师上网课时课件、板书二者转换困难，提出为教师购置电子写字板的解决方案，以解决板书的即时性、生成性，板书和课件播放之间屏幕切换的困难；发现同屏出现的学生镜头人数有限，教师在授课过程中管理学生状态困难，陪学教师在网上与学生连线，进行学习提醒和管理；及时了解学生的学习困难，一边给予力所能及的辅导，一边为主讲教师收集学生问题，方便其做针对性教学。"双师教学"为提高教学的实效性发挥了积极作用。

"双师课堂"的存在，主讲和陪学的分工，预示着一种新型教师分野的产生。

二、应变适变，构建新型教师梯队金字塔

空中课堂成为疫情期间保证教学活动有效开展的重要手段，是教育发展中的机制创新。疫情期间的"双师课堂"给我们的启发是：需要根据教师的不同特点和能力差异重新定义教师梯队的结构。

（一）网络时代，呼唤新型教师梯队

教师队伍建设是教育发展的重要一环。长期以来，在教师专业自然成长的基础上，构成了以成长型、骨干型、名师型等为主要结构的教师梯队形态。称谓不同、侧重点不同，基本队伍结构类似，通常以教师专业水平为基本进行界定。梯队建设中，通常是在教师自我发展的基础上，学校或教育管理机构进行规划、培训、认定，指导教师的生涯规划，促进教师自我发展。但是这种传统的教师梯队建设模式已经落后，特别是与网络教学场景脱节，严重影响优秀教师的作用发挥，又弱化了梯队建设对青年教师的带动作用。具体表现在以下三个方面：

1. 缺乏网络时代特征，不利于教育资源优化配置

传统教师梯队建设机制缺少网络时代的特征，评比和使用脱节。骨干教师

和一般教师一样囿于一个固定的班级，他的教学穿不破所在班级和学校的"围墙"，作用得不到发挥，个人价值难以充分实现；学生只能接受本班教师的授课，那么分班就决定了学生在一段时间内所得到的教师资源有限，无法实现所有学生共享优质教育资源，教育公平就打了折扣。

2. 缺乏量才而用机制，不利于发挥教师独特价值

不同的教师在能力倾向上存在很大的差异，有的教师善于挖掘教材深入备课，有的教师具有较强的亲和力，善于组织和调动学生，如果每一位教师都只能作用于自己所教的班级，那么他的长项得不到充分共享，短板也没有机会弥补。不打破班级界限和校际壁垒，不能因教师的能力和特点差异进行适当的配置，这个问题就无法解决。

3. 缺乏动态评价办法，不利于优劳优酬激励作用

传统的教师梯队中，名师、骨干教师、新秀教师主要还是一种荣誉称号，教师本人发挥的作用无法进行量化统计，更难进行动态比照。如此对各类教师的辐射影响和激励作用就会大大降低，也不利于多劳多得、优劳优酬绩效原则的落实。

上述问题在网络时代不仅能够解决，还会因为网络环境教育，催生新型教师梯队模型，以更加有效地促进教师专业发展和梯队建设。

（二）网络时代新型教师梯队应有的样子

网络时代，教师的发展是什么走向？

首先教育不应排斥技术，而应主动适应技术。或许线上和线下结合才是教育未来发展之道，这一发展趋势必然会加速教师队伍的分化。网课的实用性普及，社会培训机构功不可没，他们的有益尝试完全可以被普通学校借鉴。有的培训学校集中高精尖教育人才，发挥集体智慧打磨一节质量很高的课，在周末通过网络传播到全国无数个分校和线下每一个小班，每课都有一位基层教师组织学生听课学习，基层教师还负责答疑解惑、个别辅导、监督练习。一节好课

费时费力，成本很高，但受益面极广，反而摊薄了成本。社会培训机构的实践、疫情期间"双师课堂"的探索给了我们启发，结合网络条件为构建常态下教师梯队提供了实践支持，可被称为"新型教师梯队金字塔"，金字塔分上中下三层，分别为区域名师、校内优师、陪学亲师。

1.区域名师。极少数教学能力强、课程理念前沿的教师组成新的群体，他们强强联合，使教研的成果通过直播平台，越过高山大海，跨过城市乡村，让最大范围的学生受益。

2.校内优师。在金字塔腰部的是那些学校内的优秀教师，他们根据所在学校和年级的特点，录制适应性、针对性更强的课，这些课也是那些保障普适性的顶端直播课所不能替代的。区域名师、校内优师的教学作为资源放置于网上，线下教师可以依据各自的需求挑选使用。

3.陪学亲师。人数众多的普通教师将扮演辅导员、学习同伴的角色，跟学生朝夕相处，熟知每一个学生的特点和需求，提供及时且个性化的辅助。他们徜徉在网上，挑选适合学生学习的课例组织教学，作为网络资源的课例可以全部使用，也可以部分使用，可以直接授课使用，也可以作为教学补充使用。陪学亲师同时也是中端和顶端教师数据的收集者、现象的观察者。

大数据时代、智能化时代，教师职业也许不会消失，类型分野会成为必然。

（三）新型教师梯队模型的构建及优势

疫情期间，济南高新区将网课中出现的积极因素进行科学研判，发现新生事物的端倪，助力教师专业发展。区域内挖潜、外部人才利用，形成了区域内部的金字塔型教师梯队模型。

相比传统的教师梯队模型，这样的教师梯队组成显现出强大的优势：

第一，打破了有形围墙、无形班级的组织，让每一个孩子享受最优质的教育成为可能。教师能力和态度有差异这是不争的事实，每一个家长都希望自己的孩子享受最好的教育，但什么教师教自己的孩子几乎可以说是无法预料的概率事件。但网课的出现，任何一个班级、一名学生都能获取最好的教师提供的最好的课。教师不再是一个班级的专有资源，而是全社会、大区域的共同财富。教育公平的理想在此处看到希望，班级、学校的定义也许可以改写。

第二，无行政评比，用户以行动投票，使用率和流量决定教师在梯队金字塔中的位置。要相信基层教师的选择，他们有分辨能力，谁的课、什么样的课能给学生最好、最有效的指导，发挥最佳的教育效能，应用结果最具说服力。名师的效能也是班级和基层教师个人的效能，就像植物向光一样，自然选择是最好的选择。名师网课的使用率、使用时长可以通过流量在后台计算，权威性无需官方认可，也不会为民间质疑。

第三，位置决定"声望"，声望拥有"金量"，后台计算的"流量"跟教师绩效挂钩，"流量"就能够转化为"金量"，有助于区域和学校的绩效量化改革，突破学校 KPI 评价难题，为"多劳多得""优劳优酬"提供新的方案。长期以来，教师绩效考核和工资分配都是学校和主管部门的大事、难事。科学性、公正性、促进性得不到有效解决，事实上职称、工作量在教师工资结构中还发挥着主动作用，职称晋升的庸俗化、工作的低效化与绩效分配难题无解有很大的关系。如果能建立一套适应网课背景下的教师梯队金字塔分配模式，让资金逆势上流，资金就会成为教师发展的催化剂、润滑剂，每一位教师在所谓名利双收的"庸俗"刺激下，获得"非庸俗"的健康发展。

基于此，济南高新区着手研究和制订了网课背景下的新型教师梯队建设方案和优质课评比方案，通过独特、有效的评价，激励教师常态形势下常态教学的推进和个人专业的成长。

疫情对人类社会无异于一场灾难，网课是学校教育在疫情之中、网络背景之下的不二选择，其中尚有被动因素。但新危机中必然孕育新事物，新环境暗含新机遇。坚持该坚持的是教育的定力和坚守，基于此，顺变、适变方可立于不败，主动求变才能辟新径、赢未来。这是济南高新区在新冠疫情席卷全球，教育遇到空前挑战中获得的启发和探索经验，新型教师梯队金字塔模型必能成为网络背景下教师发展新的路径。

李继冶 / 济南高新区管委会发展保障部教育体育办公室

参考文献：

[1] 赵建伟 . 疫情防控背景下线上教学的优势和不足 [J]. 河南教育（教师教育），2022（3）：40–41.

[2] 刘英英 . 线上教学中教师的角色定位 [J]. 文学教育（下），2021(12)：179–180.

基于线上巡课调研的教学实践与思考

疫情防控期间，线上教学作为一种应急教学模式，成为教师进行教育教学的主要方式和渠道。为了有效保障区域线上教学的质量，2022 年 3 月份，槐荫区教育和体育局及时出台了《关于做好新型冠状病毒肺炎疫情防控期间槐荫区中小学"上好在线第一节课"的调研方案》，并积极推进线上巡课调研制度。

线上巡课调研是疫情防控下为保障区域在线教学均衡、优质推荐的一种以线上听课巡查与指导为主要形式的流动式区域性调研方式。槐荫区教育教学研究中心的教研员们根据教育局的具体要求，统筹规划调研班级、教师，按照提前公布的课表，通过钉钉、腾讯会议、QQ 课堂等平台进入教师直播间，进行潜水式蹲班听课调研与指导。在线上巡课的调研过程中，大部分学校和教师都能按照方案要求认真、规范、创造性地开展线上教学工作，但也有部分学校和教师面对疫情缺乏相应的准备和改变，出现了一些引人深思和发人深省的"怪"现象。

一、巡课中的"怪"现象

（一）教师沦为"放映员"

巡课过程中，有的教师将"空中课堂"的视频资源直接放到班级 QQ 群中，让学生在群内回复后点击观看。由于缺乏相应的引导和监管，学生的回复零零散散，甚至到了下课时间还有很多学生没有上线进行回复，更谈不上观看了。还有的教师虽然领着学生进入了直播间，但自始至终都在播放视频，自己没有说一句话、露一次面。整个过程中，教师只是简单地把视频链接"甩给"学生，心安理得做起了线上教学的"放映员"。

（二）教师充当"传话筒"

线上教学中，有的教师将"空中课堂"视频进行"原生态"播放——在播放过程中没有融入自己的见解，也没有进行重组优化。他们虽然也适时按下暂停键，在重要的环节进行引领和解读，但基本上停留在"随声附和、人云亦云"的状态中。整个过程中，他们缺少自己的思考和建议，也不能根据班级学生的实际情况进行适时的加工和优化，只是不断地进行重复和加强，不厌其烦地当起了线上教学的"传声筒"。

（三）教师化身"监护人"

线上教学需要师生共同登录网络平台进行互动教学，如果学生没有做好相应的准备，课堂就无法正常开启。为了更好地督促学生做好各项准备，部分教师化身为网上"监护人"，起早贪黑地进行签到、点名等工作。在上课过程中，他们一会儿提醒学生坐姿要端正，一会儿又点名某某同学要打开摄像头，学生们无法安静下来进行思考和学习，教师也陷入忙乱且疲惫的"应付"之中。

（四）教师变为"搬运工"

在巡课过程中发现，还有一部分教师直接把线下教学的流程步骤"搬运"到了线上。以数学课为例，他们依然按照"导入、初探、合作、汇报、再探、总结、提升、拓展"的结构和思路进行线上教学，合作交流环节依然采取充分互动的方式，让学生们不断切麦进行表达。这样的直接结果就是时间总不够用，课也讲不完，学生们忙忙活活却学得模模糊糊。教师原封不动地把线下教学的流程和方法拿到了直播间，惯性使然成了线上教学的"搬运工"。

二、现象背后的"深"思考

（一）缺乏技术支撑，催生"不想干"的"放映员"

在对"放映员"教师的回访反馈中，我们发现这个群体有一个比较鲜明的标签：年龄比较大，信息技术能力比较薄弱。面对线上教学，他们在直播平台上经常陷入"不知所措"的境地，不知道该点什么，也不知道接下来怎么做。面对这些"新"问题，他们起初还能及时电话求助，后来发现总也"学不会"，而且随时产生新问题，久而久之就产生了倦怠思想。缺乏技术支撑，无法突破技术瓶颈，这些教师彻底沦为线上教学的"放映员"。

（二）缺乏资源筛选，催生"不敢干"的"传声筒"

与"放映员"教师截然不同，"传声筒"教师一般都非常年轻，而且信息技术能力也比较突出。他们往往是刚刚入职的新教师，教学经验相对匮乏，教学方法也比较单一。面对海量的线上资源，他们奉若圭臬、不加筛选，用他们自己的话说，"这些视频都是名师们录制的，水平很高，我们可不敢进行修改和加工。"这样一来，他们满足于播放"原汁原味"的视频素材，满足于在某些节点进行重复性的宣读，根本就没有自己的思考和建议。缺乏对资源的筛选，教师失去了自己的风格和特色，彻底成了"不敢干"的"传声筒"。

（三）缺乏有效监管，催生"不能干"的"监护人"

与前两种教师相比，"监护人"教师背后更多的是"心有余而力不足"的无奈。线下教学时，教师和学生都在一个教室内，学生的学习状态一目了然。而在线上教学时，由于屏幕和直播间的限制，教师无法及时看到全部学生的学习状态，只能讲一会就切屏看看学生的摄像头，讲一会就切麦抽查学生听讲的质量。他们把过多的精力耗费在对学生学习状态的监管之中，从而不能把更多的时间和精力倾注于线上教学本身，教师彻底成了"不能干"的"监护人"。

（四）缺乏理念更新，催生"不会干"的"搬运工"

线上教学和线下教学虽一字之差，但两种教学方式截然不同。线下教学时，每节课的时间相对比较充裕，师生之间面对面交流非常方便，所以教学设计的结构相对比较完整，教学互动也相对比较频繁。而线上教学时，每节课的时间较短，这就要求课堂的节奏比较紧凑，教学设计精简高效，教学互动不宜频繁，要追求实效。有些教师却忽视两者之间的差别，没有及时更新理念，没有及时转变角色，将线下的经验和模式直接搬到了线上，糊里糊涂地当了线上教学的"搬运工"。

三、思考之后的"真"策略

（一）"软""硬"兼施，为教师突破瓶颈提供技术支撑

线上教学的顺利实施，需要"软件"和"硬件"两方面的技术支撑和保障。软件方面，槐荫区加强对"腾讯会议""钉钉直播"等平台的培训力度，采用"师徒结对"的培训方式，为信息技术薄弱的教师提供"一对一"的专项服务。"师傅"通过"远程桌面连接"操纵"徒弟"的电脑进行手把手实操示范服务，"徒弟"学会后独立操作，在直播间内面对"师傅"进行演练。这样一来，很多具体的操作问题就迎刃而解了，教师的线上技术水平得到了提升。硬件方面，各学校组织电教部门协调配备电脑，教师可以将办公电脑借用回家，及时分享勤散热、清内存、防死机等方面的经验和建议，保障了线上教学的顺利实施。通过"软""硬"兼施的培训方式，使教师突破自身的技术瓶颈，让部分教师转"危"为"机"，从而更好地为线上教学服务。

（二）有效"取""舍"，为教师资源筛选提供方法指导

面对海量的线上资源，我们采用有效"取""舍"方法，倡导教师对线上资源进行筛选和加工。所谓"取"，就是截取视频资源中的精华进行教学，形成"适当选用＋自主直播"的线上教学特色，既节省了时间又提升了线上效率。所谓"舍"，就是结合自身和学生实际，舍弃不合时宜、不接地气的内容和环节，精简教学设计，增强课堂节奏，让线上课堂淡化形式、注重实效。

以槐荫区周王小学语文教研组为例，她们每日相约云端，研磨教材，站在单元整体教学的角度，梳理知识点、分析学情、思考教法，降难度、缓进度，拆分知识点，细化小目标，选取空中课堂视频中突破重难点的教学内容，有效取舍，结合自身实际制作适当的教学资源，融入自己的思考和建议，使教学目标明确集中，凸显了重难点，确保了线上学习效果。

（三）"双向"赋能，为教师有效监管提供多层助力

1.师生双向互动，提升线上课堂吸引力

线上课堂的吸引力，直接决定着学生的上线率。教师可以通过"师生标注""视频连麦"等互动方式，增强学生的"现场参与感"，拉近彼此距离，让线上课堂变得更加活泼有趣；同时，还可以通过"问卷星""钉钉课堂在线答题卡"等线上收集工具，面向全体学生进行线上收集及反馈。通过答题卡中的大数据分析功能，及时掌握学生的在线学习情况，激发学生的学习兴趣，提升课堂的竞争力和吸引力。

2.教师双向补位，提升线上教学监督力

线上教学时，如何能做到教学和监督并举呢？疫情初期，很多教师通过"双机""双号"等方式来进行教学，也就是一个用来教学，另一个用来监督学生的学习状态。这样的做法，虽然初步实现了教学和监督同时兼顾的效果，但是教师非常"忙碌"，有时也会出现顾此失彼的现象。后来，槐荫区部分学校采取了"双师课堂"的管理方式，上课教师负责授课，副班主任教师负责课堂管理。每节课前，副班主任进行课前考勤，并做好记录，每周班会课进行反馈；课中提示授课教师网络质量，维持课堂秩序，不允许学生群内乱发言，保证课堂教学的正常进行，同时副班主任也会通过视频关注学生的上课状态，及时督促学生参与课堂。"双师课堂"的实施使得上课教师可以把精力更好地放在课堂教学上，提高了学生的课堂参与度，保证了课堂效率，保障了课堂学习效果。

3.家校双向沟通，提升线上教学聚合力

家庭是学生线上学习的主阵地。线上学习期间，槐荫区通过"线上家长会""线上家访"等活动，及时进行有效沟通，收集来自家长和学生的真实问题和困惑，并及时进行心理疏导和专项培训，给予具体的方法指导，提升了线上教学的聚合力。

（四）云端教研，为教师理念更新提供优质平台

理念更新是教师素养提升的重要标志。线上教学期间，云端教研是教师进行理念更新的重要渠道。为了更好地开展云端教研，充分发挥其之于教育教学的研究功能，一般分云准备、云现场、云跟进三个步骤有序开展。

1. 云准备——聚焦问题

云端教研之前，利用"问卷星"等线上工具，面向全区收集真问题、真困惑并进行分类和梳理，作为各校云端教研的聚焦问题。每一位教师围绕聚焦问题，进行独立思考和剖析，形成初步的方法和策略，提高了云端教研的针对性和有效性。

2. 云现场——畅所欲"研"

云端教研之中，学校中的每位教师根据"排麦"顺序，围绕聚焦问题进行阐述和表达，主持人可以随时"切麦"，保证教研的顺畅度和生成度。整个过程进行云端录制，既方便每位教师点播回放，又可以利用线上转换软件及时生成文字总结资料，并提炼梳理出针对聚焦问题的"金点子"。将各校云端教研形成的"金点子"进行分类和梳理，形成区域内的"金点子"资源库，为区域内线上教学提供方法和策略。

3. 云跟进——研以助教

云端教研之后，执教教师落实并践行"金点子"策略，教研组教师进入执教教师直播间，分别从不同维度进行课堂观察，落实"金点子"执行情况，评测教研效果，真正实现"研以助教"的云端教研功能。

云端教研将居家教学的教师串联成线、联动成面，形成了"用问题激发问题、用智慧引领智慧"的良好教研氛围。在此过程中，教师及时发现问题、解决问题，既更新了教育教学理念，又提升了学科专业素养，让线上教学的实施更扎实、更高效。

疫情是一场大考，时间是命题人，我们都是答卷人。能否交出一份满意的

答卷，需要每一位同仁共同来思考，共同来行动。线上教学改变了教与学的方式，其中的经验和策略还需要不断挖掘和探索。等风来不如追风去，槐荫区小学教师团队将以此为新起点，多措并举、双向赋能，为线上教学的探索和与实践书写新的奋进之笔！

郑生志 / 济南市槐荫区教育教学研究中心

参考文献：

朱宏英 . 线上巡课调研的区域探索 [J]. 现代教学，2020(Z3):1.

做好"启""承""转""合"
构建线上线下融合教学新常态

2022 年的疫情，让网课再次走进了千家万户，相较于 2020 年的网上授课，今年的网课"硬件"更加优化，教师们的信息技术程度不断提高，网课质量也得到了更多学生、家长的称赞。有人说这是"中国历史上规模最大的互联网教育实验"，这场实验带给教育工作者深刻的影响和思考，在线上、线下的交替中，在新与旧的迭代中，我们深深感受到线上、线下教学的深度融合将成为未来教育的新常态。

线上、线下学习特点不同，各有优势，后疫情时代，线上、线下教学融合之路已经开启。《义务教育语文课程标准（2022 年版）》课程实施部分第四条"关注互联网时代语文生活变化，探索语文教与学方式的改革"中明确提出"探索线上线下相结合的混合式语文教学"。为促进槐荫区线上线下教学的深度融合，更好地适应未来教育改革与发展的大趋势，槐荫区小学语文教师在教学实践中努力做好线上线下教学的"启""承""转""合"。

一、启——明确线上线下教学融合的启点

现在的教学已不能简单地分为线上教学、线下教学，线上线下的融合也不是简单的"线上教学 + 线下教学"，而是两者融通。

一是明确"融合教学"中教师的"启点"——"五位一体"。在融合教学中，教师要集导学者、助学者、促学者、评学者、学习管理者于一体。实践中，槐荫区很多学校制定订了融合教学中教师的教学要求（如下表）。

融合教学中教师的教学要求	秉持学生中心、先学后教，当好"导学者"，持续改进的理念。
	学为中心，符合"安排20%以上的教学时间实施学生线上自主学习"基本要求，顺学而导，教在不会处，全程助力学生学习。
	因材施教，运用适当的数字化教学工具创新教学方式方法，有效开展线上与线下密切衔接的全过程教学活动，促进学生学习。
	充分发挥信息化优势，利用数据精准了解每一位学生，以评促教。
	关注学生对课程的参与度、学习获得感、对教师教学以及课程的满意度，提升教学的温度。

二是在课堂教学方式上找准"启点"。《义务教育语文课程标准（2022年版）》指出"充分利用网络平台和信息技术工具，支持学生开展自主、合作、探究学习，为学生的个性化、创作性学习提供条件"，这也对教师开展线上线下融合教学方式的改变提出了要求和建议。在槐荫区小学语文课堂上经常同时体现出线上教学、线下教学两种不同的状态。传统面授学习与线上网络化学习相融合，线下支持线上、线上赋能线下，二者优势互补、相辅相成。随着学校、教师个人信息化环境的不断优化，教学中除了发挥师生、生生互动合作，探究实践等优势外，同时还能看到丰富学习资源、拓展学生学习空间等线上教学优势。如济南市槐荫区阳光100中学小学部语文教研组研究制订了"四步五环"的教学模式，实现了小学语文课堂线上线下的深度融合。"四步"指课前的自主学习环节，按照看书自学—微课导学—资源助学—合作研学的步骤，学生自主完成前置内容的学习。"五步"指的是课上教师教学的基本步骤，主要环节为问题提出—课前浅测—疑难汇总—课上深授—检测拓展。通过对学生问题的聚焦和有针对性地教学，实现分层辅导和分层训练。

三是在学习评价中找准"启点"。《义务教育语文课程标准（2022年版）》

明确提出"发挥大数据优势，分析和诊断学生的学业表现"。融合教学的评价中，信息技术能发挥更大的优势。如融合教学更突出过程性评价，不仅关注结果，更关注学生学习的整个进程，用大数据的思维，提取教与学过程中的关键性指标，包括课前的导学、线上自主学习课堂重点难点、线上线下深度讨论等相关环节，结合数据进行分析整理，形成可视化的形成性评价，通过评价为教与学保驾护航。如饮马小学利用某 APP 的统计系统，针对早读、准时上课、积极回答问题、作业完成等方面进行统计积分。根据表现及时进行表扬，一周一总结，利用"量子奖状"小程序颁发奖状，开学后兑换奖品，关注学生每天学习生活中的"每一次"，给学生鼓励性评价。

另外，在教师评价方面，教师线上线下融合教学的设计能力、与之相适应的行为与能力等评价，既是融合教学改革的重要内容，也是推动融合教学走向深入的关键因素。

二、承——明晰线上线下承接内容

一是学习内容的承接。线上学习学生听、看较多，读、说、写、讨论、探究、实践较少，因此在学习内容的承接上，不仅要看表面讲授知识的承接，更要考虑学生学习方式和实际接受学习内容的承接，互为补充，查漏补缺。

二是任务驱动的承接。线上教学中设计的可操作性、可检测、有关联的学习任务，在线下教学中仍可延续，借此摒弃教师长时间讲授，学生被动听的现象。在任务驱动下，让素养培育、能力提升自然顺承。如济南市槐荫区阳光 100 中学小学部确定了"教师指导下的自主学习能力培养"的教学理念，逐步完善线上教学各要素。首先，制订合理的素养目标，然后设计明晰的学习任务，通过一组任务，驱动学生自主探究学习。高年级设计防疫期间线上"云游览"的任务，教师设计了包括游览地的选取、游览路线的确定、解说词的撰写三大任务和若干个小任务，帮助学生完成学科知识体系构建与生活实践相结合的体验。

三、转——转变教学理念

首先是教学理念的转变。在线学习是一场改变了教、改变了学、改变了研与管、改变了形态的"学习革命"，在这场"革命"后的融合教学中，"学为中心"是核心理念。

"学为中心"就要以学生为主体，让学生亲身经历学习过程，在时间和空间上保证学生学习活动的正常开展和学习行为的真实发生，让学生学会自主学习、合作学习和探究学习，并在学习中养成良好的学习习惯，掌握科学的学习方法，提高学习效率。

"学为中心"意味着教学权重的改变。"教"服务于"学"，"教"是基于学习的指导。教师要"以学定教"，首先要基于学生的学，摸清学情；然后"随学而导"，即随着学生的学习进程，根据学生的兴趣、状态、心理发展规律等调整教学，并做出教学内容和教学方法的调整；最终达到"教学相长"，也就是说，教学效率追求的是教师与学生共同成长。

槐荫区杨柳春风学校在线上教学管理纪实中就提出了"理念转变"的要求，课堂组织从"经验主义"走向"孩子立场"，课堂则更多以"学为中心"，适度分层，将同伴互学、教师助学、自我展学融于课堂环节中，留出刻意练习的时间，当堂效果当堂检。

其次是"研"与"管"的转变。线上教研灵活性更强，比如组织上的灵活性，能跨学段或跨学科开展教研；时间上的灵活性，能利用多个时间段开展分布式教研和循环反馈教研；人员组织上的灵活性，能部署大规模的线上活动；有录像回放功能，适合教师对教研内容进行重复研读。灵活性带来的便捷性受到许多一线教师的喜爱，但需要好的平台和软件支撑线上教研。从当前的反馈看，槐荫区学校多利用钉钉、腾讯会议、微信、QQ等平台来进行网上教研，如培新小学建立了包括语文、数学、英语、体育、劳动、心理六个专职学科及艺术、综合、家教三大融合课程的教师成长共同体，每组每周三次错时教研共联共进。从教学实际出发，确定了"问题导向式、专题突破式、主题推进式"三大教研形式，开展针对性学习，交换思想，研究突破方式。这样，一个思维互联的在线学习空间为线上教学提供了良性循环的保证。

云端教学管理"巡课"，增加了教学管理的深度、广度，提高了管理的时效性。如恒新小学的巡课管理制度：按照每个年级一位校级、一位中层的两级管理原则进行包挂，从教研到课堂，所有学科全覆盖进行跟踪指导。细致填写巡课表，每天汇总、反馈、分享。一个月，25000字的反馈，有鞭策，有鼓励，出现的问题进行提示，其他教师避免重复出现，优点互相借鉴，榜样引领作用显著，温馨的话语解除教师的疲劳。

四、合——多方借力，以合促融

要促进线上线下教学的深度融合，还要多方借力。

一要借信息技术之力。线上线下融合教学要运用信息化，融入诸多媒体资源。各种授课平台功能强大，讨论、头脑风暴、互评及投票等功能，极大地消除了课堂教学中学生互动的顾虑，实现了即时互动与点对点交流。同时，平台实时反馈参与互动的学生人数，展示多样性的学生答案，通过点赞、送花等方式肯定学习者的学习效果，极大地调动了学生的积极性。只有充分发挥信息化的独特优势，才能实现真正意义上的融合教学。

二是要借研培整合之力。借助信息化平台，槐荫区教研、科研、培训多管齐下，整合推进，实现了全方位、多角度的教学指导与服务。除多部门纵向一体化外，槐荫区研培整合还实现了横向联盟化。校本研培、联盟研培、区域研培成为常态化的研培模式，以确保"教之道""技之术"的普遍落实，融合教学才能有质有效。

三要借教师间的协同合作之力。线上线下融合可以打破传统行政班级的界限，真正实现教师优势资源共享，授课教师可以为区域名师、骨干教师，任课教师负责答疑解惑、个别化辅导。教师间的协同合作之力，能让更多的学生享受到更优质的师资和个性化的指导，让教学更优质高效。如营东教育集团充分利用集团内师资力量，采用"远程同步课堂"模式，教师协同合作实现了优质资源共享。课上两所学校的学生互相提问，互相补充，互相学习，共同成长，展现了师生互动、生生互动，充分发挥了同步课堂的优势，呈现了精彩的一课。阳光100中学小学部建立校内"联播教室"，由学校骨干教师进行多个班级的授课。年轻任课教师负责跟班辅助教学，并进行课后的答疑解惑、作业批改、二次反馈和班级管理。很多学校充分利用名师资源，由名师工作室和领军团队的名师担当学生的分析师、优秀课程的设计师、高级的学习组织者、团队领头人，跨学科、跨学段来进行学习任务的设计与完成，帮助学生把目光从狭小的教室转向更广阔的的世界。

四是借评价诊断之力。线上线下融合教学的评价中，学生的学业成绩不再作为唯一的指标。学生在生活实际或真实情境中解决问题的能力、习惯等是融合教学的"可为之处"，学生的认知、思维、个人发言、小组合作、动手实践等更有利于激发融合教学的优势。同时评价大数据的分析诊断，能迅速了解学生的学习过程，掌握学习结果，以数据呈现每个学生的不同表现，分析学生的个体问题，帮助教师更好地因材施教，提高教学效率。

线上线下教学的深度融合是一个从量变到质变的发展过程，不是一蹴而就的。槐荫区在融合过程的"启承转合"中努力处理好技术与教育的关系，师生主体性与技术保障性，教学内容、方式的传承与创新等关系。未来已来，我们将继续深度思考、科学计划、稳中推进，不断优化线上线下教学的方式与路径，构建槐荫区线上线下融合教学新常态。

聂志婷／槐荫区教育教学研究中心

教师线上教学经验、反思与升华

编者按：于实践中思索，在思索中改进。线上教学，改变了教师的"教"，改变了学生的"学"，改变了教育的"形态"。在基于网络的这所"没有围墙的学校"中，面对不同情况、不同需求的学生，面对有别于实体课堂的教学环境，教师如何整合线上教育资源，探索有效教育方式？如何设计线上课程，保障教育质量？这些都是教育人必须积极面对和思考的问题，也是非常时期对于教师职业生涯的一次全新的专业挑战。济南市中小学一线教师们作为线上教学的亲历者、组织者和实施者，积累了许多宝贵的经验，产生了许多对于线上教学的反思与感悟，更收获了专业成长。教师们基于线上教学的亲身实践，从不同的视角和层面总结提炼了线上教学的方法、策略和模式，并融入了深层次的认识、理解和思考，跳脱单纯的经验堆砌，形成了一个个有事实、有分析、有反思、有展望的完善案例，在经验梳理和提炼的过程中，实现了教学行为的改造与重塑，更让我们看到了线上课堂教学的智慧与创新。

第一节 巧用教学方法，提升线上教学效率

百字小作文，坚持下去会有光
——线上习作教学典型案例分析

一、案例背景

2022 年春天，受突如其来的疫情影响，济南市中小学开启线上学习模式。作文是语文教学的"大、重、难"，课堂教学中艰难攻克尚有难度，特殊时期想要抓牢更为不易。多数学生都有不想写、写不出的困扰，更有甚者直接抄袭。基于以往教学经验，通过分析，梳理出以下几点原因：

首先，学生存在害怕写作文的惯性思维。"作文难写、耗时、书写量大"的观念根深蒂固，这种抵触情绪限制了习作的思维，从而使作文更难成型。其次，线上教学对学生独立完成习作缺乏有效的监控，习作质量的反馈也不能像在学校那样及时。最重要的是，学生缺乏"习作简单"的连续性体验，无法形成积极的心理暗示，从而造成习作内驱不足的恶性循环。

二、案例主题

2020 年我创建了班级作文周报，受《何捷教师的百字作文系统》的影响，结合线上教学模式，萌生出"带领学生进行线上百字小作文"的想法。将线上习作教学着力于引导学生开启写的行动，让学生在体验和坚持中打破对习作的惯性思维，并在此过程中不断挑战自我，逐步认可自我，从而获得"习作简单"的连续性体验，收获习作的成就感。于是案例主题定为：百字小作文，坚持下去会有光。

叶圣陶先生有着"为养成写作的习惯，非多作不可"的习作理念，倘若抓

住线上学习的契机，帮助学生在一个月或更长时间里通过一定强度的连续性训练，形成初步的自觉习作习惯也是大有可能的。

三、案例描述

（一）刺激学生"习作神经"，引其上道

面对学生对习作叫苦连天的现状，首先要刺激学生脆弱的习作神经，让他们产生"写作文简直比抄写字词还要简单"的想法。班级里开启了每日百字小作文的活动，顾名思义，就是一篇小作文，百字左右，即便写五六十字也可以，只要把想说的话写清楚就行。素材来源可以是阅读书籍的感受、居家生活的所思所想、天气的多变、网课学习效果的吐槽……源于生活的素材是最真实的，通过讲解让学生一开始明确百字小作文想写多少就写多少，想怎么写就怎么写，真实的就是最好的，不断给学生输入"作文简单"的意识。有了这样的心理暗示，学生突然觉得原来习作没有想象中那么难。

在百字小作文之旅中，基础相对不错的同学，原本为简单的要求而窃喜，结果一写就刹不住车，洋洋洒洒几百字就出来了。字数多了，学生感觉却大不一样，不像平时教师硬性要求的字数要达标，而是一种超标完成、超常发挥的成就感，学生对写作渐渐变得自信。那基础弱的孩子呢？通过与家长沟通了解其近期生活，耐心引导学生，或是把优秀作品分享给他们阅读，不批评，也不强迫，默许他们先用心去感受，受点影响和熏陶，让愿意写作的学生慢慢学写作。

初期学生百字小作文欣赏

今天中午，火辣辣的太阳高高地挂在天上，毫不留情地炙烤着大地的一切。下午四点多，太阳公公突然躲起来，天空变得黑沉沉，像是玉帝打翻了墨水瓶。突然，轰隆隆的雷声响起来，紧接着，一道闪电划破了天空，不一会儿，黄豆大的雨点从天而降，就像老天爷被他妈妈揍了一顿，哭得不可开交。

（二）引导学生会"找米"，巧渡"瓶颈期"

没有字数约束，没有主题限制，学生的习作无拘无束、酣畅淋漓。但百字

小作文也从"蜜月期"进入了"瓶颈期"。最糟糕的是学生感觉好像把想写的内容都已写完，这让他们感到"巧妇难为无米之炊"。

当学生觉得写作需要动脑去搜索、去观察、去想象、去思考时，也正是百字小作文发挥其最大效力的时候，因为在这个过程中，学生需要逼迫自己去形成一种挖掘生活素材的能力，就是学会自己去"找米"。

解决问题的过程是最好的成长契机。怎么带着学生找"米"呢？像母鸡带着鸡宝宝觅食，刚开始教师需要先喂点"米"给这些小家伙，让他们尝到"米"的甜头，跟着教师的路径，慢慢学会自己找。

开展"好书推荐官"活动，从学生中来，到学生中去。借助学生对读课外书的喜爱，每节线上课开始前5分钟，开展"且惜春光好，悦享读书时"好书推荐官分享活动。通过同伴间好书分享，孩子们大受触动，更是将自己对推荐书籍颇为喜爱，想一睹为快的迫切之心诉诸到了小作文中。

开展"网络乒乓球赛"，从学生的兴趣点出发。网课期间，学生最敏感的莫过于听到教师打回作业、需要订正的声音。学生提交的作业被教师打回，再提交、再打回订正的过程，像极了乒乓球在球桌上的往复过程，"网络乒乓球赛"的名字应运而生。每次由学生发"球"，而对手就是电脑另一端的教师，球技精湛的学生往往能一击得胜，而稍逊色的就会与教师进行多回合的激战，打得精疲力竭。把与教师激战回击的感受写一写，这么贴合实际又值得吐槽的点子，学生写起来得心应手，把最真实的一面表现出来，心理描写、动作描写甚至一波三折都运用进去，一篇篇成功的小作文就此产生。

这场球赛原来如此精彩！请细细品味。

"网络乒乓球大赛"

唉！一天一度的"乒乓球赛"又开始了。我托着腮，望着桌上布满蚂蚁般小字的练习册。突然，语文教师表扬一大半人都交上了作业，我立刻有了压迫感。找出之前做的练习作为参考，我一边找一边看，可和它有半点儿关系的题都没有。我靠在椅子上，喃喃自语："语文太难了!"唉，终于写完了!我赶紧用手机把"球"打出去。啊!室外洁白的云朵，像轻纱一般的风，还有演奏家树叶的沙沙声，真是让人心旷神怡。

突然，"叮"一声，本以为是好事，没想到是晴天霹雳，看着教师加工完打回来的"球"，我长叹："唉!"之后像和尚念经一样，嘀咕道："快开学!快开学吧!"又是一个"世纪"过去了，我终于将错误的"球"进行了细致的修改，又要重新发球了，我用出九牛二虎之力打了回去。然后看向铃铛裁判，终于鲜红的优秀和靓丽的小花向我扑来，我知道这场"乒乓球赛"终于告一段落啦!

巧妙定主题，走进学生的真实生活。疫情，令人们反思和铭记。而反思、铭记的极好方式，便是用笔记录。结合当前疫情形势设定话题，如宅家心情、写给抗疫英雄的话、口罩自述、赖床、宅囧、网课趣事多、舌尖上的美味、"网络乒乓球赛"等。巧设训练点，鼓励学生运用语言、心理、动作、感官、想象等多种细节描写让文字充满活力，引导学生从开放性主题的描绘逐步转入限定主题的联想。

（三）满足学生成就感，助其坚持

为了让百字小作文发挥更大的效用，师生的评赏必不可少。面对教师每天点评，线上教学时间不充裕的情况，巧妙地把评价的主动权交还给学生，将作业权限设成全班可见、学生可自由点评、送花。这既给予了潜力生正大光明学习借鉴的机会，又让部分"百字小作文高手"切磋技艺，一展拳脚。点评的同时又能偷偷学师，借鉴创新，习作创意源源不断，可谓一举数得!

赏评要坚持两条底线原则：一是真实；二是清楚。在此基础上，学生素材挖掘的能力要格外关注。至于是否生动，可以持包容态度。没有什么比来自师生的肯定更能让孩子满心欢喜、充满力量了，让学生从评价中得到激励，从赞扬中获得自信，从建议中不断完善，更愿意坚持写下去。

（四）案例分析及思考

百字作文是自由短小的写作情态的代称。"百"是简短、微型的代名词。写"百字"就是鼓励学生每天用一两百字，即兴、及时地将自己的烦恼、快乐或新奇的发现记录下来。正是这样的设定，让学生乐写善写，没有心理负担。

帮助孩子重塑"习作简单"的心理，引导学生拥有一定的自主习作能力。百字小作文门槛低、高效、简单、易于坚持，长此以往，学生留心观察、放大生活细节、积累习作素材的能力变强，习作的成就感和乐趣增多，逐渐形成"习作简单"的意识，更能把这种连续性的体验内化为积极的心理暗示，进而形成内驱写作的动力。

学生写作水平不高，通常不是结构性的整体缺陷，而是局部性的要素缺失和错误。正如上海师范大学王荣生教授所言：母语状态中的写作学习，学生不是从"无"到"有"的过程，而是从"少"到"多"，由"不尽完善"到"相对完善"的过程。百字小作文记录的过程不必强调篇章结构的完整，语句不必字斟句酌地苦苦推敲，意断时笔止，想怎么写就怎么写，想写多少就写多少。

《义务教育语文课程标准（2022年版）》提倡：创设真实而富有意义的学习情境，凸显语文学习的实践性。作文进入生活，生活激扬作文。写作文的过程就是记录生活的过程。当天的事当天回忆，当天记录，文章常写常新。长此以往，学生为了找到新鲜事，会很自觉地去参与生活、观察环境、寻找素材。写作所需的各种能力都在此中得以综合训练，最终形成情动辞发、心手合一的良好写作态度。

通过百字小作文训练，学生写作的状态发生了变化。他们在练习过程中不仅积累了丰富的写作素材，养成了留心观察、及时记载的写作习惯，并且能对搜集到的素材进行个性化的处理和表达。好效果不是偶然，而是源于百字作文训练三个特别之处：

第一，好效果来自高回应率。每日一文，每日一展示，每日一评……就像天天和孩子交谈，三言两语，孩子的作文得到百分百的回应率，再加上各种形式的表扬、激励，充分调动了写作积极性，写作兴趣越来越浓，能力自然越来越强。

第二，好效果来自于宽松的氛围。百字小作文鼓励孩子不受形式上的束缚：题目自拟、素材自选、表达自主、体裁自定、长短自由。写坏了，撕掉重来！实在无话可写了，一句话交待也能通过。在这样宽松的写作环境下，每个孩子都认为自己能写，加上教师的鼓励，逐渐爱写。

第三，好效果仰仗于训练的强度。作文水平的提高与训练强度有着密切关系。每日一篇百字小作文，虽然简短，但从频率上将习作训练的强度大大增加，能有效地促进孩子储备词汇，积累素材，吸收和运用书面语言为表达服务。

疫情期间，自从班级推行写百字小作文训练，学生就像用心播下的种子，慢慢开花了。在他们的作品中，我读到了清奇的脑洞，看到了他们生活的常态，更读到了学生丰富的内心世界。我们相信：只要在路上，总会有收获，坚持下去，就能看到耀眼的光芒！

付晓丽／济南市天桥区桑梓回民小学

参考文献：

[1] 何捷.何捷教师的百字作文系统 [M]. 福建：福建教育出版社，2020.

[2] 何捷.百字作文的神奇魔力 [M]. 福建：福建少年儿童出版社，2019.

第四章 教师线上教学经验、反思与升华

浅谈线上整本书阅读教学

—— 以《海底两万里》为例

突如其来的疫情，让校园生活不得不按下暂停键。线上教学成为每位教师探索的新阵地。《义务教育语文课程标准（2022年版）》明确指出，整本书阅读的学习任务群旨在引导学生在语文实践活动中，根据阅读目的和兴趣选择合适的图书，制订阅读计划，综合运用多种方法阅读整本书；借助多种方式分享阅读心得，交流、研讨阅读中的问题，积累整本书阅读经验，养成良好阅读习惯，提高整体认知能力，丰富精神世界。在线上教学的背景下，整本书阅读被提到一个新的高度，成为全体语文教育者关注的焦点。

《海底两万里》是法国作家儒勒·凡尔纳创作的科幻小说，以独特的描写手法与奇幻的想象著称于世，讲述了尼摩船长驾驶自己设计的潜水艇"鹦鹉螺号"在大海中自由航行的故事。科幻小说以其奇幻的想象、离奇的情节对七年级学生很有吸引力，这是线上推动整本书阅读的优势。此外，阅读教学在保持学生兴趣的前提下，应更多地关注科幻小说本身，帮助学生掌握阅读科幻小说的方法，提高学生的文学鉴赏能力，推动学生深度阅读。

一、读前：制订计划，持续推进

（一）问卷调查，了解情况

为全面了解学生的课外阅读情况，在正式阅读名著之前，利用问卷星线上软件进行问卷调查，科学设计问题。教师借助问卷不仅可以准确掌握学生对《海底两万里》的熟悉情况，还可以利用有趣的问题设计，激发学生的阅读兴趣。

问题设计示例：

1. 你认为神魔小说和科幻小说的区别在哪里？

2. 你阅读《海底两万里》的主要原因是什么？

3. 你认为教师关于《海底两万里》的阅读设计应重点关注哪些方面？

（二）浏览目录，制订计划

《如何阅读一本书》中提到，"研究目录页，对这本书的基本框架做概括性的理解"。目录涵盖了一本书的主要内容、内容间的比重、作者的关注点等，同时也可以提示学生阅读的重难点与兴趣点。浏览目录可以帮助学生快速了解书本内容，框架脉络。借助目录，学生了解到《海底两万里》共两部分，四十七章，初步预计用五周完成阅读，前四周时间完成全文阅读，第五周进行专题研究与延伸性活动。教师在指导学生浏览目录的过程中，师生共同制订《海底两万里》阅读计划。

（三）任务驱动，钉钉打卡

《海底两万里》的全文阅读计划跨度为四周，时间较长，能很好地调动学生的阅读积极性，切实训练学生的阅读能力。针对四十七章内容设计一系列的阅读任务，以任务为导向，驱动整本书阅读。

阅读任务示例：

"鹦鹉螺号"：绘制潜水艇简易图，标明各部位的名称和功能。

一切都用电：尼摩房间里的墙上有哪些仪表，各有什么作用？尼摩船长如何发电？如何提取钠？如何储存空气？厨房里用什么能源做菜？

几组数字："鹦鹉螺号"如何上浮或下沉？"鹦鹉螺号"和普通船相比有哪些优点？潜艇的总价值是多少？

名著阅读需要学生长时间的坚持，线上教学、钉钉软件为推进整本书阅读教学提供了便利。教学过程中充分利用钉钉的打卡功能，学生可以通过视频、音频、图片等多种方式打卡阅读任务。钉钉软件定时提醒学生，教师可以随时批阅、总结打卡任务，这些方式很好地推进了学生的整本书阅读。在《海底两万里》全文阅读期间，教师组织学生开展"阅读之星"打卡比赛，收到了很好的效果，将读书与活动相结合，寓读于乐。

二、读中：直播课堂，交流分享

一千个读者眼里，有一千个哈姆雷特。同一部文学作品，不同的人阅读会有不同的感受；同一个人物形象，不同的读者会有不同的认知。线上进行《海底两万里》阅读时，教师充分激发学生的表现欲，让学生化身"网红主播"，就阅读过程中发现的感触点、魅力点与其他问题线上交流，在交流讨论中，加深对小说的理解，提升学生的文本解读与语言表达能力。

（一）学生多角色讲述故事

阅读《海底两万里》，教师提前为学生布置阅读任务，以任务群驱动整本书阅读，学生带着目标阅读。在阅读全文的过程中，引导学生关注故事脉络与文章细节，帮助学生形成自己的理解。让学生讲述章节故事，促使学生对小说内容有整体理解，对主要人物与故事情节有脉络性认知。学生多角色讲述小说，可换位思考，站在作者、主人公等多个角度理解文章主题，把握人物心理。例如可以以尼摩船长、"我"等身份讲述故事，既调动了学生的阅读积极性，也丰富学生的情感世界。学生在准备讲述故事的过程中，提取、分析、总结、表达等各方面的能力得以锻炼与提升。

（二）学生多角度点评人物

塑造人物形象是小说的核心，正是因为人物活动与表现才使故事情节更生动，更曲折，耐人寻味。《海底两万里》全文阅读中，教师让学生更多地关注与总结小说中的人物形象。借助故事情节、表现手法与细节描写，指导学生分析人物形象。透过人物了解小说想要表达的思想和主旨，看到其中心和内涵，对故事有深层次理解和把握。学生利用钉钉直播，在线分享自我发现，点评小说人物。随着阅读的不断推进，小说人物形象会逐渐丰满、立体。例如，阅读中，学生会逐渐认识到尼摩船长是一个复杂的人物形象：在《一颗价值千万的珍珠》中尼摩是善良、冷静、反压迫、有正义感的，但是在《大屠杀》中他又是残忍、暴怒、专制、冷酷、阴郁的。

（三）学生多线索串读

教师在指导学生线上阅读时，要告诉学生，《海底两万里》充满了神奇的内容，其中有很多神奇之处，在阅读的时候可以以"魅力""惊险""神奇"为线索，用一种猎奇的态度来阅读，感受《海底两万里》中非凡的海底世界。以"惊险"为线索的学生，会分享小说中许多惊心动魄的场面，比如"他们在大西洋里与章鱼进行血战，一名船员惨死""他们在红海里追捕一条儒艮，儒艮肉当晚就被端上餐桌"等。他们的线上分享与讲述充满惊险，使小说故事更具吸引力，调动学生阅读的主动性。

三、读后：问题探究，合作成长

在整本书阅读的后期，教师对《海底两万里》的阅读教学进行了适时调整，加入了更具有语文味的延伸性阅读活动。居家学习期间，学生可以寻找大量线上资源，为延伸性阅读活动的开展提供便利。通过这些延伸性活动，引导学生再次走进名著，深读小说，促使学生在潜移默化之中提高对语言文字的驾驭能力和对经典名著的鉴赏技巧，增强学生小组合作、自主探究的意识，切实提升语文核心素养。

学习活动一：海底历险导游词。

如果你搭乘尼摩船长的"鹦鹉螺号"潜艇进行海底环球旅行，请将海底奇特的景观、独特的见闻等结合自己惊险的历程，撰写一篇海底两万里美妙画卷的导游词。

教师引导学生在深读名著之后，再次重读作品，重点关注色彩斑斓的海底环境描写，重新体会并建构起对作品的认知。

学习活动二：小组合作，比较阅读。

展示"鹦鹉螺号"路线图；

对照"鹦鹉螺号"路线图与"西天取经"路线图；

说出"科幻小说"与"神魔小说"的区别。

学生可在网络上寻找世界地图，按照《海底两万里》内容进行标注，学生会发现《西游记》的很多地名是不存在的。学生在直播课堂展示两幅路线图，教师适时引出"科幻小说"和"神魔小说"的不同。虽然两者都是小说，都有"幻"的成分，但"科幻小说"是以科学的某一方面内容构成故事情节或背景的小说，两者"幻"的意义是不一样的。只有读懂了这一区别，才能真正打开阅读科幻小说的大门。

学生活动三：戏如人生，剧本创作。

学生以小组为单位选取小说片段、编写剧本、选角扮演以及线上演出。

组织学生进行剧本创编活动以及线上表演，旨在激发学生对整本书阅读的兴趣，促使学生不断进行深层次阅读，力求把可读性的文字转化为可视性的表演，以剧本创作来不断引导学生对作品人物形象、故事情节、思想主题等方面进行深度阅读，以此提升学生整本书阅读的能力。

四、反思与感悟

帕斯卡尔说："我们所有的不幸都是因为不能待到自己的书房里造成的。"整本书阅读教学除了课程教学的要求之外，为教育者更应该努力探寻帮助学生建造自己的书房的途径，构建学生的精神空间，让孩子"待在自己的书房"。

（一）开展丰富活动，激发阅读兴趣

整本书阅读是一项长期、艰巨的教学任务，在这个过程中，要保证教学的效果，学生的阅读兴趣是我们重点关注的。丰富多彩的阅读活动，能够不断为阅读教学注入源头活水，调动学生的积极性与创造性，保证阅读教学效果。如利用钉钉等线上教学软件打卡，既督促学生保证阅读进度，又实现学生间的良性竞争。

（二）读书方法指导，提升阅读质量

古语云，授人以鱼不如授人以渔。整本书阅读的关键在于阅读过程中帮助学生掌握阅读方法。只有重视阅读方法的获得，才能实现学生终身阅读、终身

受益。《海底两万里》阅读教学中指导学生阅读目录，了解故事梗概，制订阅读计划，在这个过程中，让学生习得基本的读书方法。

（三）师生阅读合作，实现深度学习

深度学习是发展学生核心素养的主要路径。加拿大学者艾根在《深度学习：转变学校教育的一个革新案例》中提出："学习深度"具有一个基本的标准，即知识学习的充分广度、知识学习的充分深度和知识学习的充分关联度。《海底两万里》的线上阅读教学，学生在教师设定的教学场景任务中，师生合作，以学生为主体，充分指向艾根提出的"学习深度"的三个维度，让学生在名著阅读中实现深度学习，提升学生思维品质，促进语文核心素养的提升。

郑桂华教授说："课堂教学的主要功能在激发学生的阅读兴趣，培养他们对于书籍的敬畏之心，引导深度阅读及指导阅读方法，而不在于读多少书。因而对语文教师来说，弄清哪些是自己能做的，哪些是可以施加影响的，然后再积极行动，把自己该做的那一部分做得更好，对促进整本书的阅读特别重要。"《海底两万里》的线上阅读教学是一次全新的尝试与挑战，在整个阅读过程中，教师始终注重学生兴趣的激发、任务驱动，将学生看作教学的合作伙伴。希望在这场奇幻之旅中，师生一起提升思维品质，品味书香，让趣味阅读、深度学习在课堂生根发芽。

王建建 / 商河实验中学

参考文献：

[1] 义务教育语文课程标准（2022 年版）[M]. 北京：北京师范大学出版社，2022.

[2] 艾提默·J.艾德勒，查尔斯·范多伦. 如何阅读一本书 [M]. 郝明义，朱衣，译. 北京：商务印书馆，2014.

[3] 郑桂华. 整本书阅读·应为和可为 [J]. 语文学习，2016（7）.

巧设三单，助力线上教学高效课堂

线上教学已经触发了互联网时代课堂的深度变革，给小学语文一线教师提出了新的时代要求，需要我们立足学生本位，创新教学设计，加强学生学习方式方法的指导，真正发挥学生学习的自主性，通过学习赋权，激发学生学习的责任感和主动性，激励并指导学生开展自主且有深度的学习。笔者经过实践与探索，认为建立课前、课中、课后闭环式指导督促体系，精心设计课前预学单、课中助学单、课后延学单，三单联动，是助力线上教学高效课堂的有效策略。

一、设计课前预学单，指向基础，了解学情

线上教学期间有效的预学单，是学生学习的"助推器"，不仅可以提醒学生学习和掌握知识的方法，而且对激发学生的学习兴趣和提升学习能力有积极的意义。所以预学单的设计要目标明确、简便易行，在遵循学生认知规律的基础上，由浅入深，循序渐进，力求实现知识体系的初步构建。以六年级下册《学弈》为例，将预学单从听读、感知和理解、质疑三个维度进行设计。第一部分：听一听，读一读。空中课堂资源中教师通过精巧的设计，引导学生标画停顿、读音，学生通过自学或借助资源就能独立完成学习任务。第二部分：查一查，猜一猜。意在让学生了解文章内容的同时，回顾学习文言文的方法。"《学弈》选自 ＿＿＿＿＿＿，关于孟子的资料，我的了解是 ＿＿＿＿＿＿"，这道题看似是让学生查看文章来源，查找作者资料，实则在告诉学生"明出处""识作者"也是学习文言文的方法。第三部分：理一理，想一想。无论是对文章内容的了解还是提出质疑，都能反映出学生学习的程度，在批改预学单的过程中，我们就能更好地掌握学生的学情和学习需求，为接下来课中导学单的设计（修改）找准起点。

预学单会在前一天通过线上教学平台推送给学生，帮助学生在"前置性"学

习单的带领下，自主探究，主动学习新知，在不借助任何帮助的情况下独立完成。

二、设计课中助学单，指向阅读，发展思维

线上教学效果与学生参与的广度与深度、教师指导的有效性密不可分，以助学单为媒介就很好地实现了由教师主导到学生主体的转变，由单一对话到思维激荡的提升，既活跃了课堂氛围，又发展了学生思维。《义务教育语文课程标准（2022 年版）》提出，思维能力是学生语文学习的核心素养之一，课中助学单旨在通过任务驱动、活动创设，促进学生自主阅读、发展思维。它的设计一要承接预学单，摸清学生通过前置性学习达成了哪些目标，有哪些疑惑；二要根据实际学情确定本节课的教学重点、学生学习的难点，这是助学单中应该重点呈现的内容，即学生需要深度思考、教师需要适度点拨的地方。课中助学单设计科学与合理是实现高效线上教学最重要的一环。

（一）设计课中助学单，教师首先要确立"大问题"意识

不论是线下还是线上教学，一节课最不可或缺的就是问题，尤其是线上教学短短的二十分钟，提问的有效性则显得更为重要。所以，笔者认为线上语文教学要如同写作一样"立片言以居要，乃一篇之警策"，要立主脑，减头绪，每篇课文、每节课都要精简出一两个提纲挈领的"主问题"，所有的教学活动都要聚焦于此。

主问题的设计：一要依托人文主题，借助统编版教材丰富而宽泛的人文主题，设计突破教学重难点的主问题。二要紧扣语文要素设计，其训练落实点就是学生思维训练的培养点。三要围绕目标设计，因为教学目标是一切教学活动的出发点和归宿。

（二）设计课中助学单，以问题链形式助推学生自主学习

主问题通常代表着教学目标，为了达成目标，设计助学单时要围绕它提出若干个与其具有相关性的问题链，供学生自主学习。小学生本就自控力差，自主学习力弱，居家学习中循序渐进而又条理清晰的助学单如雪中送炭。

1. 关于问题链的设计方式

（1）横向并行的问题。各个问题彼此之间相互独立，并列存在，在教学指向上具有一致性，即聚焦主问题要达成的目标。《富饶的西沙群岛》一课，采用总—分—总的构段方式，海水、海底、海岛三个知识点有一定的内在逻辑顺序，但本身却是并列关系，我们可以围绕主问题设计三个并列的问题链，如图1所示：

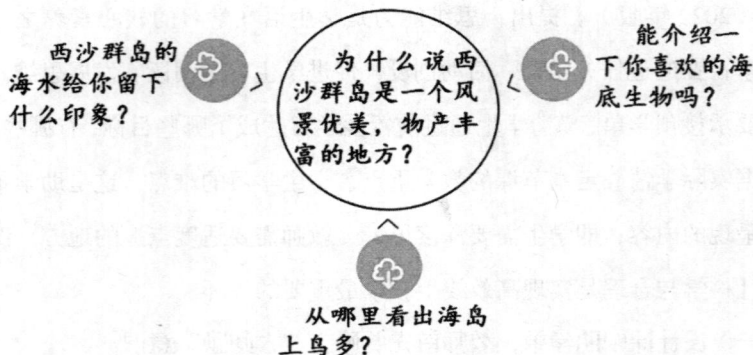

西沙群岛的海水给你留下什么印象？

为什么说西沙群岛是一个风景优美，物产丰富的地方？

能介绍一下你喜欢的海底生物吗？

从哪里看出海岛上鸟多？

图 1 　《富饶的西沙群岛》问题链

通过这些横向并行的问题，学生不但能够迅速地把握课文的内容与主旨，并且通过解决问题链中的问题，强化对主问题的理解，使学生对课文的关注呈聚拢式直指主问题。

（2）纵向递进的问题。在教学《军神》一课时，为了让学生更清楚地理解"你是一个真正的男子汉，是一块会说话的钢板"，设计图2这样的问题链：

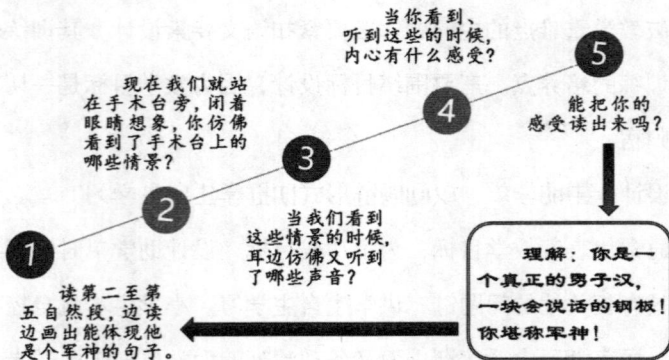

当你看到、听到这些的时候，内心有什么感受？

现在我们就站在手术台旁，闭着眼睛想象，你仿佛看到了手术台上的哪些情景？

能把你的感受读出来吗？

当我们看到这些情景的时候，耳边仿佛又听到了哪些声音？

读第二至第五自然段，边读边画出体现他是个军神的句子。

理解：你是一个真正的男子汉，一块会说话的钢板！你堪称军神！

图 2 　《军神》问题链

这些问题循序渐进、层层深入，成为学生理解课文内容的阶梯，有的放矢地突破了文章的重难点，为提升学生文本理解和逻辑分析能力奠定了基础。

2. 关于问题链的呈现形式

问题的呈现除教师的语言表述外，还可借助各种不同形式、色彩丰富的思维导图，把动态的语言变成静态的图表。学生边读边思边写，既调动多种感官的参与，集中了注意力，又能激发学习兴趣、活跃课堂氛围，缓解线上学习的枯燥感。

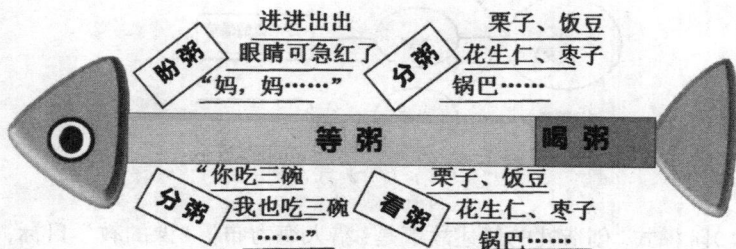

图 3　《腊八粥》鱼骨图

（1）鱼骨图式。学习《腊八粥》，借助一幅鱼骨图，引导学生厘清课文的主要内容和详略，图 3 中把鱼的身体用不同的颜色分为长短鲜明的两部分，并标注"等粥"和"喝粥"，文章的详略一目了然。这样写有什么好处呢？围绕这一主问题，教师利用鱼骨图设计了问题链，师生交流后在鱼骨图上批注写法。学生在几个环环相扣、层层递进的问题链中逐步体会到八儿的可爱、童真。

（2）时间轴式。学习《十六年前的回忆》，借助时间轴梳理父亲被捕前后发生的事情，按照事情发展的顺序把握课文的主要内容，并结合印象深刻的事情借助问题链展开探究，进而体会李大钊同志大无畏的革命英雄气概，如图 4：

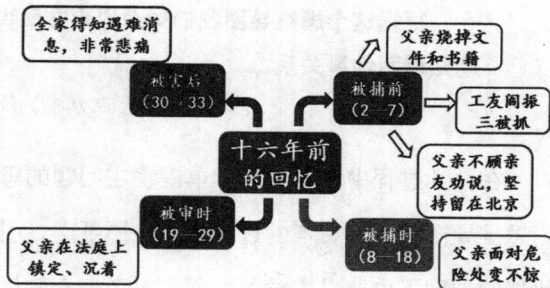

图 4　《十六年前的回忆》时间轴

（3）气泡式。学习《猫》这篇课文，通过气泡图的形式梳理课文内容，对比不同作家描写猫的不同表达方式，如图5：

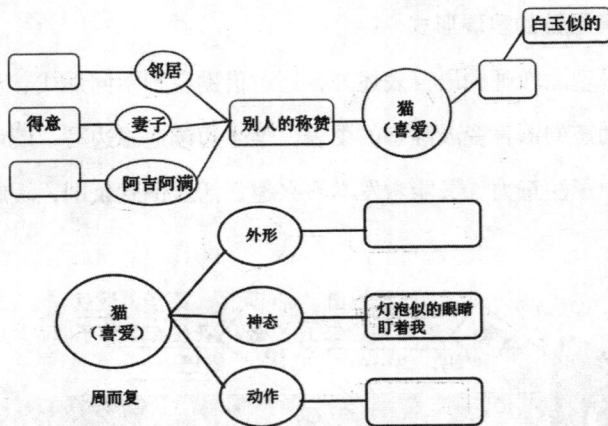

图5　《猫》气泡图

（4）阶梯式。创造性的复述故事是《猎人海力布》一课的教学目标，如图6，借助一张阶梯思维导图，帮助学生抓住主要内容，从而展开想象并复述故事。

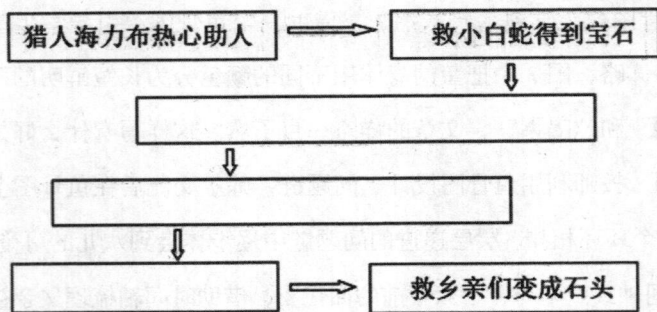

根据这个思维导图我们知道原来文章讲了两件事，而且还清楚地知道两件事关系。

图6　《猎人海力布》阶梯图

在教学过程中，课中助学单围绕主问题的思维核心发散出无数子问题，利用思维导图将学生思考的过程展示在图纸上，引导学生在没有教师、没有学习伙伴的帮助下也能自主学习、深入思考，有效提高线上教学效率。

三、设计课后延学单，指向实践，举一反三

课后延学不等于课后的复习，在设计延学单时，教师要充分考虑到经过助学单引领后学生已有的认知水平，延学单既要巩固消化线上课堂知识，又要在梳理、归类、转化的基础上让学生产生积极的思考，促进他们智力、能力的发展。

（一）拓读类延学单

阅读是一个吸收的过程，也是发展思维能力的过程。居家学习中，学生个体之间缺少沟通与交流，这时候引导学生与书中一个个有趣的灵魂沟通，实现课内外有效衔接、及时拓展，则会让学生的线上学习更丰富高效。

例如，教学《穷人》第8自然段桑娜抱回孩子的心理描写，在探究写法时学生大都停留在"内心的独白"上。为了引导学生进行语言形式结构的深层探索，设计了如下延学单：阅读《木偶奇遇记》中的片段，说说两篇内容在表达上有哪些相同点。学生通过自主阅读、比较分析后，发现片段中的问号、感叹号、省略号及人物一次又一次的自问自答，是作家采用"矛盾追问法"把人物复杂的内心刻画得淋漓尽致。通过比较分析引导学生掌握写作方法，从而打通课内与课外的联结，促进阅读与写作的融合，实现表达与吸收的跨越。

两个课时之间的拓读单以阅读任务为主，而课时之后则以"拓展型学习任务群"为主要推进方式。疫情期间我们延续线下探索出的"1＋X"拓展阅读法，即以作者线为例"一人带一本"，综合运用多种方法阅读整本书，借助多种方式分享阅读心得；以表达线为例"一篇带一类"，如课上品读了王安石的《泊船瓜洲》，学法迁移自主学习《秋思》《长相思》，然后对比阅读李觏的《乡思》和岑参的《逢入京使》，课下引导学生积累、背诵思乡类的古诗词。通过"构建语文学习任务群"，引导学生在拓展、对比中深切体会到同一种情感可以借助不同的事物来表达的技法。

（二）拓写类延学单

《记金华的双龙洞》是习作单元中的精读课文，对于指导单元习作具有

范例作用。因此，在延学单中设计了小练笔的作业，引导学生通过课堂中习得的写作方法进行迁移训练，学习作者直接描写与真实感受相结合的写法，写一写自己走独木桥的经历，随后在班级群中发布、互相点赞、欣赏。"语文课程应引导学生在真实的语言运用情景中，通过积极的语言实践，培养语言文字运用的能力。"课后及时拓写练习，引导学生在情景、语言、智慧等多重因素的的综合发展中构建自我，在语文学习中，实现语文学科工具性与人文性的统一。

（三）探究实践类延学单

《义务教育语文课程标准（2022年版）》指出，语文是一门学习国家通用语言文字运用的综合性、实践性课程。疫情期间学生居家时间长，为开展探究实践类作业提供了条件，可以结合学习内容设计他们喜闻乐见的活动。学习了《记金华的双龙洞》设计当小导游为家人介绍双龙洞并用短视频的形式记录下来的作业；学习了口语交际《辩论》，设计围绕电脑时代需不需要练字展开线上辩论；学习了《十五望月夜》设计画月境、赏月章、写月文、晒作品等综合实践作业。

线上课堂教学中，导学单、助学单、延学单应该基于学生学情进行设计和必要的调整，真正形成"三单联动"，让师生在由浅入深的学习、探索、发现的生态学习过程中，提高教学质量，提升学生的语文核心素养，在"双减"背景下真正达到"线上教学不减质，居家学习不降效"的目的。

周桂东、于瑞美／平阴县东三里小学

参考文献：

[1] 张丽 . 主问题与问题链——培养学生思维能力的有效策略 [J]. 济南教育，2021(11):37-40.

[2] 许慧心 . 救失补偏之道在于以"约"驭"博"[J]. 人民教育，2015（3）:45-47.

"双师双向"课堂教学模式的探究与实施

——以《雷雨》为例

疫情推动了教育信息化的进程。自全面开启线上教学以来，为了解线上教学的开展情况，面向章丘区鲁能实验小学进行线上教学的师生发放调查问卷 1000 份，回收问卷 915 份。由分析结果可知，目前主要存在两方面的问题：一是线上教学组织方式与传统线下教学相比存在差异，教师投入时间和精力较多；二是线上教学中有诸多环节需要完善，如线上教学的教学资源需要再丰富，师生互动有待加强，课堂上教师需更好地了解学生的学习障碍并及时解决等。如何在新环境下完善线上教学环节，在有效配置教学资源的同时，让授课教师在线上教学中发挥最大效能，从而提升线上居家学习的质量，是亟待解决的问题。

一、"双师双向"课堂教学模式的内涵

当前中小学校每级部多班制现象普遍存在，线上教学不受空间限制，为了减轻教师的工作量，完全可以打破"课堂只有一位教师"的传统，对同级部相同授课时段的班级进行合并，采用"双师双向"授课模式，实现"一位教师，多班授课"，即每节课一位主讲教师、多位助教教师同时进入直播间，由一位教师主讲，各班任课教师助教，相互协助，各有侧重，力图打造更好的交互课堂和互动学习空间。"双师双向"课堂的核心就是两位教师共同掌控一个课堂，教师的职能细化，主讲教师只需要做好教学工作，课堂的纪律以及与学生的互动完全交给助教教师。这样可以更有效地发挥每一位教师在教学全过程中的作用，有效提高线上教学质量。在本节课例中，利用钉钉直播平台，通过一位教师主讲，二年级各班语文教师助教，九个班四百多名学生同时上课的"双师双向"课堂教学模式，大大提高了线上教学质量。

二、"双师双向"课堂教学模式的实施

下面结合统编版小学语文二年级下册《雷雨》一课"双师双向"线上教学案例进行具体分析：

（一）"双师双向"——课前共建

课前，主讲教师根据授课内容精心设计预习单，由各班语文助教教师布置学生完成，并于课前对本班学生的预习单进行在线评价，将学生完成情况及时与主讲教师反馈。在线上直播前五分钟，各班助教教师负责组织学生按时进入课堂，对学生出现的设备技术操作等问题及时解决，维持在线课堂秩序，保证学生全员参与。

【分析】通过课前预习单的布置和反馈，"双师"合作，班级助教教师能及时了解本班学生预习情况，也助力于主讲教师准确把握学情，及时调整课堂教学内容。助教教师课前组织教学，为主讲教师更快速、高效地引领学生进入线上课堂学习做好充分准备，保证学生全员参与线上课堂。

（二）"双师双向"——课堂互动

1. 导入环节

（1）师：给同学们带来个谜语，猜猜看。你是怎么猜出来的？（视频连麦交流：主讲教师与学生连麦交流，助教教师帮助解决班级学生出现的连麦技术问题并督促学生积极参与。）

（2）师：课前同学们已经借助预习单预习了课文，接下来老师要考考你了。出示第一题。下面请快速选择：A 还是 B？（主讲教师通过钉钉直播"答题卡"功能出示选项，学生通过手机或电脑自主选择，助教教师督促本班学生全员参与答题。）再来看看你标注的音节正确吗？出示第二题：请自己读题，快速选择。

2. 课文环节

（1）下面我们就一起走近这场雷雨！听，雨要来了！你的脑海中浮现了怎样的画面呢？（视频连麦交流）。哪一个字让你最有这种感觉？请你试着读

出这种感觉好吗？教师听出你把"压"这个字读重了，读出了沉闷感，这是我们第一单元学过的突出重音的方法，屏幕前的其他同学也这样来读读吧！（学生将朗读语音发到自己班级群，助教教师在线点评指导。）

（2）此时人们多么希望来点风凉快一下啊！风说来就来，这大风把小蜘蛛都吓跑了。看看蜘蛛怎么跑的？垂下来的。什么是垂呢？一起来看看。（主讲教师播放"垂"字的微课视频。）

（3）蜘蛛刚刚逃走，雷电就来了。这句话你想怎么读？（视频连麦交流）从你的朗读中，我感受到了雷电的变化，声音越来越高，语速越来越快，闪电和雷声越来越有气势，雷雨马上就要到了！你是个会朗读的孩子！相信其他同学会读得更棒，快来把你的朗读语音发到班级群里分享一下吧！（助教教师对本班学生语音进行在线点评，主讲教师在各班级群选择学生朗读语音进行播放点评。）读的一个比一个好，助教教师的点评也很给力！

（4）（学生圈画完1—3自然段中的景物后）这就是文中的关键信息，教师把这些景物放入了表格当中，乌云黑沉沉地压下来，大风吹得树枝乱摆，这就是乌云和大风此时的景象。下面请你默读课文1—3自然段，完成"学习单一"后拍照发到班级群。（助教教师对本班学生完成的任务单进行在线点评，主讲教师选择学生任务单进行展示交流。）

（5）雷雨来得快，去得也快。回想雷雨前的描写，雷雨要停的这一句该怎样来读呢？一定难不倒你！把你的朗读语音发到班级群里吧！（助教教师对本班学生语音进行在线点评，主讲教师选择学生朗读语音进行播放点评。）"越来越"这个词语也很神奇，变化自如，把它放到下面的句子中，说一说雨中景象的变化吧！（视频连麦交流）

【分析】通过以上教学流程可以看出，在"双师双向"课堂授课过程中，主讲教师侧重于课本知识的直播授课，做"课堂的引领者"，通过任务单驱动、视频连麦交流、生字教学微课视频、班级群朗读语音、学习单反馈等设计了多种线上互动方式，实现了云端课堂的师生互动、生生互动，让课堂有实、有趣、有得。同时，出于对大联播课堂学生可能出现的缺堂、参与不积极、互动不充分以及低年级学生技术操作等问题的顾虑，各班级助教教师做"问题的消灭者"，侧重讨论交流和答疑，负责课前组织学生、课堂维持秩序、技术问题解决，并在每个教学环节中对学生的朗读语音、任务单完成情况等及时进行在线点评指导，共同激发学生全员参与课堂互动的积极性。"双师双向"线上课堂依托云服务以及专业视频终端等高端设备，在课堂师生互动中，主讲教师可以利用直播平台的"答题器"等功能，实时了解各班学生的学习情况，在课下及时与班级助教教师交流。在这样的协同教学下，助教教师也能够及时了解本班学生课堂学习情况，对学生进行有效指导，由此实现了主讲教师与助教教师的双师互动、助教教师与学生的师生互动、级部学生全员参与的生生联动，让双师双向课堂不流于形式，让课堂真正高效。

（三）"双师双向"——课下答疑

课后环节——作业：学生完成课后任务单（主讲教师布置学生完成课后任务单，拍照上传到钉钉"家校本"，班级助教教师进行逐一评价指导，并与主讲教师进行交流反馈），教师线上答疑（助教教师结合主讲教师课堂答题等反馈情况，在每天的"线上答疑"小课中，对本班学生进行及时有针对性的指导）。

【分析】根据学生居家学习的特点，主讲教师为每节课设计了课后任务单，由各班级助教教师对学生进行全员评价和指导，并将课堂知识点掌握情况及时与主讲教师反馈，以便随时调整教学内容。根据学生的练习情况，助教教师进行在线答疑、针对性辅导、查漏补缺，分小组直播，分层练习，最大限度地把关每个学生的知识掌握情况。最后通过测评，使学生形成完整的知识系统，力求让"双师课堂"真正实现落地增效。

三、"双师双向"课堂教学模式的反思

本课例中，"双师双向"教学依托一位主讲教师和各班级一位助教教师的

合作实现，这种"1+1"的"双师双向"组合模式，实现了以下教学效能：

（一）教师的工作量"1+1"小于2

首先，"双师双向"教学模式下，主讲教师与助教教师分工协作，双向侧重，减少了教师的重复性劳动，解决了教师普遍反映的线上教学工作量大幅增加的问题。在实际教学中，既可以由学校名师、级部骨干教师担任主讲教师，各班级任课教师担任助教，也可以级部内任课教师轮流当主播，这大大减轻了教师课课主备的压力和时间，使每位教师都能发挥自己的优势，最大限度地相互助力课堂教学质量的提高。

其次，教师有更多精力参与线上集体备课，不断创新教学模式，从而提高教师的教研能力。

（二）教学效能"1+1"大于2

线上教学期间，授课教师对二年级9个班采用"双师双向"教学模式授课近8周，每个班完成了56课时的学习。根据教学效果评价统计，前7周的作业完成情况比线下学习期间学生作业的完成率和正确率都要高，从恢复线下学习前的级部随机抽测结果对比看，比线上学习之前级部抽测成绩平均分提高了3.8分。

一位教师主讲，各班任课教师助教，能够更多地关注到不同学生的需求，更及时地解决学生的问题。主讲教师侧重课本知识的直播授课，助教教师侧重讨论交流与答疑，可以将课堂上的两个环节——直播、互动都做得更好。在线上课堂中，参与的两位教师均能明显地感觉到，学生进行课堂互动的积极性更高，参与度更广，几个班的同学一起上课，学生的思维更活跃，提出问题的难度和深度更优于单师线上授课。

备课组对二年级级部"双师双向"教学班的学生发放问卷450份，收回428份，其中90.16%的学生表示很喜欢这种教学模式，认为"比一位教师授课的形式更加灵活、更加全面""答疑和评价更及时，效率高""发言更活跃，教师指导更有针对性"等。可以看出，"双师双向"教学模式较好地解决了线上学习中普遍存在的问题。

综上所述，"双师双向"教学模式在减少教师教学工作量的同时，实现了效率高、产出高、覆盖率高的教学效果。同时，该模式也得到了学生的认可和欢迎，使学生获得了更多的支持，大大提高了学生的学习积极性。由此可见，这样的"双师双向"线上教学模式具有较高的推广价值。在以后的线上教学实践中，我们会继续总结经验，探索如何更好地将"双师双向"教学模式的优势融入常态化教学。

景霞 / 济南市章丘区鲁能实验小学

参考文献：

[1] 谢琨，苗启广，郑海红，郭涛 . "双师双侧"线上教学模式的探索 [J]. 计算机教育，2020（8）.

[2] 林海燕 . "双师教学"课堂模式建构的探索与思考 [J]. 课程教育研究·学法教法研究，2019（13）.

[3] 李淑怡 . 线上课堂，发挥双师课堂效能 [J]. 广东教学报·教育综合，2021（22）.

巧用评价，助推线上劳动教育扎实落地

一、线上劳动教育现状分析

疫情特殊时期，教学从线下转为线上。为了全面加强劳动教育，更好地进行学生居家劳动实践，线上教学伊始，济南市章丘区福泰小学充分调研了学校1—6年级3700多名学生家长。调研发现，超过90%的家长认为"劳动教育很有必要"，对每天安排1小时劳动实践表示支持，这一数据表明，家长对孩子参与劳动的认识有一定提升。但真正实施起来，依照以往假期活动开展的经验来看，真正落实劳动的比例很小，有的虎头蛇尾，活动开始热情高涨，很快就偃旗息鼓，有的从一开始就是形式主义，打卡摆拍，难以落到实处。

出现以上情况的主要原因有：一是有的家长认为劳动虽重要，但学生的任务是学习，让孩子做家务劳动是浪费时间和精力。二是一部分家长片面理解对孩子的爱，不舍得孩子动手，劳动作业也替代孩子。两种意识的作用下，劳动在很多时候变成了形式和摆拍。由此可知，仅仅依靠自觉、自发，劳动教育很难在家庭教育中落地。真正落实学校对家庭教育的指导，还需要借助劳动评价这个法宝，以德育为引领，发挥劳动教育评价作用，转变家长和学生的意识，强调劳动的自我内化过程，让劳动成为学生的一种需要和习惯，才能全面提升学生的劳动素养，推动劳动教育落地生根。

二、线上劳动教育路径探索

全国著名教育改革家、全国劳动模范魏书生说过：当劳动成为习惯，当承担成为习惯，学生就自然而然地向上生长。基于这样的理念，学校深入研究上级政策和学生居家劳动实际情况，从评价目标、评价形式、评价主体、评价要素、评价维度等方面入手，整体构架科学的"福娃"劳动教育评价体系，促进线上劳动教育系统推进。

（一）突出提升核心素养的评价目标

依据《深化新时代教育评价改革总体方案》《关于全面加强新时代大中小学劳动教育的意见》等文件精神，学校将劳动教育的目标指向核心素养的培育，注重学生劳动观念、劳动能力、劳动品质、劳动精神的培养，以德育为前提，以劳动素养为核心，培养新时代社会主义建设者和接班人。通过评价促进劳动教育落实，解决为谁培养人、培养怎样的人、怎样培养人的问题。

（二）综合使用三种评价形式

过程性评价、形成性评价与终结性评价相结合，确保评价科学合理。

1.过程性评价

重点改变以往教学重结果轻过程的问题，在过程性评价中突出标准化评价管理，如课堂评价、劳动打卡、劳动日志等，重点解决学生不愿动手、劳动不坚持的问题。结合上级部门研发的基础教育劳动任务清单，研发学校自己的家务劳动清单，分解量化任务，要求孩子按时间保质保量完成并做好打卡和记录（表1）。根据课堂进度上好劳动课，教师做好学生上课过程记录，并及时填写相应表格。

表1　福泰小学一年级线上劳动教育打卡清单

日期	劳动内容	家长评价
第一周	1.独自洗漱（刷牙、洗脸）。 2.学会扫地。 3.做到节约用水。 注意劳动安全。	
第二周	1.学会清洗简单小物件（茶杯、碗筷）。 2.自己整理书包。 3.做到节约时间。 劳动时注意安全。	
……	……	

第八周	1. 学会穿针线。 2. 给父母或长辈沏杯茶。 3. 节约粮食，光盘行动。 劳动时注意安全。	

2. 形成性评价

每一项劳动主题任务完成后，设置形成性评价，通过劳动成果考查，确保活动实施，主要通过主题比赛和展示类评价进行。

主题比赛类评价：针对不同学段和学生认知特点，一到六年级设置不同的线上劳动主题比赛。比如一、二年级以个人生活起居和自理能力为主要内容，以培养学生劳动意识和劳动安全为主，设计"穿衣、整理书包""我的小书桌我整理"等比赛，使学生懂得人人都要劳动的道理，感知劳动乐趣，爱惜劳动成果。高年级以家庭劳动和服务类劳动为主要内容，开展"我是小木匠""我爱种植"比赛活动，让学生初步养成热爱劳动、热爱生活的态度。

展示类评价：设计了"大厨来了""面食小达人"等系列展示活动，引导学生秀技能，学本领，展示烹饪技术，初步建立健康饮食的观念，提高食品安全意识。活动中，制订完整的评价量表（表2），评选出的大厨将被推荐到学校微信和济南小学综合实践学校微信平台进行展示。

表2 福泰小学"大厨来了"班级主题活动评价量表

评价内容	评价标准	星级系数	学生自评	家长参评	教师点评	累计得星	获得称号
烹饪技能	学会了食材采购前的准备工作，学会正确的烹饪技巧	☆☆☆					
烹饪习惯情感	乐意与父母一起规划一日三餐，喜欢学习烹饪制作，制作完成后清理劳动现场，珍惜劳动成果。	☆☆☆					

（续表）

烹饪创新	能主动对烹饪的方式方法提出自己的意见或建议，尝试使用新的烹饪技能或方法，创新劳动成果。	☆ ☆ ☆					
展示推介	能利用各种形式（照片、视频、抖音、绘画、手抄报等），推介自己的菜品。	☆ ☆ ☆					

备注 ：获得星数最多的被评为"班级大厨"，班级大厨可被推介到学校微信平台进行展示，获得2枚福娃币。根据全校投票评选出12名"校级大厨"，可推介到济南小学综合实践学校微信平台进行展示，获得5枚福娃币，记录成长手册。

3. 总结性评价

劳动教育评价最后还要和学生的综合素养结合，服务于立德树人的根本任务。复学后基于线上和线下劳动教育实践开展的过程监测与纪实评价，开展全校劳动技能竞赛，分年段、分项目进行活动，所有学生根据劳动表现参加"班级劳动小达人"评比，每班的班级小达人参加"学校线上劳动小能手"评比。每学期还会组织学校"劳动成果"展示，所有的劳动过程、资料全部记入学生成长手册，作为学期末和毕业重要参考数据。

（三）借助三类评价主体

为了使学生形成稳定的劳动兴趣，借助包括学校、家长和学生的多元评价主体，形成"三位一体"互动评价方式，即"学生评价""教师点评""家长参评"的多元评价形式（表3），形成家庭劳动教育的良性和优势循环，引导学生成为"爱劳动、会劳动、勤劳动、惜成果、享幸福"全面发展的新时代少年。

1. 学生评价：学生评价包括学生自评和同伴互评。学生就技能掌握、参与程度、经验收获、思维提升、情感价值观等进行自我评估和互相评价，引导学生发挥主体作用，建立合作意识。

2.教师点评：教师及时给予点评和指导。

3.家长参评：鼓励亲子合作式家务劳动，家长对学生居家劳动整体表现进行点评，充分发挥家校共育的作用。

表3 福泰小学"冰箱领鲜生活"线上课堂评价表

评价领域	评价标准		自我评价	同伴评价	教师点评	家长参评	累计得星
课前准备	积极参与课程，准备好上课相关材料，了解冰箱相关内容						
课中研学	参与状态	兴趣浓厚，学习状态良好。积极与教师连麦互动，发表自己观点					
	探究状态	主动探究思考，提出问题					
	展示状态	主动实践，连线展示劳动成果，与同学分享					
课后效果	知识掌握	了解冰箱功能与作用，学会正确食物保鲜方法					
	劳动态度	热爱劳动，积极居家劳动，养成劳动习惯					
	创新思维	能用冰箱功能创意制作自己喜欢食品——水果冻酸奶					
综合评价							

（四）关注四个评价维度

1. 面向全体，普及劳动意识

培养劳动意识，让学生具有正确的劳动动机和劳动态度。如设置七彩虹班级劳动岗，居家期间评选班级"爸妈小助手""节约小能手""清洁小达人"等，引导学生形成主动劳动意识，认识每种劳动技能都很重要，培养居家劳动多面手。

2. 正确认识，改变劳动观念

指导家长树立正确的劳动观念，呼吁家长找到"呵护孩子"与"锻炼孩子"的平衡点。让孩子适当参与力所能及的家务劳动，提高劳动光荣、劳动人民受尊重意识，在劳动过程中养成环保节约习惯。

3. 关注过程，凸显劳动能力

每天劳动打卡，每周学做一项家务技能，通过班级群秀一秀劳动成果，说一说劳动经验。劳动过程中鼓励学生根据劳动清单内容，进行个体的自主性劳动，也鼓励创新性劳动，清单上根据不同学段设计需要学会的技能和尝试性技能，体现学生的自主性、能动性和创造性，培养学生的自主、合作、探究精神。

4. 福娃争章，点亮劳动成果

线上＋线下结合，静态＋动态结合，根据劳动清单项目，学校实行"奖章激励"，每完成一项劳动任务可以获得相应福娃印章，集满相应的印章则可以获得福娃币，获得的福娃币和奖章可通过青鸟邮局兑换喜欢的物品。通过福娃印章、福娃币、成长手册，对全校学生的平时表现进行评价和激励，让学生循序渐进地养成劳动好习惯；"成果展示"，通过劳动打卡、任务单、微视频、技能比武等给予学生劳动最光荣的情感体验；"荣誉奖励"，将劳动教育评价结果融于各项综合荣誉的评选中，如学校劳动福娃、市区级优秀少先队员等。

（五）突出五个评价要素

结合居家劳动清单，开发设计"线上劳动教育评价记录卡"（表4），从课堂、实践两大板块，整合课堂学习、家务劳动、社会实践等劳动教育内容，从学生的劳动态度、实际操作、劳动技能、劳动成果、劳动精神等评价要素制订评价标准，对劳动教育课程的实施情况进行评价。

表4　福泰小学六年级线上劳动教育评价记录卡

劳动项目	"大厨来了"主题活动					累计得☆	最终得☆
评价内容	评价参考标准		参考评价标准画☆				
			自评	家长评	师评		
劳动态度	积极学习，表现出强烈的劳动愿望	☆☆☆					
	态度一般	☆☆					
	学习消极懈怠	☆					
实际劳动	积极参与自主探索，勇于进行实践等	☆☆☆					
	基本遵守秩序，不自主实践	☆☆					
	学习不认真，学习效果较差	☆					
劳动技能	能多角度解决问题，形成新技能	☆☆☆					
	掌握劳动技能，能完成项目	☆☆					
	需在他人的帮助下完成项目	☆					
劳动成果	在各项学习展示评比中表现较良好以上	☆☆☆					
	任务基本完成，表现一般	☆☆					
	没有完成任务	☆					
劳动精神	在学习中勇于进行劳动创造	☆☆					

每一项活动内容详实记录学生劳动成长的足迹，再通过多元的评价形式，让学生分享劳动教育项目与劳动成果，获得更多的劳动学习经验，从而实现"以劳树德，以劳增智，以劳强体，以劳育美"的育人价值。

评价的重要作用在于激发学生的内生动力，查摆和纠正教育教学过程中存在的问题，努力转变重结果、轻过程体验，重技能、轻素养的学科意识，努力凸显社会、家庭对劳动教育的重要作用，营造全员重视劳动教育的浓厚氛围。今后，学校将逐步完善更具科学性与合理性，更能增强针对性与有效性的评价体系，从而更有利于增强劳动教育的质量和效果，更有利于学生劳动素养的形成与发展。

张雪莲、张隽 / 济南市章丘区福泰小学

参考文献：

刘茂祥 . 基于实践导引的中小学劳动教育评价研究 [J]. 教育科学研究，2020（2）：18–23.

别开"声"面 "生"声入耳

——自制乐器为线上音乐教学注入活力

疫情形势下停课不停学，线上课堂成为学校教学的主阵地。在小学低年级线上音乐教学实践中，作为一线教师，我们克服师生面对面交流减少、互动缺失的弊端，通过就地取材自制乐器、优化交互体验、激发课堂活力等方式，进行了大胆尝试，取得了意想不到的效果。

一、线上音乐教学的困境

众所周知，音乐是声音的艺术、听觉的艺术。音乐教学强调过程性、互动性，通过旋律、节奏、节拍、速度、力度、情绪等音乐语言，鲜活再现音乐形象，使学生在各种气氛、色彩、情绪以及形象的变化中沉醉，唤起无穷的想象，形成一个教学互动、情景交融、音乐审美的过程。线下教学时，教师可以与学生直接面对面交流、沟通、互动，课堂氛围随时可控、可调。囿于音乐学科的独特性，线上教学变为隔空操作，师生之间难以实现情感交流和即时互动，再加上电子设备、网络信号的差异以及学生素养、家庭环境等因素影响，致使学生参与学习的热情不高，严重影响课堂氛围、制约教学效果。广大音乐教师面临新挑战、新课题。

二、自制乐器为线上音乐教学注入活力

（一）寻声而去，在教学中寻找契机

面对困境不能坐以待毙。既然家庭变成了课堂，就应顺势而为，变被动为主动，在日常生活中寻求解困的生机，在家庭环境中寻找创新的切入点。经过两周忙碌的线上教学后，我们终于在欣赏乐曲《单簧管波尔卡》的教学中找到了灵感。《单簧管波尔卡》是波兰作曲家、单簧管演奏家普罗修斯卡改编的器乐曲，全曲轻松活泼，旋律流畅，情趣诙谐，给人一气呵成之感，深受人们的

喜爱。在以往的音乐课堂上，学生只是跟着教师讲课的节奏欣赏，活泼明快而富有生气的乐曲并没有激发起他们的热情。针对教学拓展环节——用自制乐器为乐曲伴奏，教师曾经展示并讲解过用矿泉水瓶做的沙锤，瞬间激发了学生的兴趣和热情。让学生自制乐器参与线上教学，应该是走出困境的绝佳契机，值得一试。

音乐是声音的艺术，教师可以利用家庭有效资源，给学生布置课后活动，就地取材，自制乐器，为线上音乐教学助力。具体任务是：利用家里的生活用品，或者废旧物品，敲一敲、打一打、拍一拍、摇一摇，根据它们发出的声音，动脑筋发明一件乐器，并在下节课堂上展示。同时也要提示学生：注意安全，不得破坏家里的物品，要得到家人的同意，也可以让家人帮忙。这样做的目的，就是让学生的耳朵先动起来，就地取材，听音辨声，自己动手制作乐器，在参与创作的实践中真切感受音乐的魅力、美的情趣、艺术的力量。这一做法，正与音乐学科"重视学生在学习过程中的艺术感知及情感体验，激发学生参与艺术活动的兴趣和热情，使学生在欣赏、表现、创造、联系、融合的过程中，形成丰富、健康的审美情趣；强调艺术课程的实践导向，使学生在以艺术体验为核心的多样化实践中，提高艺术素养和创造能力"的课程理念不谋而合。

（二）自制乐器进课堂，拓展师生交互体验新途径

教师不能只给学生布置任务，应该先行先试，教学相长。通过反复搜寻、敲打体验，可以发现生活中一些不起眼的小物件，同样隐藏着许多美妙、迷人的声音。比如，用筷子敲打倒扣的塑料盆，可以模仿鼓的声音；用小铁勺敲击瓷碗，可以模仿碰铃或三角铁的声音。经过千挑万选，初步选定了九件物品，即两个塑料瓶、一个塑料盆、一个铁质点心盒、一个装上一把大米的塑料瓶、一串钥匙、一个瓷碗、一把小铁勺、一双筷子，分别模仿六种乐器，即鼓、手鼓、沙锤、串铃、碰铃、双响筒（响板）。然后用这些自制乐器配合着乐曲《单簧管波尔卡》演奏，录好视频，以备上课之需。

实践证明，兴趣是最好的老师。屏幕前学生们展示的自制乐器五花八门，琳琅满目。有的拿笔敲文具盒或者保温杯，有的敲小闹钟上面的铃铛，有的摇晃口香糖盒，还有的将笔和尺子插在一起变成双响筒。上课时随机邀请学生代表依次展示自制乐器、讲解制作过程，并现场演奏。铁勺碰上瓷碗，声音清脆绵长，让人感受到三角铁的欢快清亮；筷子敲击盆，声音充满力量，让人感受到鼓的铿锵浑厚。同时教师要对他们的创造大加赞赏，积极鼓励，并随机点评讲解。

在此基础上，教师依次展示自己制作的乐器，并利用自制乐器为乐曲《单簧管波尔卡》伴奏。音乐响起，随处可见的盆、碗、瓶、盒、筷、勺、钥匙，在教师面前好像被施了魔法般，咚咚咚、叮叮叮、当当当、沙沙沙，此起彼伏，实现了生活物品与世界名曲的完美结合。通过教师的示范，拓展了学生的思路，激发了学生对音乐的兴趣和热情。

如何引导学生用自制乐器为音乐伴奏，既是本次线上课堂创新的关键环节，也是衡量教学成效的重点。首先要让学生熟悉音乐，仔细聆听《单簧管波尔卡》A、B、C 三个乐段，辨别它们在速度、旋律、情绪上的不同。A 段与 B 段区别不是很大，A 段与 C 段有明显的对比。然后引导学生听着音乐，敲敲打打，拍拍晃晃，用自制乐器为相应的乐段演奏。这一环节重在让学生保持热情，让他们尽情体验、实践，感受、熟悉自己的乐器，可以按照节拍的节奏，也可以按照旋律的节奏进行，只要觉得好听就行。学生可根据自己的乐器选择坐姿或者站姿。

这节课中，教师的示范要自然大方，自带美感，能一下子吸引住学生。选择的乐器及其伴奏不能太复杂，难度系数不要太高，要给学生一种跳一跳就能够到的感觉。这样才能吸引学生的兴趣，让他们有进一步探究的欲望。

（三）声音溯源再延伸，激发学生探索音乐美的情趣

自制乐器进课堂初试成功，为线上教学注入了新活力。在此基础上，能否

进一步拓展延伸呢？

鉴于学生们这么喜欢自制的小乐器，绝不应该浅尝辄止。天真的童心需要不断地呵护，探索的激情需要不断地激发。让学生探究声音，不仅知其然，还知其所以然。从音乐教学的角度出发，可以设计以下步骤：对声音的探索，是基础；利用生活物品自制乐器，是桥梁；音乐课堂上物尽其效、物显其能，是目的。为了让学生能够对声音有一个系统明晰的概念，我们苦思冥想，到处搜集资料，终于在空中课堂发现一节音乐课《嘟嘟、嘘嘘、砰砰、咚咚》，很好地讲述了自古以来人们对声音的认识，利用声音原理制造的各种乐器，以及乐器的分类，资料非常丰富。于是，利用在线指导的时间，让学生观看欣赏了《嘟嘟、嘘嘘、砰砰、咚咚》。通过对"乐器的故事"的讲述，学生对声音有了清晰的概念，明白了乐器的分类，能够初步辨别弦乐、管乐、打击乐。进而引导学生对自制乐器合理分类，并冠以合适动听的名字。看似简单的认识声音，利用生活中物品各自的音色，发现自制乐器的小知识，其实隐藏着音色、音高、音区、强弱、节奏等大学问，学生切身感受到了音乐的魅力，感受到音乐就在身边。通过这一拓展环节，使学生对声音、乐器、音乐有了较为系统的认识，开阔了他们的视野。

二年级学生的表现让人欣慰。能否让声音学习继续发散，让更多学生体验自制乐器的乐趣呢？笔者同时担任二、三年级的音乐教学，萌生了跨年级尝试的念头。相比二年级学生，三年级学生参与热情更高，发散思维能力更强，自制乐器更丰富。塑料制品的、铁质的、木质的、纸质的等，每人跟前两三件乐器，更有甚者摆了四五件。见此情景，可以趁机引导学生邀请家人合作演奏，当时就有小哥俩一起合奏起来，陶醉在自己制造的乐器之中，感受到合作的快乐，音乐的美好。即使下课了，仍恋恋不舍。跨年级尝试，快乐共享无极限！

（四）授之以渔，引导学生选择适合的乐器为音乐伴奏

面对众多自制乐器，应该如何选择才能相得益彰，更好地展现音乐？例如，

学唱歌曲《甜甜的秘密》，这是一首曲调轻快、活泼的儿童歌曲。整首乐曲沉浸在一种"悄悄""神秘"的气氛中，其乐融融。怎样引导学生选择合适的乐器为歌曲伴奏呢？首先学生要熟悉自己的乐器，根据它的音色、音高、音量等，判断是否适合为该歌曲伴奏。教师出示鼓，征求大家的意见。同学们有的赞同有的反对，意见不一致，那就让耳朵帮忙给出答案。一试一听，一致得出结论，鼓不适合为此曲伴奏。理由是，鼓表现得太热闹了，神秘感全无。再用同样的方法尝试其他乐器，最后确定了碰铃和沙锤。全曲用碰铃伴奏，第二乐段加入沙锤，完美地表现了歌曲的意境。学生通过自己的探索、体验，找到了其中的乐趣，获得了满满的成就感。

三、线上音乐教学的感悟与收获

音乐魅力无穷，探索永无止境，线上教学让我感悟颇深、收获颇多。

（一）初心不改，童心不泯

作为小学音乐教师，面对学生，要有一颗不老的童心，才能与学生打成一片，做学生的知心朋友；面对困境，要保持一颗勇敢的心，积极面对，勇于探索，终会柳暗花明；教学中，要保持教学的初心，传道授业，教书育人，孜孜以求。学无止境，教无定法，作为教师，要善于抓住课堂中出现的亮点，大做文章，使其大放光芒，为教学注入活力。

（二）兴趣主导，因材施教

成功的秘诀在于兴趣。兴趣是最好的老师，吸引学生的兴趣非常关键。在音乐教学中，不仅要备教材、备学生、备乐器，因材施教，有的放矢地教学，还要结合他们的心理、年龄特征，站在学生的角度思考问题。运用各种方法调动学生的听觉、动觉、视觉、触觉等，引导他们多感官体验音乐、欣赏音乐。要注重联系学生的实际情况，提供有利的素材和必要的示范，让学习变得简单易行，信手拈来，调动学生学习的积极性。要充分发挥学生的主观能动性，给予尽可能多的创作和表现机会，在玩中学、动中学、学中乐，培养学生的兴趣，使其真正成为音乐审美的欣赏者、参与者、创作者。

（三）想象无穷尽，快乐无极限

艺术源于生活，生活为艺术插上了想象的翅膀。学生自制乐器进课堂，一方面拓展了思路，开阔了视野，激发了想象力、创造力；另一方面拉近了学生与音乐的距离、领略到音乐的魅力，使学生真切感受到音乐就在身边，与我们的生活息息相关，没有那么高不可攀。自制乐器让每个孩子拥有了一件属于自己的乐器，哪怕它很微小、很简陋，但它已经向孩子们伸出了走进音乐世界的橄榄枝。

你若盛开，清风自来。小声音，大学问，乐器自制，别开"声"面，"生"声入耳，线上音乐课也能嗨起来！

赵梅／济南市纬十路小学

浅析如何通过"心理自助"提升小学生线上自学能力

受新冠肺炎疫情的影响,线下课堂教学时常被打断,学生线上学习成为一种常态。在居家学习环境下,学生身边没有了教师的督促和同学的陪伴,学习氛围、心态发生较大变化,教师教学形式、方法策略也随之改变。如何主动适应这一新形势,保证学生线上学习质量和效率,成为广大教育从业者共同面对的一项重要课题。线上教学实践证明:提升学生"心理自助"能力可以有效促进学生自学能力的发展。

一、学生线上学习能力情况分析

线上教学期间,教师普遍感受到学生的学习效果和效率较差,自主学习能力不强的问题尤为突出。由于学生学习端和教师教学端空间上的分离,学生和教师无法近距离接触沟通,教师难以实时准确地了解学生的学习情况。特别是小学生群体年龄小、活泼好动,刚进入线上学习时会新鲜感十足,学习很积极。但小学生对教师有一定的依赖感,一段时间后,学生便注意力分散,对事物的新鲜感难以维持,线上学习热情不再高涨,便不同程度地出现了居家学习不知所措、不愿与家长沟通、上网课时坐不住、遇到问题无意请教、无法按时完成作业等情况,线上学习效果也就大打折扣。

停课不停学,无论线上线下都不能让学生"掉线",必须保证教学质量,不能让学生掉队。通过对比线下和线上教学的优缺点(见下表)会发现,自主学习能力较差且基础薄弱的学生,无论是"线上"还是"线下",都应是教育从业者需重点关注的群体。该类学生切换居家学习模式后,由于心理准备不足、心理期待迷失和心理约束缺失,学习状态、效率不同程度下滑。

线下教学与线上教学优缺点对比

教学方式	线上教学	线下教学
特点	跨时空低控制	同时空面对面
优点	1. 自主选择，自由观看 2. 资源公平共享 3. 家长深入参与 4. 提升信息素养 5. 针对性强，因材施教	1. 即时调整，现场生成 2. 管理到位，保障教学 3. 同伴影响，集体约束 4. 对话互动，自然加入 5. 学生自主学习能力要求不高
缺点	1. 按计划推进，缺乏生成 2. 管理难以实施 3. 合作缺失，没有氛围 4. 单向输出，互动性差 5. 依赖学生自主学习能力	1. 被动接受，时效性强 2. 资源难以共享 3. 家长参与不够 4. 技术融合不够 5. 普惠性强，针对性弱

同时，那些学有余力的学生更需要关注。由于线上教学打破了常规的班级授课制，从外在形式上看，学生成为独立的学习个体，脱离了教师的视线，加上教学的密度和教学管理的强度都有所减弱，线上教学工具——手机、电脑为学生消遣娱乐提供了方便，他们更容易"释放"自己的余力，因此，加强心理自助教育、促进自主学习尤为重要。

二、"心理自助"的概念界定

"自助"是指在没有其他人的帮助下，进行自我帮助或自我完善的行为。心理自助就是人们主动地、有意识地调节自身情绪，改善心理状态，以获得心灵提升的行为。

心理健康的维护是一个多层次的系统工程。根据服务对象的不同数量，可将其分为六个层级的金字塔。第一个层级是学生自助，其他层级的帮助，包括同伴互助、班主任等教师及家长、心理辅导教师、临床心理咨询师和精神病医生，都应该转化为自助。心理自助属于心理保健这一系统工程必不可少的基础层面，是维护心理健康、优化心理素质的奠基工程。

心理自助与心理咨询可以起到相辅相成的作用。一般的心理自助系统包含自助意识、自助目标、自助环境、自助方法和自助活动等要素。故学校可通过班主任、心理教师及其他学科教师对学生提供心理自助帮扶，培养学生心理自助能力，提升学生学习主体意识与学习效率，实现学生线上学习能力的提高。

三、"心理自助"提升学生线上自学能力的策略

对小学生来讲，他们自助的意识、兴趣、能力难以靠自己形成。所以，若想通过心理自助提升小学生线上自学能力，需要心理健康教育教师、班主任等教育者从以下方面开展工作，唤醒学生的心理自助意识，激发心理自助兴趣，培养心理自助能力，提高学生的线上学习能力。

（一）关注学生心理需求，满足学生多层面的需要

学生在线上学习期间脱离教室、回归家庭，学习环境发生改变，部分学生在家可能面临温饱、交流等心理需求。此类新问题的出现，代替学生学习的需要（自我实现的需要）成为学生在特殊时期更需教师关注的问题。因此，线上教学应从"心"开始，教师要用"心"思考，走进学生"心"里，贴近他们，温暖他们，了解真实的他们。由于部分学生线上学习后面临家长白天外出工作，饮食没有着落的困境，教师需协调指导学生居家生活需要，心理教师可联系班主任教师加强对学生的劳动教育，协同家长切实解决学生的三餐问题，从而使学生重新将主要精力放在线上学习上。此外，由于线上学习开始后师生交流的时间相对减少，教师需指导学生满足居家社交需要，心理教师应及时指导学生学习线上交流的方式，引导学生尽快适应线上交流方式，养成线上文明交流的习惯，班主任教师可开辟师生、生生线上交流渠道，增设师生、生生交流的时段与场所，尽量减少因交流不便对学生造成的负面心理影响。

（二）唤醒学生心理自助意识，提供心理自助方法指导

提供心理自助方法指导对于线上教学来说是"磨刀不误砍柴工"。针对学

生未做好心理准备、缺乏时间管理能力的问题，教师要给予帮助和指导，让学生制订生活学习计划并帮助其落实，首先实现"照章办事"。通过制订班级、学科等线上学习与生活的具体细致的计划，引导学生尽快找到符合线上学习节奏的居家生活作息，从而帮助学生唤醒心理自助意识，尽快适应线上学习。

对班主任教师来说，要配合学校统一的线上生活学习指导计划及时制订合适班级学生情况的班级计划，对学生的线上学习提出符合学生身心发展特点的具体要求，按照班级计划对班级学生线上学习适应情况进行定期筛查，确定重点帮扶学生名单，联系心理教师与家长对重点学生进行帮扶；对学科教师来说，则是要依据线上线下学习节奏的不同来科学制订本学科线上学习计划，对学生线上课余时间练习有要求的学科，要及时给予学生统一指导与建议。此外，教师要关注重点学生，可点对点线上联系筛查出的线上学习适应情况较差的学生，进行个人生活与学习计划指导。对于线上学习能力较差，且家长协助情况不佳的学生，教师可帮助学生制订线上"玩耍"计划，反向帮助学生逐步适应线上学习。

（三）增强学生心理自信，培育自主学习习惯

线上学习期间，学生的心理波动较大，因此教师的评价要多些鼓励，以激发学生的自主意识，形成自主学习能力。合理的督促和纠偏会让学生自律、自强，从容应对线上和线下的学习，逐渐养成良好的自主学习习惯。

一是重视家校共育，形成教育合力。特殊时期的线上教学，家长面临的压力同样不小。心理教师可收集、整理相关资源，利用文字、视频等适合不同家长的形式，通过班级群、公众号等多种媒介对家长进行心理健康知识宣讲，帮助家长做好个人心理调适，同时通过多种媒介，以情绪疏导、学法指导为主，做好特殊时期家庭教育的指导工作，促使家校在特殊时期形成教育合力。二是不断创新评价方式和内容。教师可以借助各种多媒体信息技术，对学生线上学习的表现进行口头表扬、手势表扬和标志表扬等，不定期调整线上激励方式，

使突如其来的激励带给学生惊喜，让学生对线上学习一直有期待感。三是及时督促和纠偏，要根据学生线上学习的心理需求，不断优化教学设计，在教学过程中要加强与学生的线上互动与正向反馈，使学生获得接纳感和支持感，帮助学生关注线上学习。

四、思考与感悟

线上学习对学生的自主学习能力提出了更高要求。以往对提升学生线上自主学习能力的研究体现在培养学生学习习惯、家长协助、教师引导等方面，试图从学习动机的外部动机角度提升学生线上学习效率。但是，外部动机的影响是有限的，如果学生不能形成良好的心理自助能力，这些促进学生线上自主学习的方法产生的效果将大打折扣。

一是要利用心理辅导干预引领学生心理转型，适应线上学习"新生态"。依据马斯洛的"需要层次理论"，教师通过多种渠道在线上学习初期对学生进行多层次的心理疏导与生活指导，帮助学生尽快适应居家生活，进而适应没有教师与同学的课堂以及学习过程中家长的监督。此外，教师提供有针对性的个别辅导可帮助更多的学生安全度过线下、线上学习的"心理断乳期"。

二是要提前为学生提供有针对性的学习心理指导，使学生由"照做"到"自主做"。教师提前分析学生在各个环节因心理发展特点可能会遇到的学习问题，提前对学生进行心理自助指导，提升学习效率。通过建立"脚手架"，先为学生提供心理援助，提供学习时间内容和生活的安排，由教师的辅助过渡到自主自助，促进学生实现自觉能动的学习。

三是要通过心理疏导助力家长自我调适，促进家校共育达到合力效果。教师为家长提供心理支持，提供家庭教育指导，从而对家长为学生提供良好的线上学习物理环境与心理环境产生积极影响。家长心理状态的稳定可促使学校、家庭、师生形成合力，加强对学生线上学习的监管与反馈，使学生及时获取更有针对性的学习心理指导，提高学生解决线上学习问题的效率，提升学生的线上自学能力。

从目前的疫情形势来看，学生或许还会不定期进行线上学习。学校和教师要时刻做好准备，为学生搭建良好的心理自助环境，提供心理自助方法与活动支持，帮助学生实现心理自助，提升学生线上自主学习能力。

柴菁 / 济南市槐荫区御景城小学

参考文献：

[1] 宁晓云 . 特殊时期小学线上教学的现状 [J]. 山海经：教育前沿，2020(12):1.

[2] 钟鸣，孙学东 . 学会学习：线上教学的应有之义 [J]. 江苏教育研究，2020(11):3.

[3] 胡玲子 . 浅析具有心理自助功能的产品设计 [J]. 艺术科技，2014(11):2.

[4] 李笑燃，钟建军，陈中永 . 心理自助结构及其系统构建 [J]. 山东师范大学学报：人文社会科学版，2008（5）:4.

[5] 吕赟 . 浅谈有效提高小学生学习能力的策略 [J]. 课外阅读，2013(2X):138.

浅析提升小学生居家学习期间阅读兴趣的策略

著名教育家苏霍姆林斯基说过："让孩子变聪明的方法不是补课，不是增加作业量，而是阅读、阅读、再阅读。"阅读对一个人成长的重要性不言而喻。近年来，党和政府越来越重视全民阅读，倡导建设书香社会。《义务教育语文课程标准（2022 年版）》在 2011 版提出各年段课外阅读总量的基础上，更是将"整本书阅读"写入其中，并首次在目标、内容等多个方面进行了明确要求。当前，很多学校都在用不同的形式推进学生的课外阅读，以达到激发阅读兴趣、培养阅读习惯的目的。由于新冠疫情的持续影响，一部分地区开启了线上和线下教学即时切换模式。学生进行居家线上学习，将会对阅读产生何种影响？怎样才能提升小学生在这个期间的阅读兴趣呢？为此，我们进行了学生居家阅读时间投入情况问卷调查，并由此探索了利用线上优势提升阅读兴趣的实施路径。

一、居家学习期间阅读投入变化及归因

在学生每天阅读时间投入情况的调查中，分层选取了 Z 校二至六年级学生共 100 人作为样本，共发放电子问卷 100 份，收回有效问卷 98 份，情况如下：

表 1　小学生线下学习期间每天平均阅读时间投入调查表

30 分钟以下	30-60 分钟	60 分钟以上
21.4%	58.2%	20.4%

表 2　小学生线上学习期间每天平均阅读时间投入调查表

30 分钟以下	30-60 分钟	60 分钟以上
30.6%	50%	19.4%

从调查中可以看出，进入线上学习后，每天阅读时长不足半小时的同学大幅增加，而阅读时长在半小时至一小时及一小时以上的人数却在减少。根据教育主管部门的相关要求，每日组织小学生线上学习时间不超过 80 分钟。与平时在校相比，学生的上课时长明显缩短，且省去了上、下学路途中花费的时间，可供自由支配时间大大增加，为何对于课外阅读时间的投入却不升反降呢？通过学科组教研、学生家长访谈等方式，梳理、归纳其原因，大致可分为以下几个方面：从教师来说，线上教学期间教师忙于教学方式的转型、备课的调整、资源的整理等，忽视了对学生课外阅读的引导和督促，导致未形成阅读习惯的学生降低了对自己的要求；从学生自身来说，学生回到家中成了独立的个体，缺少了班级阅读氛围的营造以及同学间的交流，阅读积极性无法充分被调动；从现实情况来看，线上学习自然少不了接触电子产品，视频、游戏、平台交际软件等各种诱惑增多，无形之中转移了学生的注意力，阅读反而成了一件无趣的事情；再从家长的角度来看，家长的固有观念导致更多关注孩子对课本知识的掌握情况，认为居家学习最重要的是把当天学过的内容学懂弄通，教师不在身边更应该把精力用到自主练习上。

基于上述原因分析，大体可以得出结论，作为主体的学生，很大一部分对于阅读仍处于被动状态，而不是主动行为，因此在外在因素发生变化时，很快影响到对于阅读本身的投入。

二、利用线上优势提升阅读兴趣的策略

当代认知心理学派和结构主义教育思想的代表人物之一布鲁纳曾经说过："最好的学习动机乃是学生对所学知识本身内容的兴趣。"阅读亦是如此，学生只有对阅读产生浓厚的兴趣，才能始终保持较高的求知欲，进而提高阅读的时长与质量。线上教学虽存在一些弊端，但把握其突破地域界限、学习方式灵活、教学手段多样等优势，正是把学生领进书海，无形之中提升阅读兴趣的好机会。

（一）巧用互助资源激发阅读兴趣

提高学生的阅读兴趣，首先应当尊重学生的阅读需要和阅读选择。要真正将孩子的眼光作为评判标准来科学选择阅读内容，将学生的被动阅读转化为主动阅读，赋予其自主选择的权利。在线上教学期间，可建立"云端藏书室"，打破班级界限，进行好书推荐。形式包括学长荐书、同伴互助式荐书等。参与推荐好书的同学，以视频形式将自己读到的好书进行展示，教师按照诗歌童谣、自然科普、小说童话等进行适当分类，统一存入云盘，或在学校网站等开辟单独栏目，供学生按需使用。教师可以进入"云端藏书室"选择一个喜欢的荐书视频进行观看，并尝试将阅读作为作业内容。同时，各班还可以进行课前一分钟漂流荐书活动，每一位同学都轮流开启视频，向大家展示自己喜欢的好书，丰富学生选择阅读的范围。如此一来，学生都能根据自己的兴趣选择读物，必然能够在自主驱动下实现高质量的阅读。

（二）利用功能软件增长阅读兴趣

小学阶段，教师在组织学生进行课外阅读时往往重内容轻方法，缺少合理的目标定位，导致阅读指导流于形式，对阅读目的和意义的思考不深，没有达到理想效果。"工欲善其事，必先利其器"，教师如果能教给学生一定的阅读方法，则会成为学生坚持阅读的催化剂。在线上教学期间，可以适当拿出一部分课时，进行阅读导读课、交流分享课、读写结合课，与线下不同的是，充分利用多媒体、软件功能，带给学生非同一般的阅读感受。

在20分钟的线上导读课中，可以将时间进行合理划分，分别是：引人入胜激兴趣（2分钟）、一见如故识新卷（2分钟）、渐入佳境赏精彩（8分钟）、循序渐进定规划（5分钟）、兴趣盎然浸书香（3分钟）。在这些环节中，教师可以使用与书相关的视频、音频等材料，为学生直观展现纸质书籍无法达到的视听效果。利用线上问卷、收集表等功能，实时统计学生参与课堂的情况。在导读课之后，建立"小打卡"，相互督促，形成阅读圈。交流分享课，同样可划分为：七嘴八舌话收获（5分钟）、妙语连珠品精华（5分钟）、豁然开朗悟深意（3分钟）、众彩纷呈展硕果（5分钟）、取长补短评能力（2分钟）五个环节，可利用班级优化大师进行随机分组交流，线上投票评选读书小达人、最佳风采展示、小小演说家等奖项，并颁发电子证书予以奖励。利用这些在平时课堂中无法实现的软件优势，激发学生愿读、乐读的积极性。此外，针对低年级学生识字障碍的问题，可通过在各班招募小主播的方式，由学生读故事发布到空中课堂、喜马拉雅APP等与大家分享，阅读目标从不读错字到有感情地朗读，从细处着眼，对学生的阅读提出更高的要求。

（三）活用评价方式引导阅读兴趣

因时制宜对学生的阅读过程和效果进行合理而有效的评价，有助于阅读习惯的养成和保持，也是实现小学生高效阅读的载体。评价应遵循整体性原则，要面向全体学生，同时，评价主体、内容和角度都需多元化，以确保评价的科学有效。此外，还应遵循一定的"模糊性"，在推荐必读书目和选读书目的基础上，允许学生根据个人特点选择自读书目，评价过程兼顾量的积累和质的保证，但不做过度细分。

对于具体的评价形式来说，常规式、检测式、活动式、反馈式等多种形式可以并行。常规评价主要是在一段时间内，围绕某一阅读主题进行的检查，可采用量化的形式，如每日读书半小时以上的同学在小程序打卡，获得数量相当的阅读币，建立电子阅读存折，以集币数量作为阅读相关评选的依据。检测式评价，可在线上教学中相机进行，教师利用平台数据分析，给予学生等级评定。对于活动式评价，可以根据阅读种类，适时选择云端辩论赛、线上朗读者、电子阅读手册、情景小剧场等学生喜闻乐见的形式，同时在不同的活动中，为学生提供展示自己阅读成果的机会，起到相互启发的目的。反馈式评价，可在线上家访中进行，通过家长的反馈更全面地了解孩子在家的阅读情况，从而调整课上指导。

（四）创设读书氛围强化阅读兴趣

在调查中发现，有部分家长对进行课外阅读的目的存在认知偏差，认为学好课本、做好练习题是头等大事，除此之外都是闲书，导致孩子的阅读积极性被打击。加强对家庭阅读的指导，有助于形成浓厚的读书氛围，依靠环境的力量，带动学生把更多的时间精力放在课外阅读上，达到事半功倍的效果。例如，在线上教学期间，专门召开主题家长会，以家庭为单位进行阅读分享；通过致家长一封信的形式，倡导家长主动放下手中的手机或电视，以身示范，带头在家读书看报，形成浓厚的家庭阅读氛围。举办以家庭为单位的阅读时长挑战赛，由孩子记录家长的阅读表现，对在居家学习期间累计达到一定阅读时长的家庭给予表扬和奖励。

三、感悟与反思

学生居家学习给教育教学带来了新的考验和契机。如何打破传统教学固有模式，迎接"互联网+"时代课外阅读指导形式的新变革、新挑战，怎样巧用先进的信息技术激发学生浓厚的阅读兴趣，培养良好的阅读习惯，值得每一位教师去思考、去实践。

（一）科学利用线上资源，满足阅读需求

网络是一把双刃剑，线上资源虽丰富，但鱼龙混杂，需要教师进行挑选和整合，同时要注意本土化资源的积累，如新书导读、阅读方法总结微视频，学长荐读、阅读感受分享微主播等，实现师生、生生间的资源互补，真正做到为生所用。教师还应当关注每一位学生的不同阅读起点和能力，打破时间与空间的界限，为他们量身定制阅读内容，满足个性化阅读需求，让每一名学生都能获得阅读的成就感，从而爱上阅读。此外，教师要随时总结和梳理各种阅读课型的线上实施策略，让阅读形式更多样、阅读内容更丰富、阅读体验更美好。

（二）创新开展阅读活动，品味阅读之美

"超级荐书王""线上辩论赛""小小朗读者""阅读小剧场"……结合

小学阶段的学生爱表现的特点，丰富多彩的云端读书活动无疑为学生搭建了自我展示的舞台。以活动为载体的线上阅读，是阅读形式创新的体现，是对阅读内容的拓展，更是对文本内涵的深化。依托各种活动，能够引领学生在书海中吸收多元文化知识，丰富阅读实践，从而实现阅读质量和能力的全面提升。

（三）落实推进家校合作，营造阅读环境

教师要紧紧抓住家长这个与学生成长最为紧密的群体，通过以学生为中心的"学校圈"和"家庭圈"的建构，助推家长教育观念和方式的改变，让学生、家长和教师都成为阅读的合作者和参与者。同时，教师还可以针对家长的育子困惑有选择性地列出书单，鼓励家长到书中寻找答案，通过家长的主动阅读行为营造良好的家庭阅读环境。

庞宁／济南市制锦市街小学

参考文献：

[1] 苏霍姆林斯基. 怎样培养真正的人 [M]. 北京：科学教育出版社，1992.

[2] 布鲁纳. 布鲁纳教育论著选 [M]. 北京：人民教育出版社，1989.

[3] 刘程元. 小学生语文阅读的现状及指导策略 [J]. 语文建设，2013（8）.

[4] 韩艳红. 浅谈如何培养小学生的课外阅读兴趣 [J]. 学周刊，2018（4）：144–145.

多维沟通，共建和谐线上学习氛围

沟通是人与人之间、人与群体之间思想与感情的传递和反馈的过程，以求思想达成一致和感情的通畅。良好的沟通有利于消除彼此的误会，确立互信的人际关系；有利于同事之间营造良好的工作氛围，增强组织的凝聚力；有利于协调组织成员的步伐和行动，确保组织计划和目标的顺利完成。

在教育教学工作中，教师设计的所有教学活动，都是在特定的师生关系中进行的，师生关系的好坏将直接关系到教育的成败。从某种角度来说，教育对学生产生什么效果，是由师生关系的状况来决定的。线上教学期间，只有建立起良好的家校、师生、师师的多维沟通，才能更好地维护师生关系，更清楚地了解学生居家表现，更准确地把握学生心理变化，更精准地把脉教学，提高线上教学质量。

为了保证线上学习效果，学校、教师、家庭、学生都做了充足的准备。即便如此，线上教学真正开始后，依然面临各种各样的挑战，问题接踵而至，其中，师生、家校、师师之间的沟通问题尤为突出。笔者对线上教学的问题进行梳理、总结、反思，提出在实践过程中较为有效的解决策略。

一、线上教学问题表现

为积极响应"停课不停学"的工作要求，各级各类学校积极开展线上教学，并对线上教学的工作进行总结、反思，发现问题主要表现在以下三个方面：

（一）学习状态难以把握

线上教学期间，自律能力较低的孩子很容易被外界环境影响，导致听课效率低，学习效果差。对教师而言，学生对知识掌握如何，有没有进行必要的复习巩固，很难及时有效地掌握。

（二）师生沟通效率不高

线上教学期间，教师们面临的最大困难是，当发现学生有问题时不能及时和学生推心置腹地交流，帮助学生分析问题、解决问题。这对师生沟通提出了新的考验，需要教师们创新沟通方式，用心设计沟通问题，提高沟通效率。

（三）家庭配合参差不齐

线上学习期间，家庭的配合程度差距很大。有的家长能够全天候服务孩子线上学习，不论是技术还是学习都能给予孩子一定的帮助；而有些家长则由于工作原因对孩子无暇顾及，孩子就完全处于无人监管的状态，甚至出现了放任自流的情况。

二、线上教学沟通策略

针对线上教学期间如何进行有效沟通，笔者结合线上教学经验，认为可以从师生沟通、家校沟通、师师沟通三个方面来提高沟通效率和质量。

（一）师生沟通

师生沟通是教育教学中最常见、最有效的沟通方式，而线上教学期间，师生沟通变得不是那么容易。师生沟通作为最行之有效的沟通方式在线上教学期间怎样才能做到效果最佳呢？

1. 课前互动，把脉学生小心思

每次上课提前 5 分钟进入教室。这段时间，和学生聊一聊发生的有趣的、快乐的、忧伤的事情，既可以放松心情，也可以更好地了解学生最近的心理状态，为学生提供更有针对性的指导，帮学生排解居家学习带来的焦虑和烦躁，让学生更好地投入学习。

2. 课后总结，积极鼓励学生

每节课后，及时对学生的表现进行总结。对学生好的表现进行表扬，并给予一定的奖励，一张卡片、一个印章对学生而言都是极大的鼓励。如果有问题，也一定要及时地进行反馈。这种反馈一定要单独进行，和孩子一起分析问题、找出原因，为孩子提供对策，帮助孩子走出困境。

3.微型班会，聚焦小众问题

针对班级中出现的小范围问题，可以通过微型班会的方式和学生进行沟通。五六个人的微型班会，既能照顾到学生的"面子"，也能起到很好的教育效果。当把他们聚到一起的时候，他们已经知道是什么事情。这样的班会比较简洁，直面问题。教师和学生一起谈问题、找原因，并为他们支招，很快就能帮助他们认识到错误，并能改正。微型班会虽然时间上"微"，内容上"微"，范围上"微"，但效果却一点也不"微"。特别是在高年级，学生特别注重形象，如果在班会上进行批评，可能引发他们的抵触情绪，不但不能达到想要的结果，还有可能使问题更加严重。微型班会就更加实用，更加有效。

4.单独沟通，具体问题具体分析

经常和学生打个电话聊聊天，谈谈心。一方面，可以了解学生的状态，及时发现问题，做到防范于未然；另外，还可以增进师生的感情，让学生感受到你对他的关爱。一对一的单独沟通，视频形式效果最佳，不仅能听到声音还能看到表情，拉近了彼此的距离，交流更有温度。

（二）家校沟通

家校合作是做好教育教学的基础，学校教育离不开家长、家庭的配合，线下教学如此，线上教学亦是如此。线上教学期间，要更多、更广、更深地和家长进行沟通，形成家校教育合力。

1.询问关心式的沟通

这样的沟通，是为了了解学生居家学习、心理状态，表达对学生的关心。这样的沟通不用遣词造句，只需带着你的真心、真诚，用心和家长沟通，帮助家长消除焦虑的情绪，让家长对孩子充满信心。

2.问题反馈式的沟通

当学生在上课、听课、作业等方面出现问题，并且与学生沟通无果的情况下就需要家长的配合与协助。这时的沟通，教师要提前整理好相关的资料，分析孩子存在问题的原因、可能引发的后果，更重要的是给家长一定的建议。沟通过程中，提出问题不是最重要的，给予问题的解决办法才是最重要的。切忌一味向家长抱怨，要在提出一个问题的同时，给家长2—3条解决方法，让家长有手可抓，有法可循。这样，家长才愿意去协助你，从而形成家校合力。

3. 意见征求式的沟通

线上教学更需要得到家长的协助。教师在开展活动之前，一定要与家委会、家长代表进行深入的沟通，征求他们的意见，得到他们的支持。这样，活动开展起来更顺利、更有效果。沟通一定要摆明利弊，让家长能明白你的初衷，从心底里赞同你、支持你。沟通中，少用文字，多用语音、表情，亲切的声音加上恰当的表情更容易表达自己的想法和心情。

（三）师师沟通

线上教学中，教师们无法直观、全面地看到孩子的课堂表现。这个时候就需要教师之间更多、更全面的沟通，以更好地掌握学情，服务教学。

1. 课前备课沟通

课前，教师加强备课沟通。对教学内容、教学进度、课堂问题、课后作业等都要进行细致地研讨，耐心地沟通，做到有备无患。线上教学中教师要更加用心，内容设计更有吸引力，才能吸引学生坐在电脑前。

2. 课中协作沟通

线上教学期间，我们大胆尝试主副教师的课堂：一位教师负责上课，另一位教师负责课堂的点名、纪律的维护、回答问题情况的统计等。这样，上课的教师可以把所有的精力放在教学上。另一位教师就可以专注课堂上发生的其他事情，维持课堂秩序。两位教师彼此分工，彼此合作，教学效果得到较好保障。

3. 课后问题反馈交流

课后，两位教师沟通教学存在的问题、学生们的表现等，这样在了解学生的表现之后就可以与问题学生进行"一对一沟通"，反馈其存在的问题，并帮助他改正。教师与教师的沟通，不仅要关注学生表现，更要关注课堂教学。辅助教师把教学的亮点和不足，与上课教师进行细致沟通。这样教师就可以在以后的教学中保持亮点，弥补不足，让自己的线上课堂教学效果更佳。

师生沟通，有助于建立和谐的师生关系，增进师生之间的情感，调动学生的学习主动性和积极性；家校沟通，赢得了家长们的信赖，家校一心，形成家校合力；师师沟通，更好地了解自己的课堂，发现课堂存在的问题，提高课堂教学有效性。如此三维沟通，构筑起线上教学的坚实堡垒，保障了线上教学的效果。除此之外，我们要多和学校领导进行沟通，及时反馈存在的问题，征求学校意见；多与其他优秀教师沟通，学习他们的好做法。家、校、社多维沟通，共建和谐线上学习氛围，让线上课堂更接近线下教学，让学生有身临课堂的感觉。

王士军 / 济南市长清区博园小学

参考文献：

[1] 简·尼尔森. 正面管教 [M]. 北京：京华出版社，2017

[2] 樊登. 读懂孩子的心 [M]. 北京：中国友谊出版公司，2019.

[3] 马歇尔·卢森堡. 非暴力沟通（修订版）[M]. 北京：华夏出版社，2021.

小学语文线上写字教学基本路径的实践与思考

2022 年 3 月底，疫情使济南市很多区县迅速由线下面授改为线上教学。如何提高线上写字教学的实效，是小学语文教师迫切需要解决的问题之一。以济南市历城区实验小学写字教学为例，呈现线上写字教学从 1.0 版到 2.0 版再到 3.0 版三个阶段教学路径的实践与思考，希望能对其未来的发展提供一些帮助。

一、小语线上写字教学基本路径 1.0——从"照搬线下"到"对比醒悟"

2022 年 3 月 30 日至 4 月 8 日，线上教学开始阶段，笔者把它界定为"小语线上写字教学基本路径 1.0"。现阶段，由于"暂停键"按下得比较紧急，教师把重点放在教学软件的探索、适应线上教学节奏上，写字教学处于从"照搬线下"到"对比醒悟"阶段。主要表现为：

（一）照搬与模仿

突然摁下的"暂停键"，打断了正常的线下面授，对教师信息技术和各种软件的使用提出较高要求。为此，教师多忙于适应线上教学一日流程和信息技术应用等，较少有时间思考线上写字教学的策略，仍根据线下教学的经验，如学生课前预习、教师课中口头讲解重难点字、学生课后临摹等进行教学。

（二）对比与探索

随着对线上教学软件操作的熟练，对线上一日常规的适应，教师开始有意识地思考、对比线上与线下写字教学的异同，以便把握线上写字教学的侧重点。

线上与线下写字教学的相同点有很多，如教学目标相同；需掌握的笔顺规则、间架结构等学习内容相同；教学对象相同等。线上与线下写字教学的不同点也有很多，如教师讲解上，线下大多板书强调，线上更多口头提醒；线下大多由一位教师讲解重难点，而线上各种写字资源中的教师和线下教师"双师制"教学；线下评价更及时，可随时评价学生书写质量和写字习惯，而线上学业质量评价更高效，很多软件可以实现基于大数据的出错、改错等情况分析。

（三）思考与改变

通过思考异同，可以看出不管是线上还是线下写字教学，教学目标、内容和学习者没有变，线上和线下两种方式各有优缺点。但是，由于没有专业的引领和指导，教师处于思考阶段，有初步改变的意识，但仍根据线下写字教学经验进行教学，没有进行实质性的探索与实践。这一阶段教师需要线上写字教学的引领和指导，让改变"意识"变为真正"行动"。

二、小语线上写字教学基本路径 2.0——从"不自觉忽视"到"质量滑坡"

2022 年 4 月 12 日，全区召开了线上教学经验交流会，有了前期 1.0 的思考，加上交流中获得的引领与指导，线上写字教学正式进入 2.0 阶段。

（一）"轻识"更"轻写"

从线上写字教学来看，因为规定授课时长不超 20 分钟，所以教师进行写字教学的时间极少。教师重点指导学生会读、能写，较少关注写字的姿势、书写的规范和笔顺的正确等。

（二）"质量"更"难保"

线上写字教学中，教师互动和评价的重点是语文要素，较少指导和评价学生写字中出现的问题。所以，出现学生执笔随意、坐姿各异，部分学生书写潦草、错别字增多等问题。

此外，写字是基础教学内容，课中教师会更关注"学困生"。但是，线上写字教学时出现教师"抓不住""喊不应""改不了"这些学生。"学困生"很多时候"管不住（如玩东西、吃零食）""控不了（如边玩游戏边听课）""要逃跑（如掉线找不到人）"，导致"学困生"越来越"困"。

（三）思考与改变

这一阶段写字教学的特点是教师没有把写字视为课堂的重要组成部分，不重视写字质量和缺乏写字评价，教学重点在落实语文要素上。学生书写随意，"学困生"越来越"困"。因此，教师需具备系统思维，处理好写字教学与线上语文教学的关系，基于不同层次的学生，兼顾课前、课中和课后设计活动，实现写字教学的最优化。

三、小语线上写字教学基本路径3.0——从"精挑细选"到"系统兼顾"

从2022年4月21日起，笔者上网搜集了很多关于线上写字教学策略的文章，探究线上写字教学的策略，线上写字教学正式进入3.0阶段。

（一）课前操作

1. 单元整体，精挑细选

单元学习前，将《线上单元写字学习指南》（以下简称《指南》）发给家长，做好写字的学习安排。《指南》包括：易读错字的读音，难读准的多音字，易错字的笔画提示，难辨析形近字和同音字的组合，需掌握的词语等。《指南》既便于学生掌握本单元写字的重难点，也给学困生的提前预学和课后、单元后的自测留下学习重难点。

2. 设计学案，以学定教

每课学习前，学生根据课前自主学习单进行写字描红，教师检查、反馈学习单。根据反馈，确定"一课一核心（易错、难写字）"。教师寻找和筛选线上写字教学课程资源，或找班内学生拍摄写字视频等，确定教学资源。

（二）课中操作

1. "小先生制"，解决难点

根据课堂节奏，课上播放学习资源，倾向采用"小先生制"，优先选择本班学生录制的写字视频。师生跟随视频共同书写易错、难写字。接着，学生在田字格中进行书写练习。课上播放的学习资源，下课后及时上传班级群，既方便家长了解当天重难点字词，也有利于学生出错时再次进行复习巩固。

2.注重评价，点燃兴趣

学生写完后对着摄像头进行展示，生生和师生共评，选出"小小书法家"。评价方式可以是学生发"弹幕"进行生生互评，可以是运用学校致远评价平台或评价软件进行"基于大数据生成"的师生共评，也可以是教师在纸质版名单上进行圈画记录等。另外，还可借助朋友圈、钉钉圈等，将优秀书法作品发布出来比一比、赛一赛，看谁得到的赞最多，点燃学生写好字的内驱力。

（三）课后操作

1.思维导图，系统兼顾

在单元回顾中，学生用思维导图梳理本单元出错、难写字或积累的词语等，择优展示或发钉钉圈"比谁的赞多"。对于"学困生"，一是利用课上的"视频资源"课下加强巩固；二是采用"小先生制"，一对一帮扶听写巩固。对于平行生，采用相互听写巩固。基于课前、课中的学习反馈，对于薄弱学生和重难点生字，在课后进行分层、分类的彻底书写"排查"，解决学生写字质量、坐姿、执笔和出错等问题。

2.游戏激励，比学赶超

单元复习完成后，结合学校"5331"学生成长计划书，开展写字过关游戏。"过关"后，给优胜者颁发荣誉证书和荣誉称号，学生的写字从"要我写"变成"我要写"。同时，开展线上分享秀（每周三晚上7:30），学生将要分享的"写字"作品上传到群里，全班共同欣赏。在游戏中，学生比学赶超，兴趣盎然。

从线上写字教学基本路径3.0阶段可以看出：此阶段立足于单元整体，兼顾课前、课中和课后，给不同层次学生提供不同的写字"脚手架"。着眼于整个线上写字教学系统，紧抓重难点，精选最优资源，利用评价激发学生"我要写"的意识。

四、成效与反思

基于以上实践与思考，从线上写字教学最优化的角度出发，对地方教育行政部门、小学学校、小学语文教师提出如下建议：

（一）地方教育行政部门应注重培养教师的信息技术运用能力，组织各学校进行经验交流和研讨

线上教学刚开始时，对教师信息技术和各种软件的使用提出较高要求，教师忙于适应信息技术应用、线上教学一日流程等。由于没有专业的引领和指导，教师们有初步改变的意识，但仍根据线下写字教学经验进行教学，没有进行实质性的探索与实践。

因此，地方教育行政部门应培养教师具备常用的、最新的信息技术和各种线上教学软件的使用能力，鼓励各学校在线下教学时开展基于互联网的线上线下混合式教学。同时，在线上教学开始阶段就组织教学经验交流研讨会，进行科学、系统的部署与规划，为学校提供持续的支撑服务。

（二）小学学校应具备线上教学的系统思维，做好教研互动、备课联动和资源准备

通过讨论发现，2.0阶段线上写字教学的特点是关注阅读教学太多，对学生写字的指导很少。3.0阶段着眼于整个线上写字教学系统，从"精挑细选"到"系统兼顾"，实现了线上写字教学现阶段的最优化。

因此，小学学校应具备线上教学的系统思维，做好线上课程的开发设计、教研互动和资源准备，如可以基于《义务教育语文课程标准（2022年版）》中对识字与写字的要求，结合线上教学经验，探讨线上写字教学的路径，保障线上教学效果。

（三）教师应精细设计学习任务和资源，增强学生课前、课中和课后的写字学习实效

通过讨论发现，教师把课前、课中和课后的学习任务分层、精细设计，能

够在线上有限的教学时间内，引入少而精的学习资源，使学习任务更明晰精准，实现高效教学。

因此，课前，教师关注"学困生"，立足单元整体，设计学案；确定易错难写字，备好上课资源。课中，教师播放本班"小先生"录制的写字视频，课后及时上传，利于复习巩固；过程中注重评价，进行生生和师生共评，也可借助评价软件进行"基于大数据生成"的反馈。课后，学生利用思维导图等方法梳理单元重难点字；"学困生"利用视频资源或一对一帮扶听写加强巩固；基于课前、课中的学习反馈，对于薄弱学生和重难点生字，课后进行分层、分类彻底排查，解决学生写字质量、坐姿、执笔和出错等问题。最终，实现学生线上学习中形成正确的写字习惯、写字姿势，能规范、端正和整洁书写。

线上教学是应时而生的产物，线上写字教学的落实没有完美的路径，只有基于学情最适合的路径。我们从现在就要做好"向未来"的准备，包括信息技术的准备，语言积累的准备，更重要的是观念的准备、理论的准备，这样才能基于当下，一起向未来。

顾慧 / 济南市历城区实验小学

参考文献：

[1] 林雪玲. 小学语文线上教育基本模式的实践与思考——以广东省佛山市顺德区小学语文教学为例 [J]. 语文教学通讯·D刊(学术刊)，2021（3）:22-24.

[2] 李想，尹逊才. 张志公识字写字教学观及其当代价值 [J]. 语文建设，2018（31）:64-67.

[3] 李红娟，王爱红. 得方法 激情趣 重评价 写好字——"小学语文原点写字教学"策略 [J]. 小学语文教学，2019（18）:17-19.

[4] 黄秀华. 小学情境式识字写字教学的具体策略[J]. 语文教学通讯·D刊(学

术刊），2019（2）:64–65.

[5] 徐艳 . 提高识字写字教学有效性的策略 [J]. 语文教学与研究，2014（29）:94–95.

[6] 王敬敏 . 小学写字教学现状与问题调查分析 [J]. 语文教学通讯·D 刊 (学术刊)，2014（8）:21–24.

[7] 辛成华 . 谈小学语文线上教学的实践经验、思考与前景 [J]. 语文教学通讯·D 刊 (学术刊)，2021（4）:20–22.

青衿之志寄云端　履践致远促成长
——语文学科线上教学的思考与实践

病毒无情，打断师生教室内温馨的互动，师生们无比眷恋曾经有"浇灌"、有笑颜的课堂，而教育有情，停课不停学，相守云端，让爱和成长继续绽放。

语文新课标指出，要发展学生的思维能力，提升思维品质，形成自觉的审美意识，培养高雅的审美情趣，积淀丰厚的文化底蕴，继承和弘扬中华优秀传统文化，全面提升学生的核心素养。因而，教师更有责任和义务高效引领学生云端学习，树立正确的人生观、世界观和价值观，努力提高文化自信。

那么学生该如何高效学习呢？教师在云端带着不能"耳提面命"的忐忑，但努力做到"天涯若比邻"的泰然，在时空分离的教学中，积极摸索基于学情的在线教学策略。

一、课前学情测查，起点分析

学情分析就是要研究学生的实际需要、能力水平和认知倾向，为学习者设计教学内容，优化教学过程。教师只有真正了解学生现有的学习状态和心理认知，才会有效地达成教学目标，提高教学效率，从而真正实现"以学生为中心""以学定教"。

（一）关注居家学习状况，打好网课基础

居家学习其实是伴随学生一生必不可少的学习形态，如果能像在课堂一样准确定位、努力探索，自律独立地形成良好的居家学习习惯，会给学生的终身成长带来很大帮助。

然而云端课堂也会出现这样或那样的问题，屏幕这头教师精疲力竭，屏幕那头学生早已悠哉神游，教师心急如焚，学生却无动于衷。云端课堂极度考查学生的自主学习能力，除了最基本的安静独立的学习环境、网络畅通的学习设

备、家长的关注支持等，教师还要教给学生科学的居家学习内容和方法，注重规则、自律、慎独等意志品质的熏陶引导，培养与训练良好的学习习惯，以提高学生的共情能力，激发学习兴趣。

（二）关注线上学习成果，补齐薄弱环节

云端学习之初正值期中考试，为了充分把握学情，教师们集思广益、通力合作，在考试流程、考风考纪、评卷要求等环节做了周密计划和细致安排。班主任借助微信群下发《线上期中致全体家长考生的一封信》和《居家检测方案》等文件，借助腾讯会议，家长与教师同"屏"共振。期中检测后，教师们认真高效地批阅，通过问卷星小程序方便快捷地反馈学生的客观题答题情况，数据分析精准，学生的知识薄弱点一目了然。主观题则利用钉钉作业形式限时拍照上传，教师认真记录失分点、难点，纵横比较、分析得失，及时反馈到个人，让下阶段的教学计划更具针对性。

云端学习改变的只是教学方式，教育的温度从未发生改变。这不仅对学生形成了有效的督促，更让学生有了温暖的期待。青春期的孩子不愿接受督促，而线上考试给了家长一次零距离、真实感受孩子学习状态的机会，真正了解孩子的不足和困惑。这不仅仅是一次考试，还是一次有效的亲子互动，更是难忘的家校携手共育。

（三）关注后进生高效学习，给予针对性帮助

李镇西说过，每个孩子都是故事，尤其是面对后进生，虽有焦虑困惑，但更多的是带着感情和责任，在线上课堂中，教师要用民主、平等、关爱、信任、理解的态度重点关注后进生。

线上期中考试的结果表明，学生基础相对薄弱，尤其是古诗默写的得分率低，基础题失误率较高。线上教学对自主学习是一种考验，明明在学校可以完成目标，为什么线上学习却出现了问题？这关系到学生的学习态度。后进生也有学习意愿，但在这种考验下无法做好"慎独"，这时候就需要教师给予有针

对性的帮助。如教师可预设网络延迟或卡顿的时间、学生回答问题的时间等，合理分配时间，高效学习，避免等待中造成的时间浪费；教师要克服线上检查反馈困境，比如合起书本抱在胸前听写、限时反馈结果到钉钉、双手捂眼背诵等，让语文知识的背诵默写真实发生；教师要细致观察，以猝不及防的提问来引导学生专注听讲和思考；教师要适当给后进生"开小灶"，通过独立小课堂、小群组对知识薄弱的学生进行有针对性的辅导；多鼓励学生，言语赞赏、作业展示，细心发现学生微小的进步和闪光点，让学生在关注中获得自信。

总之，把握学情就是在诊断测查、起点分析中以学定教，"心灵深处直抵心灵深处才能产生共鸣"，教师的一份细心和耐心，一份榜样力量，一定能唤醒学生热爱语文的心。

二、课中"双师"协作，助力学习

语文课程核心素养是学生在积极的语文实践活动中积累、建构并在真实的语言运用情境中表现出来的，是文化自信和语言运用、思维能力、审美创造的综合体现。新课标指出，学生要"能利用图书馆、网络搜集自己需要的信息和资料，帮助阅读"。师生可以利用网络针对所学内容搜集信息，去伪存真，整合加工后进行探究式阅读，形成个性思考，提升思辨能力和自主学习能力。教师要精准地选择优质资源，实行线上"双师"模式，集优质教学资源和个性化教学于一体，用源头活水浸润心田，提升学生的素养。

（一）以微课为师

网课之初，面对众多的网络素材，教师陷入两难：是将它作为教学替代品，还是作为组成部分，抑或是完全弃之？有过录制微课实践经验的教师，深知每一节微课都是基于学情，是团队智慧的精心之作。"国家中小学智慧教育平台"提供全国名师课堂，线上优质资源既帮助教师高质量备课，又能让学生在新型授课方式下汲取知识，收获快乐。

例如在《壶口瀑布》这一课的教学中，课前通过钉钉布置预习任务，要求学生依照"散文预习方案"独立完成圈点批注。教师提前观看微课，根据学情备课。课中教师把控课堂，琅琅书声在云端传递，隔着屏幕看到学生沉浸文字与文本真诚对话，有了主动揣摩后再利用"共享屏幕"分享微课，有了学习活动时暂停、思考、抢答，而不是一味地灌输和接受。一名同学读完课文时说："老师，我记得《三峡》写水是从夏季水最盛的时候写起，为什么作者梁衡却只用了一段写雨季瀑布，而写枯水季节笔墨格外多，看瀑布不都是看它的磅礴气势吗？"学生能想到这些，说明他有了知识的纵贯，有了深刻的反思和精神的升华。线上课堂吸收优质微课，却不囿于微课本身，保留了自我思考和知识迁移，基于学情讲练思结合，提高了学生的思维能力。

（二）以优质电视节目为师

教育功能的发挥可以运用更加现代化的传播手段，认知和理念的教育不是在单一的传播途径中完成的，互联网、电视节目都能成为重要的教育方式。

例如，学习诗歌《石壕吏》《茅屋为秋风所破歌》时，比起选择微课教学，选用经典文化系列片《唐之韵》中的《千秋诗圣》这一集会更加合适。"杜甫是盛唐转入中唐的代表，他忠君爱国，痛斥祸乱，关心人民，是我国古代影响重大的诗人。"学生通过电视节目加深了对杜甫的了解，真正契合了新课标汲取中华优秀传统文化的智慧这一要求。在课堂教学情境中，课程不断地重新建构，师生不只是实施课程的学习，更是在教学情境中合作学习，解决知识疑问，实现自身发展。

三、课后优化作业，拓展育人

新课标指出，教师要以促进学生核心素养发展为出发点和落脚点，精心设计具有综合性、探究性和开放性的作业。教师设计的课后作业是否基于新课标的要求、是否具有思维的挑战性、是否具有情境性和趣味性等，都关系着学生核心素养培育目标能否顺利达成，因而教师要用多种方式提升课后作业设计水平。

（一）用归纳整理实现知识落实

思维导图利用记忆、阅读、思维的规律协助学生进行逻辑想象，开发大脑的无限潜能，有助于学生对思考的问题进行系统规则的分析。语文各类知识的落实很关键，设计用思维导图进行归纳整理的作业，有助于学生真正实现学习目标。

（二）用任务探究实现思维的拓展

美国作家弗格森说："每个人都守着一扇只能从内开启的改变之门，不论动之以情晓之以理，我们都不能替别人打开这扇门。"学生在教师有效任务的引领下，深入阅读后独立思考才能真正开启那扇追求真知的大门。

例如，《在长江源头各拉丹冬》的课后作业设计，教师综合考虑教材内容和学生情况，设计不同类型的学习任务，引导学生探究这样奇美的仙境中有没有生命的存在、文中是否存在话语的前后矛盾、这样的酷寒之地为何有人在此处生活等问题。学生再次深入阅读文本，抓住任务群重点，感悟人用渺小的身躯孜孜不倦去探求的"活"，也同样高大并值得敬畏，深刻感悟他们用坚强的意志克服种种苦难，成就了人类"活"的痕迹。在这一过程中，教师根据学生需求提供学习支持，引导学生在完成任务、解决问题的过程中积累学习经验，发展未来学习和生活的基本素养。

（三）用网络软件扩展学习的途径

利用网络软件设计形式多样的作业，是实现作业提质减量的好办法，而且能调动学生听说视多感官参与，激发学习兴趣，挖掘潜在的思维能力，同时让学生感受到社会意义，体验到尊严与价值。

如清明节时，设计作业"清明敬先烈，追远永向前"，观看红色电影《长津湖》并撰写读后感；也可以用喜马拉雅 APP 朗读读后感，情感真挚，把对志愿军烈士的敬意诉诸笔端，用热忱的文字祭奠烈士功勋，弘扬红色革命精神。教师为学生发挥创造力提供空间，优质的作业设计一定会带给学生深刻的学习体验。

总之，疫情下的线上课堂，信息网络技术是课堂的辅助者，教师是指导者与组织者，学生依然是课堂的主体。无论是课前测查学情、课中"双师"助力还是课后作业设计，本质上都是为了提高学生的学习能力，调动学生的学习热情，凸显语文学习的实践性和育人性。

约翰·密尔在《论自由》里这样说："人性是一棵大树，需要从不同方向成长和发展，使它成为一个具有内在力量的活生生的生命。"教育不仅传递文化，更能唤醒心灵。立足学生核心素养发展，充分发挥语文课程的育人功能，守望云端，还有更智慧细致的实践等待教师去学习和探索。"青衿之志寄云端，履践致远促成长"，即使隔着屏幕，教师内心也始终涌动着执着又滚烫的希望，让每一朵花蕾都能够幸福绽放。

尹丽丽 / 济阳区澄波湖学校

参考文献：

[1] 中华人民共和国教育部. 义务教育语文课程标准（2022年版）[M]. 北京：北京师范大学出版社，2022.

[2] 黄光雄，蔡清田. 核心素养课程发展与设计新论 [M]. 上海：华东师范大学出版社，2017.

[3] 申明霞. 初中语文网络课教学设计的探索和实践研究 [D]. 上海：上海师范大学，2018.

线上教学背景下小学低年级亲子阅读策略研究

苏联教育家苏霍姆林斯基曾说过："让学生变聪明的方法，不是补课，不是增加作业量，而是阅读、阅读、再阅读。"阅读是提升学生语文素养的关键，也是促进学生核心素养发展的重要途径。《义务教育语文课程标准》（2022年版）对第一学段的阅读提出了这样的要求："喜欢阅读，感受阅读的乐趣。尝试阅读整本书，用自己喜欢的方式向他人介绍读过的书。养成爱护图书的习惯。课外阅读总量不少于5万字。"

线上教学期间，济南外国语学校开元国际分校开启了"2111"线上课堂管理模式，在语文教学中采用了以居家阅读为重心的新型阅读模式。年级教师根据小学生的认知能力，合理选择亲子阅读书籍，引导家长积极参与到学生的居家阅读中。教师通过多元评价和多样的亲子阅读展示，引领学生不断提升居家阅读的质量，为学生的学习和发展奠定良好的基础。

一、线上教学背景下小学生低年级亲子阅读现状分析

线上教学在管理模式、教学环境、课堂组织形式等方面均与传统课堂教学不同。线上课堂教学时间有限，集体阅读时间大幅减少，教学方式与线下相比较为单一，如果不强化教师的阅读指导，不提高家长对于阅读的认识度与参与度，学生就难以基于个人优势开展自主阅读。同时，线上教学弱化了同学的陪伴和交流，不能开展有效的合作阅读。通过问卷调查和访谈，我们发现学生在居家学习期间存在阅读主动性不足，家长不重视孩子的阅读能力培养且少有亲子阅读方法的指导，学生阅读效果不佳等问题。

（一）亲子阅读缺乏有效的指导策略

亲子阅读过程刻板单调，缺乏有效的策略指导。有的家长认为陪伴就是陪在孩子身旁，孩子看书，大人玩手机；有的家长认为亲子阅读就是家长给孩子

讲故事；有的家长和孩子各自读书，缺乏阅读交流。

（二）家长和学生重基础轻阅读

很多家长因没有认识到阅读在语文学习乃至终身学习中的重要地位而忽视了阅读。以济南外国语学校开元国际分校二年级学生为研究对象，开展了线上课堂观察、问卷调查等，结果显示，疫情居家期间，低年级学生家长比较重视学生基础知识的掌握，对于教师布置的阅读任务不够重视，阅读作业完成的质量也各不相同。

（三）阅读时间缺乏规划，阅读氛围不够浓厚

线上教学期间，学生居家时间安排随意，作息时间不规律，难以合理规划阅读时间，难以达到自主阅读的境界。有些学生家里没有营造良好的阅读环境和氛围，没有固定的阅读时间，没有适宜的场所，居家阅读的地点多是在床上、沙发上，环境充满了随意性，不利于阅读行为的开展。

（四）阅读书籍选择不适宜

家长在选择书籍时，多是按照学校教师推荐的书目或根据网上的图书畅销榜选择。家长在阅读观念上存在误区，认为孩子逐渐长大，必须完全脱离父母自主阅读。选择书籍时，重视知识性，忽略了孩子的个性特点和阅读基础，不能为孩子选择合适的书籍。

（五）电子产品代替纸质阅读

线上教学期间，学生使用电子产品较多，对电子产品较为依赖。低年级学生由于识字量有限，与较困难的纸质阅读相比，学生更偏爱使用电子产品听故事，降低了学生阅读纸质书籍的兴趣。

二、线上教学背景下指导低年级学生亲子阅读的策略

认知主义学习理论认为，人的认识不是由外界刺激直接给予的，而是外界刺激和认知主体内部心理过程相互作用的结果。学习过程被解释为每个人根据自己的态度、需要和兴趣并利用过去的知识与经验对当前工作的外界刺

激做出主动的、有选择的信息加工过程。建构主义理论认为学习者不是被动地接受外在信息，而是主动地、有选择地感知外在信息，建构当前事物的意义。教师和父母根据对学生储备经验的了解，有选择地引导学生阅读感兴趣、易理解的内容，激发学生看、听、说等方面的良好阅读行为，发展学生获取、理解、加工、建构新信息的能力，帮助学生通过与报纸、与父母的互动建构学习。因此，本文主要探讨在线上教学中，如何发挥教师的创造性，将信息技术和阅读指导方法相结合，调动学生、家长、教师三方力量，使学生变被动阅读为主动阅读。

（一）引领学生重视阅读，让学生"捧起书"

线上教学对教师如何设计与实施教学环节提出新的要求。教师先行阅读，在阅读课上教给学生阅读方法；重示范，通过多种形式在阅读交流时段与学生共同分享阅读收获，培养学生的阅读兴趣，引领学生感受阅读快乐。教师将每节课前三分钟定为阅读交流时间，每周五的语文课固定为阅读交流课。例如：教师在每节语文直播课的前3分钟，播放本班同学提前录制的亲子阅读展示视频，并与学生就阅读收获进行简短交流；语文直播课下课前，教师给学生布置几个问题，引导学生进行课下的阅读和思考。

（二）引导家长提高认识，让亲子"共读书"

学校语文组通过学科教研，统筹推进"齐聚云端品书香"线上读书节活动，指明阅读的重要意义；发出"齐聚云端，漫读春日"倡议书，倡导家长积极融入和互动；搭建亲子阅读平台，让家长和孩子都放下手机，捧起图书，体会阅读的乐趣，享受和谐亲子关系的美好，真正乐在亲子阅读中。

（三）制订亲子阅读计划，让学生"慧读书"

教师通过线上教学充分调动家长的主动性和积极性，鼓励制订亲子阅读计划，包括短期与长期的阅读目标，做好阅读记录，并在学校微信平台不定期进行展示和交流，让学生和家长同读书、共成长。我校教师结合二年级学生的识字能力和阅读水平，推荐了四本必读书目和四本选读书目。其中必读书目为语文课本中"快乐读书吧"配套阅读内容，选读书目多为语文教材课文作家作品系列。教师的书目推荐，为家长选购图书指明了方向。在语文教师的引领下，开展共建"悦读库"活动，孩子和家长在共同协商的基础上，确定近期和远期不同阶段的阅读书目。在居家学习中创建自己的小书橱、图书角，构建风格各异的家庭阅读区，让每个家庭飘满书香。

（四）搭建平台多元评价，让学生"悦读书"

线上教学针对居家学习的环境特点和低年级学生活泼好动的特点，鼓励家长参与形式多样的亲子阅读，提高阅读的趣味性，让每个家庭展示阅读收获。

1. 家庭小画师。请学生和家长画一画书中印象最深刻的场景。带着自己对故事的理解，学生们拿起纸笔巧妙构思，精美的画作让阅读更精彩，人人都成为插画师，同时也为爱画画的孩子搭建了展示的平台。

2. 家庭分享会。请学生和家长讲一讲阅读中有趣的片段。比如《吹牛大王历险记》中的"吹牛大王"怎样吹牛的，《一起长大的玩具》中有哪些玩具。学生和家长在愉快的交流中丰富自己对阅读内容的理解，提高了学生的阅读兴趣与口语表达能力。

3. 家庭小剧场。请学生和家长演一演故事中有趣的片段。学生和家长一起在家里录制了精彩纷呈的"家庭小剧场"，让书中的情节变得活灵活现，既提高了学生和家长对故事内容的理解，又增进了亲子间的有效互动交流。

4. 家庭朗读者。请学生和家长共同朗读故事中优美的段落。一段段赋情的文字，一声声深情的诵读，不仅是亲子间真情的流露，更是一个家庭对阅读的热情。在浓浓的亲情氛围中，家长和孩子们一起陶醉在书的世界里，一起品味阅读的乐趣。

教师从上述丰富多彩的居家阅读活动中，评选出"悦读画家""悦读分享家""悦读表演家""悦读朗诵家",对学生和家长的积极参与给予肯定和鼓励,也让学生和家长学习了更多提高阅读兴趣的方法。

三、基于策略指导的小学低年级亲子阅读成效分析

在线上教学初期和启动线上指导亲子阅读活动之后,教师对亲子阅读情况进行了问卷调查。结果显示:启动亲子阅读活动之前,家长参与孩子阅读指导的比例为:经常参与的为52%,偶尔参与的为16%,不参与的为32%;启动线上阅读活动之后,调查结果相应变为73%、20%和7%。

针对学生是否愿意长期坚持居家阅读活动,调查结果为:非常愿意的是82%,愿意的是13%,一般的是5%,不愿意的是0%。

针对亲子阅读活动是否有利于提升学生阅读兴趣,调查结果为:作用明显的为86%,作用一般的为14%,没有效果的为0%。

通过结果对比与分析,线上教学期间开展亲子阅读方法的指导和活动取得了较为满意的实践效果:

1. 学生阅读积极性明显提高,阅读时有法可循。教师通过观察和访谈发现,在线上教学期间进行线上亲子阅读指导,能够给予学生明确的阅读方法指导,引导学生制订个性化阅读计划,使学生合理分配时间进行有效阅读,激发了学生的阅读兴趣,培养了学生良好的阅读习惯。

2. 家长对阅读的重视度明显提升,亲子阅读效果好。调查问卷结果显示,家长对于阅读的重视程度越来越高,能够根据教师提供的方法与孩子进行形式多样的亲子阅读,在激发孩子阅读兴趣和培养良好阅读习惯方面效果显著。

3. 亲子关系更加紧密,家庭氛围更和谐。在课后与家长访谈和问卷结果的对比分析中,亲子共读活动使家庭氛围更加和谐。在亲子阅读活动中,家长与孩子一同读书、一同表演,在平等与尊重的前提下一同合作,亲子关系更加和谐亲密。

总体来看,教师在线上教学背景下,采用直播课和微信平台的技术手段,

指导小学低年级学生亲子阅读活动成效显著，得到了家长、学生的认可和积极配合，有利于引导家长参与并指导学生阅读，提高学生的阅读兴趣和效率。该活动增进了家校合作，使亲子关系更加和谐，为学生的健康成长营造了温馨的家庭环境。

李珂、杨晔晨 / 济南外国语学校开元国际分校

参考文献：

[1]陈敏.小学语文阅读教学有效性策略解析[J].中国校外教育，2019（31）：88-90.

[2]王宝凤.将"亲子阅读"引入小学低年级语文阅读辅导探讨[J].新课程学习（下），2014（1）.

[3][美]约翰·杜威.民主主义与教育（第2版）[M].王承绪，译.北京：人民教育出版社，2001.

[4]薛爱云.巧用信息技术助力语文课堂[J].中国校外教育，2019（31）:161-162.

浅析小学数学线上教学课堂评价的有效性策略

　　教学评价在小学数学教学中扮演着关键角色，教学评价的本质是为学生学习和全面发展服务的，合理的教学评价发挥着"试金石"的作用，可以及时发现学生的内在潜能，为学生的学习和成长提供有益帮助。《义务教育数学课程标准（2022年版）》指出，教学评价要注重了解学生的数学学习历程和进度，并对课堂教学过程和行为进行改进和优化，从而构建多元的评价体系。鉴于此，在当前线上教学的背景下，教师需要认识到教学评价多元化的重要性，并将其充分体现和落实到日常教学中，以便更好地促进小学生的全面成长。

一、现阶段小学数学课堂教学评价现状

　　目前，互联网线上教学在学校中的应用比较局限和单一。一是有些学校的网络硬件教育设施较落后，而线上教学是建立在先进网络设备基础上的，这将直接影响数学线上教学的开展。二是当前的线上教学形式较简单，教师教学仍使用传统方法，只是表面上使用网络技术进行线上远程教学，缺少其他实质性的多媒体教学形式，教师的教学风格和教学方法毫无改变，而且监督不到课堂纪律，这无疑影响着课堂教学质量。

　　当前线上教学的问题是师生之间的互动难度进一步加大，严重影响了学生学习兴趣的培养，同时也导致整个课堂都是教师在线上滔滔不绝地讲课，而学生却没有反馈，甚至由于教师监督不到学生的上课状态，出现逃课、替课的现象。网络设备的使用也给学生增加了不参与课堂互动的理由，师生之间在课堂上的教学互动有限，教师得不到学生的课堂反馈，就不能及时掌握学生的学习情况，从而导致教师只能根据自己的教学进度进行讲解，也做不到有针对性地讲解难点，容易出现学生的学习需求和教师的教学安排不一致的现象。久而久之，学生的学习兴趣和热情会被磨灭，影响教学效果。

数学学科的逻辑性比较强，对小学生数学思维的发展有着关键的启发作用。在小学数学线上课堂教学活动中，教师可以综合运用多元化评价方式，从多元角度对学生的数学学习进行评价，帮助学生从多个角度对问题进行分析和解决，促进学生思维能力以及解题能力的提升。

二、提高小学数学线上教学课堂评价有效性的策略

（一）注重评价语言的引导性

教师在教学活动中，应尽量减少笼统性评价语言的应用频率，提高评价语言的针对性，注重其引导作用。教师应根据学生在教学活动中的行为表现给予真实性评价，对学生表现出的优点进行放大，对其不足应进行鼓励和引导性评价，让学生从教师的评价语言中感受到教师对自己的肯定，帮助学生建立学习数学知识的自信心。以人教版小学数学教材为例，在线上教学活动中，让学生结合具体问题进行思考探究，并在练习本上尝试解决问题。然后教师使用"班级优化大师"随机抽取两位同学，学生可以利用摄像头展示自己的思考过程，将自己的解题过程与计算结果进行复述，并在共享白板上展示。学生复述完自己的解题过程后，教师对其进行引导评价："这位同学的解题方法与解题思路是正确的，那么我们现在观察一下题目中的分米是否太大，我们能否使用小一些的单位进行举例？这样会不会更简单？你可以试试吗？"学生根据教师的引导尝试使用更小的单位进行推测演练。教师评价："一点即通，你的思考能力非常棒！"然后教师结合学生的意见引导学生开展对本节知识的探索。像这样通过积极的引导性评价，不仅可以营造出活跃的学习氛围，而且强化了学生的学习热情，加深了学生对教师的信任。

（二）注重评价时机的准确性

准确把握评价时机能够实现课堂评价的有效性。教师在教学活动中，应当善于捕捉学生的闪光点，并及时给出相应的评价反馈，既能有效调动学生在数学学习活动中的情绪，还能有效帮助学生建立探索数学知识的自信心。以人教

版小学数学教材"长方体的表面积"为例，学生通过腾讯会议抢麦连线开展讨论，尝试摸索计算长方体表面积的方法。教师针对不同解法引导学生进行验证，同时使用屏幕共享，然后通过投票功能选出学生心中的最优解，针对得票低的学生适时地给予安慰："A同学抢麦的速度很快，证明是在认真听课，但这次有些许轻敌，B同学才略胜一筹，不要急还有机会，教师相信你。下面请同学们继续看大屏幕。"此时学生A不仅通过教师的安慰有效化解了尴尬，同时抱着必胜的决心积极参与后面的学习。通过这样的激励式评价，不仅能够让学生以更加饱满的情绪参与数学知识探索，还能有效培养学生的发散思维。

（三）注重评价方式的多样性

学生是数学学习的主角，由于学生在生活、性格等方面有一定的差异，对待数学的心态、习惯以及努力程度等也有一定的差异。而在小学数学教学中实施多元化的评价方式，可以及时捕捉数学教学中的客观事实，同时合理利用学生互评方式，无形中激发学生的竞争意识以及学习动力，营造出一种良性竞争，相互监督，共同进步和发展的良好氛围。以人教版小学数学教材"分数和小数的互化"为例，教师在学生回答完毕后可以使用"班级优化大师"随机抽取其他学生对其解题方式进行评价，并由持有不同答案的同学即兴补充，最终看看一共可以得到几种表示方法。在学生展示环节结束后，教师对学生的意见进行整合，并进行综合评价，重点将学生遗漏的表示方式进行讲解，帮助学生形成完整的知识链。学生之间相互点评，可以让学生了解到自己在其他同学眼中的印象，全面认识到自己的不足并加以改正。学生间的正面评价，还能充分激发学生的学习积极性，学生无形中产生竞争意识，同时学会互相尊重，真正创建和谐的数学课堂，对解题思路进行再次梳理，提升其对数学知识的深度理解。

（四）注重评价语言的数学性

小学数学课堂中的评价语通常是抽象、单调、枯燥的，体现不出数学的学科特性。通过评价语使数学课堂从抽象、单调、枯燥变为具体、丰富、有趣，一方面，小学数学教师要具备扎实的数学专业功底，对所教学科的理念、知识、技能等有深刻的理解与把握，把握数学知识的核心，在兼顾数学学科特征的同时设计好课堂教学的各个环节，在评价语中渗透数学思想，促进学生数学核心素养的形成。例如，在"平行与垂直"这一课的教学过程中，教师通过引导学生回顾线段、射线、直线从而引出平行与垂直，这一思路是正确的，但评价语的运用显得笼统、单调。基于学生对线段、射线、直线知识的掌握，教师可以渗透图形与几何的数学思想，"同学们说完了线段、射线、直线的特征，可以说一下线段、射线、直线的区别与联系吗？""你可以试着将线段进行延长。""直线与直线之间会有什么样的位置关系呢？"通过引导，使学生将抽象的线变得更加具体，进而对直线的位置关系能够有更清晰的理解。另一方面，数学语言是数学思想表达的重要载体，小学数学教师在评价语言表达方面普遍不如语文教师有趣、生动。小学数学教师的语言表达能力关系到数学的概念、含义能不能得到确切的表达，影响到学生对知识的理解。小学数学教师语言表达能力的提高可以让数学课堂变得生动、有趣，小学数学教师要善于将生活化的知识转化为规范的数学语言，能够将抽象的、难以理解的数学语言通过生活化的语言表达出来，这对于学生数学思维能力的培养具有重要作用。

三、成效与反思

（一）线上教学有利于突破时间空间限制

线上教学主要采取直播、录播等教学形式，学生不会受时间与空间的限制，并且可以反复观看教学视频，不断巩固知识。但线上教学也存在一些不足，如教师对学生的监督较弱。对于线下教学而言，教学地点固定，教学方式、方法单一，若学生注意力不够集中，则难以学到知识要点，进而难以收获学习效果。例如，在小学数学"图形的运动"一课的教学过程中，由于"图形旋转"知识比较抽象，部分学生难以理解，线下教学时学生注意力不集中，容易遗漏这一知识点。而对线上教学来说，学生在不理解的情况下，可反复观看教学内容，从而加深对知识的了解。

（二）线上教学有利于以线下教学为导向，优化线上教学内容

在小学数学线上教学工作开展的过程中，教师需要以线下教学为导向，对线上教学内容加以优化。比如，在小学数学"混合运算"教学中，虽然学生容易理解运算规则，但是在实际运算中会对其他一些问题产生疑惑。在线上教学过程中，教师可以侧重对学生讲解运算规则，然后借助线下教学便于沟通的优势，重点围绕"符号的变化"展开教学。

（三）线上教学有利于及时反馈线上作业情况，加强家校合作机制

在小学数学线上教学过程中，学生的作业形式多种多样，无论哪一种形式，都需及时反馈，以便教师及时掌握学生的学习情况。以"长方体和正方体的认识"实践活动作业为例，线上教学中，教师可以指导学生课后动手操作，以此提升实践能力。此外，教师有必要指导家长履行监督职责，如可以在学生的实践活动过程中拍摄短视频，上传到班级群中，并由教师对学生的实践情况进行点评并给出建议。

线上教学模式新颖，特点及优势突出，但由于无法与学生真正面对面交流，因此更需要教师运用教育智慧，通过及时、具体、有感情、有温度的引导性评价，让学生收获学习自信和勇气，同时要不断优化线上教学活动设计，合理运用线上教学模式，并结合线下教学遇到的问题，对线上教学内容进行完善，从而保证线上教学质量，提升线上教学效率。

王方屹 / 济南市天桥区滨河左岸小学

参考文献：

[1] 王亚青 . 小学数学课堂教学中实施多元评价的研究 [D]. 南京：南京师范大学，2014.

[2] 高锦 . 小学数学课堂教学多元化评价研究 [J]. 新课程（上），2015(12).

[3] 吴波 . 小学数学评价方式多元化与教学的研究 [J]. 智力，2021(33):4-6.

低段小学数学线上教学实践策略探析

一、线上学习现状分析

（一）低段小学生学习特征

小学生的注意力不稳定、不持久，且常与兴趣密切相关。直观、好玩、有趣的事物容易引起他们的注意，而对于枯燥的定理、公式、概念，他们则不感兴趣，因此，不易长时间保持专注。小学生意志活动的自觉性和持久性都弱一些，在完成某一任务时常是靠外部的压力，而不是靠自觉的行动。

（二）积极作用

1. 学生方面，与在校学习相比，来自外界的干扰减少，学生能把更多的精力、注意力放在学习上；有更多的机会进行生活实践。

2. 教师精力更加集中、时间相对灵活。教师居家办公，减少了处理班级事务、学生纠纷的精力分散，有更多的精力放在教学研究上。

（三）存在的问题

1. 线上学生课堂表现、专注程度难保证。线上教学中，教师无法实时监控学生的课堂表现，学生受到的约束力降低。再加上小学生的自制力相对较弱，容易游离于课堂之外，回答问题积极性减弱。

2. 线上教学缺少互动性和真实性。线上直播的形式将师生时空分离，课堂同桌互助、小组合作、师生互动交流、思维碰撞的机会受到限制，学生现场体验感不足。

3. 线上作业缺乏有效性、及时性。由于工作日家长不能及时上传学生的课堂作业，教师对学生知识掌握情况的了解具有滞后性，因而很难及时、有效地对学生进行有针对性的辅导。

4. 线上教学评价缺失。因线上课堂中教师难以及时、有效地了解全体学生的课堂表现以及知识掌握情况，难以组织有效的生生、师生合作学习活动，因此教学评价工作不易开展。

　　基于以上线上教学现状，笔者根据近期线上教学的实践与思考，尝试提出以下几种教学优化策略。

二、线上教学策略

（一）创新课堂教学模式，精准导学

　　课前，教师将微课视频以及学习任务单推送到 QQ 群，为学生搭建自主学习的支架，同时利用收集表摸排学情：学生将自主预习产生的问题、疑惑反馈给教师。这为教师了解学生个体学习差异、存在的问题提供了有力抓手，便于课上精准突破重难点。

　　课中，教师通过收集的问题来设计问题驱动，精准导学。利用平台的互动批注功能、连麦交流、对话框交流反馈等形式，激活线上课堂学习氛围，及时有效地帮助学生内化知识。在探究知识的过程中，教师要鼓励学生大胆质疑，敢于提出问题，有不同的观点或者质疑教师的观点要勇于表达。注重培养学生的问题意识、独立思考能力，引导学生辩证地分析问题，培养好奇心与探究欲望，大胆尝试，积极寻求有效的问题解决方法。知识巩固应用环节，教师可设置有针对性的检测练习。费曼学习理论提出以教代学的学习方法，通过把学到的知识讲给他人听能够加深对知识的理解。基于此，练习环节可通过"小教师讲题"的形式，帮助学生内化知识，提升学习效果。

　　课后，教师可借助思维导图将本节课的知识梳理一下，帮助学生建模型。线上教学中，低段学生的注意力很难集中，重难点知识难以扎实地落实。教师可以根据当堂课的学情以及重难点录制微课视频推送到群里。有疑惑的学生可以通过观看视频解决疑惑，巩固薄弱点。

（二）教学内容设计智趣化

　　1. 呈现数学魅力，实践中激发兴趣。英国哲学家罗素说过："数学，如果

正确地看待它不但拥有真理，而且有至高的美。"比例之美、图形之美、数的美……尽显数学独特魅力。教师的重要职责就是发掘数学之美，让学生对数学之美有直接的感受，激发学生的探究欲望，潜移默化地建立对数学的情感。例如，人教版数学二年级下册"对称"内容的教学案例中，通过创设情境引入"对称"的图片，让学生直观感受"对称"之美，激发浓厚兴趣。同时让学生亲自动手操作对称图形，感受知识产生的乐趣，增强学习数学的信心。如果单纯地讲授对称的定义，学生丝毫感受不到"对称"带来的美的感受，体会不到其应用价值，就会失去学习兴趣。通过让学生实践操作，展现知识产生、发展的过程，既能激发学生兴趣，又让学生掌握了知识。

2. 渗透数学文化，趣中汇智。数学文化即"将数学放在整个文化环境之中去加以考察"。根据数学内容及时穿插引进数学史知识，不仅为枯燥的数学增添了趣味性，而且对培养学生文化素质，提升学生的数学思想认识有重要的作用。例如，一年级学生"认识人民币"的活动。教师通过创设情境引入货币的演变史：中国是世界上最早使用货币的国家之一，至今已有四千多年历史，从天然贝币到金属货币再到纸币，种类繁多，其中北宋交子是中国乃至世界最早的纸币。通过让学生初步了解数学史，使学生从货币产生的角度理解人民币，拓宽学生的文化视野，使学生更加热爱数学，同时也对我国古人的智慧产生敬佩之情。从数学文化中寻求创新发展，培养坚持不懈的探索精神，树立正确的价值观，完成由"知"生"趣"、由"趣"汇"智"的飞跃。

（三）注重教学艺术体现，将数学情趣化

小学数学课堂教学中展现教学艺术魅力，对增强数学学科的吸引力、激发学生的学习兴趣、培养和提高学生的数学素养具有重要作用。美国心理学家艾伯特·梅拉别恩经过实验得出：信息的总效果 =7% 的文字 +38% 的音调 +55% 的面部表情。教师充满幽默智慧的语言、夸张的教态可以吸引学生的注意力，学生在情绪高涨、愉快的状态下更容易接受数学知识；将抽象、难以理解的数学定理转化为学生听得懂、能够理解的数学语言，赋予数学趣味性，学生喜欢听课，自然会思考数学问题。例如，在学习二年级下册"混合运算"这一课时，针对混合运算顺序：先乘除，后加减，机械记忆会让学生感觉枯燥，可以让学生想象：数学符号王国里有"加、减、乘、除"，符号宝宝中"加和减"是能量级别相同的，"乘和除"能量级别相同。"×、÷"比"+、−"能量级别高。当能量级别相同的符号出现时，谁在前先算谁；当不同级别符号出现时，高能量符号就把低能量符号打败了，所以要先算高级别的。幽默的语言除了使学生产生快乐，还会使学生认识到符号运算的重要性，加深学生的记忆，这比反复强调效果更好，不然只会让学生生厌。因此数学教学不仅要有规范性、科学性和逻辑性，还应有幽默轻松的教学氛围，避免平淡的说教或呆板的互动。教师要善于挖掘教材中的幽默因素，设计富有幽默色彩的互动，使学生在愉悦、轻松的氛围中学习知识、发展能力。

（四）作业设计聚焦核心素养

线上教学背景下，通过什么作业形式落实学生的知识掌握情况是重要问题。《义务教育数学课程标（2022年版）》中增加了三大核心素养："学生要会用数学眼光观察世界，用数学思维思考世界，用数学语言表达世界。"新课标更加注重让数学回归实际应用，注重学生在真实情境中解决问题的能力。《中国学生发展核心素养》总体框架中也指出："提升创新精神和实践能力的要求，其中实践创新主要是学生在日常活动、问题解决、适应挑战等方面所形成的实践能力、创新意识和行为表现。"所以作业的设计不能只局限于纸质习题的设计，更多的是给学生将数学知识应用到生活中去的真实体验。比如，在一年级下册"认识人民币"单元学习中，可设计"我是小小理财家"项目式活动作业，疫情环境下不便于出门购物，学生可与家长模拟"买卖物品"场景，学生在购买物品中真实体验购物、换钱、找钱的过程，从而充分理解人民币的相关知识，让学生的数学思维在有效的数学活动中发生、发展，锻炼学生的动手实践操作能力，培养解决问题的意识，促进学生创新能力的提高，促进其全面发展。

（五）基于大数据分析构建过程化评价

数学课程标准明确指出："评价的目的是全面了解学生的数学学习历程，鼓励学生的学习和改进教师的教学；应建立评价目标多元、评价方法多样的评价体系。"新教学需要立足智能系统，创建线上与线下的混合学习，发挥线上与线下学习的不同优势；需要整体提升教学工具与学习环境的技术含量，增强学习的交互性、合作性与探究性，记录丰富的数据；需要最大化地满足"异"学习，通过解决"异学习"的问题来解决"学习差"的问题。教师可以利用信息技术记录学生的学习过程，将学生的作品、视频等过程性作业保存下来，建立成长档案袋。结合大数据分析学生的线上学习情况，丰富评价维度，构建过程化评价体系。

1. 评价目的激励性。激励性评价是以激发学生内在需要和动机，鼓励学生自觉、主动地提高自身全面素质为目的的一种价值判断活动。为了更好地激发学生居家学习的积极性，保障其学习热情，教师要多以鼓励、赞赏为主，挖掘每个人的闪光点，增强自我效能感。教师要根据学生的具体表现进行表扬，不要泛泛而谈。可采用多种激励评价方式，如语言激励、积分奖励、电子奖状等。

2. 评价主体多元化。数学课程标准指出："在评价学生学习时，应让学生开展自评和互评，而不仅仅局限于教师对学生的评价，也可以让家长参与评价。"以一年级下学期"七巧板，变变变"评价量表为例，七巧板项目式学习结束后可通过线上平台投票实现自评、生生互评、师评。教师可以在线对学生作品及时反馈点赞，同时家长也可参与进来给予评价。

3. 评价形式多样化。可以采用平台投票、问卷调查、讲题汇报等形式对本节课的课堂常规、课堂参与度、知识掌握情况进行及时有效的评价，进一步提升线上与线下指导的针对性、有效性。

三、成效与反思

经过线上教学策略的实施，学生课堂学习的积极性以及上交作业的及时性、质量方面都有显著提升。笔者复盘整个线上教学实施过程，主要有以下思考：

1. 要反复磨课，达到精细化备课。从设备调试到教学内容的设计、内容的呈现形式再到课堂的组织，每一个环节都要精细化，关注每一个细节。比如，提前话筒音量试音保证学生能听清楚；教学 PPT 设计要注意字体大小、颜色的协调；通过直观化的图形结合帮助理解难懂的概念；课堂问题的设计要基于学生兴趣、已有经验、学科素养设置，以达到对学生的有效驱动。

2. 提升课堂互动感。以"学程设计单"为抓手，充分利用教学软件的交互功能。比如，课堂回答问题的随机点名功能，共享白板讲题、互动批注、弹窗互动评价、投票等交互功能，能拉近师生、生生距离，活跃课堂氛围的同时又保证教学活动的有效开展。

3. 保证线上教学实现"有效监控—及时评价—持续改进"的闭环。比如，我校有线上巡课、"双师课堂"制度。每一位领导干部随时"推门听课"，线上"双师"监控课堂，一人负责讲课，另一人对课堂常规、学习问题及时做好记录、反馈、调控，提高了课堂效率。课后教师们针对问题及时教研、商讨改进措施。

"学无止境，教无止境，研无止境"，如何使线上教学效果达到最优化，让学生发生真实性学习，体验到学习的快乐，仍需要我们在实践中不断摸索改进。

郭君 / 济南高新区凤凰路学校

参考文献：

[1] 田中耕治 . 高峡，教育评价 [M] . 田辉，项纯，译 . 北京：北京师范大学出版社，2011:187.

[2] 郑毓信 . 数学文化学 [M]. 成都：四川教育出版社，2001.

[3] 崔允漷 . 新时代　新课程　新教学 [J]. 教育发展研究，2020，40（18）.

[4] 赵学勤 . 激励性评价的标准与策略 [J]. 中小学管理，2002（11）：53–54.

线上教学"精"设计，云端学习"巧"助力

线上教学带给教师不一样的教学思路，笔者任教的中职二年级 VBSE 实训课，是一门体验性、实践性较强的实训课程，线下采用团队合作、分岗协同教学模式，但在线上课堂中，线下教学组织形式很难实现，学生的学习体验不够充分，学习内驱力下降，教师把控学习效果的难度加大。笔者深入研究本课的学习任务、深度挖掘教学资源，对本课的线上教学进行审慎、精心的教学设计，对学生提供有效的指导和支持，促进学生主动学习，实现学有所获、学中有乐。

一、线上教学"精"设计

（一）明确教学目标，精心设计教学活动

1.确定教学目标。教学目标是在教学活动中期待得到的学生的学习结果，是教学活动实施的方向。教师应根据课程标准，充分考虑学生线上学习的学情，确定教学目标，全面关注三维目标，即知识与技能目标，过程与方法目标，情感、态度与价值观目标，并将它整合于统一的教学活动过程之中。

2.设计线上教学活动。首先，调动学生学习动机，促进学生有效参与。学习者的动机决定了他们获得学习经验的态度和倾向。线上教学不同于线下教学，学生在线听课不完全受教师的监督，学生听课的内驱力起关键作用。教师应精选教学内容，精心设计课程的引入，设计典型的教学案例，准备丰富的教学资源，准确、合理设计每节课的学习任务、课堂练习和课后作业。备课时要精确、合理分配时间，设计恰当的课堂容量，严格控制线上课堂时间。"尽管你要为收集你所要教内容的好例子花很多时间，但是这给学习和动机带来的益处会使得这些努力的价值远远大于你的付出。"其次，关注学生的情感态度，增强学习体验。学生是千差万别的学习主体，在发展中存在较大的差异性，在线上

学习过程中，学生的情感体验也不相同。教师要通过课前、课后与学生的交流，课中对学生的观察，发现学生情感态度的差异，给学生营造学习体验的机会和平台。再次，尊重学生发展差异，设定多样化目标任务。学生发展的差异性，会直接或间接影响他们线上学习的效果。教师应尊重这种差异，应将要求学生所达到的目标任务多样化，让基础不同的学生达到适合自己发展需要的目标要求，增强线上学习的信心。

（二）研判学情，合理设计教学环节

根据行为主义的观点，"学习是因经验而导致的能直接观察到的行为上的持久变化，教师应考虑哪些形式的学习对学生来说更有意义，提供安全而有序的环境，使课堂能够激起学生的积极情感"。行为主义理论可以启发教师主动审视自己的线上教学，及时观察学生的行为表现，研判其线上学习情况，合理设计课前、课中、课后三大教学环节，为学生提供有效的学习环境支持，并通过课前预习、课中练习、课后复习，来巩固知识、技能之间的联系。

笔者在所任教班级钉钉群建立教学资源文件夹，将设计好的学习资源（如微课、学案、案例、数据表等）于课前发到文件夹中，让学生提前了解下次课的学习任务，引导学生自主探究，提高下次课的课堂效率。在课堂上，课件第一页放置本节课的主要内容或需要完成的工作任务，提前进入的学生可以先行了解；挖掘线上教学的技术优势，采用线上点名、答题、讨论、消息互动等形式，鼓励学生积极参与到线上课堂中来。通过线上答题，实时查看学生的答题数据，发现学生学习中存在的问题，予以补充和订正，实现即时课堂新生成。要求学生打开摄像头，请学生回答问题，并随时浏览列表，看是否有学生状态不在线；及时记录发言的学生和发言的内容，及时点评和反馈，对于未发言及发言不积极的学生，在课后和他们进行个别沟通和提醒。课后作业通过钉钉家校本，进一步明确作业要求，并可以线上实时批改和推送批语，选出最佳作业予以表扬。

（三）吸引学生注意，精炼呈现教学内容

注意力是学习的开始，吸引和保持学生的注意尤为重要。线上课堂，学生的注意力容易分散，教师应认真组织呈现给学生的信息，以吸引学生的注意力。在设计教学内容时，要做到精炼美观，图文并茂，突出重点。

对于较为复杂的内容，笔者经常使用思维导图，搭建知识框架，帮助学生树立专业学习思维；对于较为抽象或前后存在数据关系的经济业务，采用流程图，直观形象呈现经济业务的"真实面貌"，以突破学生的认知瓶颈，有效突破学习难点；对于学生在课前预习或课后作业中出现的问题，教师选取学生的不同答案，形成醒目的对比，通过"矛盾的事件"，激励学生思考、分析，得出正确答案；用平台上真实工作任务的解决引领学生实现对知识的应用，而不仅仅是呈现概念或原理，使学生能在不同内容之间建立起联系并对知识进行深入加工，使学生的注意力保持在解决问题上。

二、云端学习"巧"助力

（一）教学资源"巧"推送

如何促进云端的学生主动学习，帮助他们更好地完成学习任务，教师的指导和帮助尤为重要。教师应当考虑学生的学习背景，根据教学内容需要，精选加工教学资源，精心设计学习任务，提前推送给学生，给学生的学习提供有效支撑，帮助学生在有挑战性的任务上获得成功。

VBSE实训课程中，有大量程序性的工作任务。例如，月末业务中，计提职工薪酬、固定资产折旧、编制试算平衡表、资产负债表、利润表及财务指标分析等业务，这些业务涉及大量财务数据，计算工作量非常大，计算准确度要求高，对学生的挑战性较大。教师引导学生用EXCEL表的函数公式进行数据处理，将整理后的EXCEL财务数据表推送到钉钉群的教学资源文件夹，并制作"实训任务指导书"，说明任务的目标、工作流程，引导学生课前用EXCEL表公式进行相关计算，尝试完成相应工作任务。课堂上教师再对难度较大的计算进行演示，实时取得数据处理结果，大大减轻计算工作量，提高工作效率。在真实工作任务的推动下，引导学生主动学习，培养学生的数据思维和数据处理能力，实现做中学。课后，学生可以继续练习，直到熟练掌握。

完成程序性工作任务，需要有程序性知识作为指导。"如果学生能够理解工作过程并且有尽可能多的练习机会，那么他们将很容易获得这些程序性知识"。教师要给学生提供"精心设计的练习"，使学生首先在教师的指导下练习（课前依据实训任务指导书、课中观看实际操作演示），然后自动练习（课后反复练习），促进学生产生真正的兴趣，使学生感受到所学知识是很有用并值得学习的。

（二）课前课后"速"答疑

教师应鼓励学生及时提问，对于学生提出的问题迅速回复，真诚帮助学生解决学习中存在的问题，形成师生互相信任的教学良性循环。

首先，通过师生答疑互动，可以进一步增强学生的学习动机。教师应尊重学生，对提问的学生保持热情和肯定，根据学生所提的问题，给予适当的提示和反馈信息，启发学生思考，而不是直接给出正确答案。教师真诚答疑，向学生表达对他们的关注，学生得到教师的激励和帮助，解决了学习中存在的问题，强化了学习动机。

其次，教师在学生提的问题中，还可以核对和评估学生对所学知识的掌握情况。教师可以进一步设计正规的评估方式系统收集所有学生在知识理解方面的信息。例如，有针对性地准备几道典型题目在下次的线上课上提问或测试，以评估全体学生的学习状况。

（三）团队互动"诚"分享

线上教学中，如何组织学生开展团队合作，提高学生线上学习的热情，提高学生对学习活动的参与度，是教师必须认真思考和精心实施的。

笔者对 VBSE 实训平台中设计的课堂互动活动（折叠纸飞机、放飞纸飞机、问题研讨、选出最佳表现团队等）进行精心布置，提出明确的团队活动任务和具体要求，要求七家企业（线下上课时已经提前分好组）的团队成员在本企业总经理的组织下，分工合作完成活动，形成完整的活动方案，在规定时间上交。接到活动任务后，各企业总经理对团队成员进行了明确分工，通过小组视频会议、在线研讨等形式进行问题研讨，提交活动方案。在后续线上课上，教师依次选择一家企业的活动方案进行分享，诚邀这家企业的总经理阐述活动过程，团队成员就研讨的问题进行分享交流，教师和其他组的学生予以点评。

团队合作在线上教学中是非常有价值的，学生采用不同形式的线上合作交流，实现共享观点、完善知识理解，清晰地表达思维，增进团队的凝聚力。在团队合作活动中，采用开放式的问题可以增加学生对学习活动的参与热情，激发学生的创新意识；采用实践活动可以提高学生的参与度，锻炼学生解决问题的能力，增强学生的学习自信心。

三、线上教学评价与反思

科学的教学评价是教学工作决策的基础，"任何科学的教学决策都是建立在教学评价提供的具有说服力的评价结果基础上的"。线上教学应特别注重对教师教学效果的评价和对学生学习过程、学习成果的评价，以更好地促进教师的教和学生的学。"学习这件事既要关注过程也要关注结果，甚至我们应该对过程给予更多的关注，毕竟扎扎实实的过程才是最可靠的评价依据。"教师借助在线课堂提供的学生出勤、课堂练习答题情况明细、在线作业成绩等方面的数据分析，可以对学生进行过程性、量性评价。"教师还应该加强对学生学习结果的评价，例如运用教学云平台进行线上单元测试等，既为教师改进教学提供依据，又为学生调整自己的学习提供参考，更好地推动线上课堂学习"。而多元性评价的实施，尤其是加强学生的自评、互评，可以促进学生的学习进步和动态发展，调动学生的学习积极性。

笔者在 VBSE 实训课堂互动活动评比中，制订活动评比标准，将学生提交的活动方案打包发给各企业总经理，由他们组织本团队成员进行打分评价，最后汇总计算出各组平均分，作为团队成员本次活动的分数，并评比出优秀团队，促进学生根据外部获得的经验，学会独立地评价自己（团队）的学习结果，提高学习积极性和学习效果。

张玉香 / 济南信息工程学校

参考文献：

[1]［美］保罗·埃根，唐·考查克，教育心理学 [M]. 郑日昌，译. 北京：北京大学出版社，2009.

[2] 胡中锋. 教育评价学 [M]. 北京：中国人民大学出版社，2016.

[3]［日］田中耕治. 教育评价 [M]. 高峡，田辉，项纯，译. 北京：北京师范大学出版社，2011.

第三节　探构教学模式，优化线上学习样态

疫情背景下智慧赋能
小学语文云课堂教学模式探索

2022 年春，新冠肺炎疫情卷土重来，我们不得不离开美丽的校园，转战线上教学。经由 2020 年春线上教学的实践，我们已初步搭建起以钉钉、腾讯会议等网络平台为基础媒介的云端教学阵地，但是线上教学依然面临诸多挑战：课堂学习氛围不够活跃；学生学习兴趣不够浓厚，师生、生生互动不够充分；学生思维、自主学习等能力难以得到有效提升；学生学习质量的评价与监测，更是处于亟待探索之中……

笔者所在的学校是市级中小学"智慧校园示范校"，注重信息技术融于课堂教学的经验积累。笔者在积极借鉴运用信息技术的基础上，针对以上客观问题，结合新课标要求，对语文线上教学进行了以下创造性的大胆尝试。

一、技术联动，激发兴趣

线上教学，最大的局限性是无法实现师生、生生面对面、近距离的交互。教师希望关注到每位学生，但碍于学生对学习平台的操作不熟练，加之受线上教学时长限制，又少了些生动活泼的学习氛围，久而久之，学生上课注意力易涣散，发言机会较线下学习有所减少，学习兴趣也就渐渐淡了下来。我们该如何应对、改善这种局面呢？笔者提出通过丰富教学平台功能的方式来应对这种局面。

（一）腾讯会议与希沃白板联动，丰富云课堂量化管理

腾讯会议直播授课的互动功能仅限于投票和批注，无法及时有效地给予学生积极的评价和鼓励。为了能如线下学习那样牢牢抓住学生的注意力，笔者将

"希沃白板"与"腾讯会议"联动使用。利用腾讯会议的"共享屏幕"呈现希沃白板的课件，教师点击左上角开始授课。这时，腾讯会议的主界面显示的是希沃界面，底部任务栏里面的所有功能，如放大镜、批注、投屏、拍照、计时器等就都可以使用了。这些功能能有效辅助写字、关键词句理解、方法归纳等知识点教学。它还有班级优化大师的点名、接龙抽取、学生点评等师生互动功能，这样的多媒体技术联动使用，有效丰富了云课堂量化管理。

（二）AI 数字人助手进驻，烘托云课堂学习氛围

AI 数字人助手是腾讯智影出品的虚拟主播，播报内容由教师编辑，可反复播放。主播形象生动鲜活，带给学生极大的吸引力，吐字清晰，语速适当，可把教师提出的各项要求生动地送到学生耳中，云课堂学习的新鲜感油然而生。

线上教学讲究短时高效，这些技术的联动使用要因课而异。AI 数字人是一位暖场嘉宾、课堂助教，希沃白板也是为了提高课堂兴趣、突破教学重难点，教师要因课、因生、因时而用，而非流于形式，过度使用，让花哨的形式掩盖了教学的本质。教师一定要关注学生的情绪与接受程度，及时调整与改进教学进度，让智慧手段成为云课堂的助推器。

二、小组合作，提升能力

日常学习中，学生喜爱开展合作学习，因为在小组中，他们能够畅所欲言，是学习的主人。"腾讯会议"没有四人小组分组功能，如何让小组学习于云端依然有效开展呢？笔者把线下四人小组移到云课堂，每个小组单独建 QQ 群，小组名称和成员分工与线下学习完全相同，不同的是任课教师们都加入到云小组中，实时为同学们答疑解惑，实现云端教学师生同频共振。

（一）云小组，善合作

利用"云小组"，笔者创造性地开展了学生小讲堂，每个学生都能在四人小组群里发言。如为掌握四年级下册五、六单元线上学习质量，对学生进行了单元监测，借此对知识点查漏补缺。笔者请 AI 助手深入各小组布置讲题任务

和要求，小组成员分工合作，分析题意，解答要点。云小组内的讲题训练，不仅让知识点落实得更扎实，还提高了学生的思维能力，锻炼了表达能力，实现了学习能力的有效提升。

（二）云小组，巧探究

"合作学习就是大家通过共同工作来促进自己和他人学习效果最大化的一种教学方式。有效的合作学习必须满足四个要素，即积极互动、责任到人、公平参与和同时互动。"基于前置性学习任务的优化与布置，"云小组"依然能够实现组员之间的有效合作与探究。

如统编语文教科书四年级下册第四单元，探究《猫》和《母鸡》两课表达方法的异同：《猫》和《母鸡》册都是老舍先生的作品，读一读，比一比，两篇课文在表达上有哪些相同之处和不同之处？

云小组合作探究流程如下：

第一步：独立思考。学生独立阅读课文，借助思维导图或者表格列出相同点与不同点。

第二步：组内交流。组长发起群课堂，组员进入后，将自己的表格或思维导图拍照上传。其中一位组员交流汇报，其他组员边看边听，可提出自己的疑问。产生的疑问或组员讨论解答，或做好记录留待课上全班共同研讨。教师随机进入小组群查看，实时了解小组学习情况以及学生对知识的掌握情况，并相机辅导。

第三步：课堂抽查展示。云课堂直播，教师讲到该知识点时，利用优化大师随机抽取小组。组长作为代表展示讨论成果，其他同学进行补充。

云小组的设立，可与日常线下教学分组一致，也可根据线上教学的特殊性重新设立。每个小组要有明确的组名、成员分工，要有配套的积分奖励机制。在具体的云小组合作中，教师一定要以"探讨重难点，发散学生思维，锻炼学生语言表达能力与小组合作能力"为切入点，深入小组内，认真倾听，及时点评，尤其要关注待优生的表现，及时给予讲评、指导和鼓励，这样才能保持线上教学的温度和热情。

三、"问卷星"引入，把脉质量

学生居家学习阶段对于新知识的掌握情况，是家长最为关注的问题之一，同样也是教师们教学研究的焦点。新课程标准指出："过程性评价有助于教与学的及时改进……要依据评价结果反思日常教学的问题和不足，优化教学内容，改进教学设计，调整教学策略，完善教学过程。"如何把脉教学质量？笔者继续借力成熟的信息技术，将问卷星引入云课堂，于课前、课中和课后使用，辅助日常教学和阶段性质量监测。

（一）前置性摸底，研判学情，以学定教

如学习《记金华的双龙洞》一课时，围绕教学重点之一"厘清作者的游览顺序"设计选择题，开课之初，笔者通过腾讯会议对学生进行前置性摸底。

学生点击答案、提交，问卷星后台快速统计出对题率、各选项的选择率和出错名单。笔者便可以了解学生自主预习的具体情况，从而有针对性地把控授课侧重点，调控授课进度。

（二）阶段性闯关，把脉学情，有的放矢

居家学习近一个月，语文课程进行了两个单元。为系统了解学生云课堂学习质量，笔者将五、六单元基础字词、课文重点、文学常识等内容以选择题的形式组成综合练习，通过问卷星进行监测。通过语文云课堂，将问卷星链接发送至班级 QQ 群，学生无论是使用电脑、平板还是手机，点击链接均可答题。教师在腾讯会议端口进行远程监督。学生答题完毕，问卷星系统即刻生成反馈表格，全班整体作答情况、每个同学的完成情况一目了然，大大减轻了教师的统计、分析压力，教师们便可借助数据针对集中错题进行集体性讲解、反馈，也可精准对学生进行一对一指导。

问卷星是信息技术发展的产物，将其灵活地运用到教学中能帮助教师及时

发现教学中的问题，及时改进教学，快速完成课堂监测练习，掌握学生的学习情况，让线上学习形成"习得—闯关—评价"的闭环，是信息技术与课程融合的体现。问卷星是对传统纸制闯关形式的补充与变革，我们可以悦纳其新颖的形式，享受信息技术带来的便捷。同时，也要在了解学情的基础上，对问卷内容进行精心设计与编排，充分体现教学重难点，摸排学生的薄弱环节，从而更好地反作用于课堂教学的精细化改进。

四、智能云评价，促进发展

学生的居家学习状态，是学校、家长和教师们最为关切的。为了充分调动学生的居家学习兴趣、保持高昂的学习热情和良好的学习习惯，我们推行"3+X"评价模式，"3"即工具学科（语、数、英）教师、父母、小组内合作伙伴，"X"指学生其他共同居住人、综合学科教师，评价内容不仅限于学习，日常生活、劳动、锻炼打卡、手工制作等均包含在云评价与反馈中，从而让全环境育人真实发生。

有评价，便要有奖励。通过对不同小程序和软件的摸索、试运行，笔者隆重推出了"量子奖状小程序"，制作优秀小组流动红旗、优秀组长、网课段位升级、优秀作业、明星小主播等多种奖状。同时，请AI数字人助手在升旗仪式、班队会课、每日晨读等时间，播报评价结果，颁发鼓励奖状。云课堂的评价、奖励机制，智能化和仪式感一样也不少，共促学生综合素养全面发展。

综上所述，经由线上教学实践的探索与实施、反思，笔者认为，智慧赋能云课堂，无论是居家线上教学，还是日常生活教学，都有值得学习与推广的重大意义。

1.深挖教材，加强云教研，优化授课内容。因课堂时间有限，教研组前置性的深度教研尤为重要，化繁就简，推陈出新，将教学重难点精巧设计在教学环节中，环环相扣，扎实有效。

2.因时因地制宜，选择符合学情的技术手段或技术联动组合。结合学校现有技术支持和教师个人对技术手段的熟悉运用程度、学生的接受程度，我们可以酌情选择技术手段或技术联动组合，循序渐进地推动传统课堂教学的智慧化演进。

3. 落实小组合作，教师深入小组，保证合作学习的效果。小组合作机制是自学、互学的有效形式，也是学生主体性、能动性的体现，但并不意味着教师可以"全身而退"。我们还是需要深入小组合作中，跟进了解学情，尤其需要关注待优生在小组内的角色和表现，以期实现全员的参与和进步。

4. 跟进闯关，及时反馈，注重家校沟通。线上教学的闯关检测活动完全适用于线下教学。及时、有效的可视化反馈内容，提高了教学的效率和质量，也能够更加有的放矢地进行家校沟通，赢得家长的理解、重视和帮助。

浓厚的教研氛围，智能化的技术联动，推陈出新的授课模式和合作、评价、反馈机制，让课堂越发生动鲜活。我们将继续探索和创新课堂教学模式，并进行线上线下的有机衔接，于日常教学中，继续"让教育真实地发生"。

万晓 / 济南市市中区育秀小学

参考文献：

[1] 牟尚婕，潘鸳鸯，盛群力. 聚焦卡干合作结构法：使合作学习成为课堂常态 [J]. 课程教学研究，2015（3）.

[2] 中华人民共和国教育部. 义务教育语文课程标准（2022 年版）[M]. 北京：北京师范大学出版社，2022.

三微联动　构建"悦生"云课程
——小学低年级线上德育的研究与实践

　　线上教学期间，由于行动受限，教育的场景、方式状态和效果等都面临着新的挑战。在此背景下，学校从以人为本的角度重新审视道德教育，克服线上德育师生互动受限、缺乏现场感、情感因素削弱等问题，"疫"中取材，将爱国主义教育、生命教育、心理教育等庞大的德育素材进行有效设计和建构。在学校已有"悦生六季"课程体系下，通过三微联动，即微课程创生——聚焦核心素养，构建"多维"课程内容；微课堂研磨——实践为主，融合"多元"实施策略；微情感联动——以发展为基，体悟"多彩"生命成长，构建并实践了以道德与法治课程为核心的"悦生"云德育课程。"悦生"云德育课程将社会事件转化为道德教育契机，注重儿童道德体验，指导生活智慧，赋能生命发展，帮助学生实现对社会主义核心价值观的理解、认同和内化。

一、立足"立德树人"根本任务，建构"悦生"云德育课程

　　《中小学德育工作指南实施手册》指出："要围绕课程目标联系学生生活实际，挖掘课程思想内涵，充分利用时政媒体资源，优化教学方法，注重学生的情感体验和道德实践。"学校立足"立德树人"的根本任务，聚焦道德与法治核心素养，挖掘疫情中具有教育意义的德育素材，融合各学科和德育内容，从"德育课程"转向"课程德育"，构建并实践了"悦生"云德育课程。（见下图）

　　"悦"指向情感体验、情感认同，"生"指向生态、生命、生长。"悦生"云德育课程通过微课程创生"多维"课程内容，微课堂研磨实施"多元"教学策略，微情感联动"多彩"生命成长，追求道德情感的体验认同、身心愉悦地健康生长，落实立德树人的根本任务。

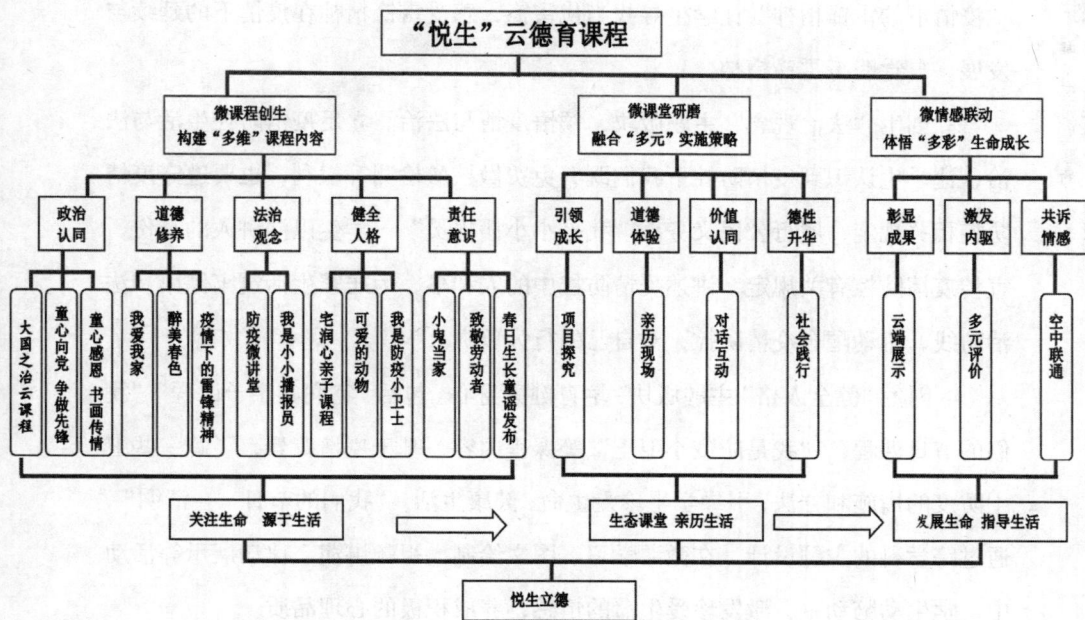

"悦生"云德育课程的构建与实施

二、微课程创生——聚焦核心素养，构建"多维"课程内容

课程以道德与法治政治认同、道德修养、法治意识、健全人格、责任意识五个维度的核心素养为目标，以跨学科结构化方式组织课程内容，形成具有童趣性、活动化、主题式特点的"悦生"云德育课程群组，注重德育教育的思想与价值引领，将"爱国情、强国志、报国行"有效融入课程实践中。

（一）聚焦核心素养，凸显思想与价值引领

1. 创生"政治认同"主题版块，厚植家国情怀。课程包括"大国之治云课程"，让学生领会中国秉持"人类共同体"的理念，展现"大国风范"，感受国之力量；"童心向党，争做先锋"，让学生参加志愿服务，践行战"疫"精神。

2. 创生"道德修养"主题版块，传承中华美德。课程内容主要包括"畅听美德故事""醉美春色""慧吟经典"等子课程。引导学生在战"疫"这一特殊时期，传承践行爱国奉献、明礼遵规、自强自律等中华美德。例如，

"疫情下的雷锋精神"让学生寻找当代雷锋，感受雷锋精神在疫情下的延续与发展，自觉践行雷锋精神。

3.创生"法治观念"主题版块，领悟疫情与法治。立足疫情防控生活与法治，让学生认识到疫情防控下我们既有免费做核酸检测等权利，也要遵守疫情防控相关规定，履行公民义务。"我是小小播报员"，学生以演讲人的身份，宣传疫情防控有关规定，讲述疫情防控中的人和事，为居家生活筑牢健康和法治防线，主动配合疫情防控，对自己的行为负责。

4.创生"健全人格"主题版块，培育健康身心。包括"宅润心亲子课程""我们的节日课程""我是防疫小卫士"等课程内容，基于疫情背景，了解一些卫生防疫的措施和方法，引导学生珍爱生命，健康生活。"我们的节日——清明"，通过跨学科的主题设计，在微课学习、图文绘制、视频讲演、律动展示等活动中，学生动脑动手，激发珍爱生命的情感，养成积极的心理品质。

5.创生"责任意识"主题版块，践行责任与担当。引导学生形成主人翁意识，懂得责任担当。"小鬼当家"引导学生积极学习生活技能，参与居家劳动，用自己的实际行动为抗疫贡献力量。"致敬劳动者"通过"云采访""云观察""云颂歌"等系列活动，了解父母的职业，自创童谣儿歌，表达对劳动者的无限敬意，增强担当精神和参与能力。

（二）基于儿童视角，生成生活智慧

"悦生"云课程内容关注低年级儿童的身心发展规律，植根儿童的生活，从"自我服务""家庭服务"到"学校服务"，再到"社区服务"，践行"家国责任担当"，"坚持学科逻辑与生活逻辑相统一"，基于儿童视角，激发责任意识，培养正确价值观，生成生活智慧。

"慧吟经典"针对线上学习自律性较差的现状，将经典诵读与品格教育相结合，让宅在家里的学生学会珍惜时间，懂得自律，让诗词浸染品格教育的色彩。"宅润心亲子课程"通过亲子小游戏，释放孩子在家学习的烦闷、焦虑情绪，增强亲子间的亲密感。

三、微课堂研磨——实践为主，融合"多元"实施策略

《义务教育道德与法治课程标准（2022年版）》指出："要积极探索议题式、体验式、项目式等多种教学方法，引导学生参与体验，促进感悟与建构。"线上"云"德育的实施，基于学生立场研磨微课堂，进行项目探究，强化师生互动、生生互动，以实践体验为主体，亲历道德现场，践行道德实践。

（一）注重项目探究，引领成长需求

发挥项目研究的优势，助力儿童居家自主学习、探究学习，关注学生生命成长和健康生活。"健康的我"通过"防疫与健康""运动与健康""心理与健康"几个方面，指导学生健康生活，应对疫情：练习手势舞，学会洗手，学会正确佩戴口罩；"小鬼当家"，学会清理房间；制作作息表，健康生活，提高自身免疫力；指导居家运动——舞韵瑜伽，锻炼身体，陶冶情操……用探究的方式体验生活，珍爱生命，学会自我保护，智慧生活。

（二）注重对话互动，实现价值认同

"云德育"绝不是教师的独角戏，而应该是屏幕两端的平等对话和温馨互动，只有基于这样的立场，才能保证对话的畅通、交流的对等、体验与表达的互动，才能真正实现价值的认同。在"醉美春色"微课程中，教师从校园里的最美春色——紫槐花开开始谈起，让学生聊一聊自己眼里的最美春色。开始，孩子都集中谈论春天的景物：怒放的樱花、依依的杨柳……直到小雅说"我觉得楼下的'大白'是最美的"，一语惊起千层浪，"对，志愿者是最美的。""医务工作者是最美的。"……一场关于"最美春色"的讨论，在对话交流互动中水到渠成地实现了价值认同。

（三）注重体验感悟，亲历道德现场

活动体验是儿童成长的一种文化形式，引导学生在浸润式的活动体验中主动探究道德问题，亲历道德现场，用心感悟，达致明理。在"小豆芽成长记"

中，学生水培豆芽，观察豆芽生长，体会生命历程，理解生命循环价值，动手炒出美味的豆芽。这一过程激发孩子生活乐趣的同时，使孩子亲近自然，珍爱生命，初步养成坚持心和责任感。

（四）注重社会践行，实现德性升华

新课标指出"鼓励学生学以致用，知行合一"。践行作为主体性德育实施的路径，有助于生命主体感悟德知、升华德情，实现德性内化于心、外化于行。"我劳动我幸福"中，回报家人之爱，劳动节学做一道美食，从洗菜、择菜到下锅亲自烹制，体验长辈对自己的点滴之爱，并学着回报深情，传递幸福。

"春日生长——童谣发布会"，以春为主题，以童谣创作为载体，致敬身边的逆行者，孩子们和家长一起观察、构思、取材，从小区的"看门人"、楼下的"大白"、献爱心的志愿者、线上"最美直播者"……用稚嫩的文笔，讲述普通人不普通的故事，这也是成为一名践行者最大的原动力。

四、微情感联动——以发展为基，体悟"多彩"生命成长

现代德育要求提高学生的主体地位，将知识获取型转向经验导向的道德发展样态。因此，云德育课程不仅要关注教师"教的成效如何"，更要关注学生"学的如何"和"如何更有效地学习"。

（一）云端展示，彰显成果，激发活力

创新德育教育成果展示方式，鼓励孩子们将自己劳动的场景、做的亲子游戏、舞韵瑜伽、孝敬父母、服务社区等德育学习的过程和成果以照片、视频、记录表等形式上传到群相册或人人通空间。教师将这些优秀的作品制作成公众号文章、视频，及时在学校和教体局网站进行推送，吸引了家长的点击观看，催生了一大批优秀的"上镜小达人"。举办"我的厨艺秀""最美战'疫'人""云端绘画展"等活动，人人都有展示机会，人人都是最美"锦尚娃"。

（二）多元评价，激发内驱，赋能成长

关注儿童在整个线上学习期间生活习惯养成、自理能力提升、心理情绪缓

解等方面的表现，巧用教育云空间，学生将自己的实践作业上传到群相册或者空间平台，教师及时查看，予以评价反馈，同学们之间及时点赞，互相学习。将学生的学习作品制作成微视频，推送云平台进行宣传，激发了学生成长的内驱力，增强参与德育实践活动的积极性。

创新云评价形式，制作电子心愿瓶，把学生平时线上学习积累的星星放进瓶子里，反馈给学生。为每周的达标者颁发电子奖状，及时展现学习成果，提高线上育人效果。

（三）空中联通，解疑答惑，共诉情感

利用腾讯会议、QQ 群、微信等方式，搭建起一个互动交流、分享美好生活的线上平台，感受师生交流的温暖，获得抗疫的力量。每周的"云班会"，解答家长和孩子的困惑，以专业的视角给予指导和帮助；"锦云之声"微课展播，播放防疫信息，展示亲子才艺，激励孩子成长。多元化的沟通，架起了温情之桥，助力学生快乐成长。

"悦生"云德育课程，根据低年级孩子特点，结合当下疫情，立足价值认同，把握德育内涵，创新教学方式，让课程走上通向幸福的桥梁。

王霞／平阴实验学校锦尚校区

参考文献：

[1] 教育部基础教育司 . 中小学德育工作指南实施手册 [M]. 北京：教育科学出版社，2017.

[2] 中华人民共和国教育部 . 义务教育道德与法治课程标准（2022 年版）[M]. 北京：北京师范大学出版社，2022.

[3] 杨一格，黄甫全 . 德育课程实施创新：来自神经科学的启示 [J]. 中小学德育，2022（2）：14-18.

线上教学中培养
"作出科学假设"能力的教学模式研究

——以"探究影响植物蒸腾作用的因素"为例

培养学生科学假设能力是包括生物教学在内的自然科学的重要目标。线上教学的开展对教学又掀起了新一轮的挑战，是挑战，也是机遇，"以何种形式的教学模式，才能更好地利用线上教学的优势，培养学生科学假设能力"成为笔者深思的问题。结合学生特点，经过几轮的教学实践，笔者设计出利用思维导图、在线学习资源等，在线上教学中培养学生"作出科学假设"能力的操作流程，并总结若干实施策略，为初中生物学教师如何培养学生作出假设能力提供一些参考建议，为教师线上教学提升教学效果提供依据。下面笔者将以"探究影响植物蒸腾作用的因素"为例对教学模式进行描述。

一、模式的操作流程

线上培养学生"科学假设"能力教学模式分为作出假设准备阶段、确立假设中心观点、假设的验证与完善、假设的评价四个过程，在过程中应用头脑风暴、思维导图、在线学习资源等手段或工具，每个过程之间都有师生互动、生生互动，相互循环，整个流程也是一个迭代完善的过程，学生是活动的主体，教师仅以组织者、引导者的角色出现，协助学生完成整个教学过程。

二、模式的实施过程与实施策略

（一）作出假设准备阶段

创设生动的情境，更利于学生产生探究兴趣，产生科学问题，提高作出假设的能力。作出假设过程，学生必然要经过资料汇集、判断、比较、选择，以及相应的分析、综合、概括等认识活动，也必然要与课外知识关联，与生活结合，与自己先前的经验联系。教师描述自然现象，引导学生回忆场景"大树底下好乘凉""酒精涂抹皮肤后感觉凉爽",解释原因并拓展描述蒸腾作用对于植物的意义。

（二）确立假设中心观点

1.头脑风暴确定变量，初建导图，提高假设独创性

线上构建学生学习小组，教师进入每一个小组。本环节小组内部限时（十分钟左右）讨论，初步构建思维导图，讨论过程中，教师线上巡视，鼓励学生，创设轻松、民主的氛围，激发学生思考，培养学生的发散思维。如有学生问"中午不能浇花是不是因为蒸腾作用"，教师以三个问题引导学生思考，"盛夏气温很高，花卉叶面的温度可高达40℃，你觉得蒸腾作用的强度会怎样变化""如果此时浇冷水，土壤温度会怎样变化？根毛受到低温的刺激会怎么样""由于花卉体内没有任何准备，叶面气孔没有关闭，水分失去了供求的平衡，又会怎样"，三个问题层层逐步深入，围绕蒸腾作用，引导学生体会炎热的夏天不宜浇花，并知道了"天竺葵、茑萝、翠菊等最忌炎热天气中午浇冷水，为此夏季浇花以早晨和傍晚为宜"，丰富了学生的生活经验。

直觉、顿悟等非理性因素是作出假设的一种机制，假设的综合能力是一种重要的创造性思维能力。在该环节中教师要注意以下两点：

（1）营造自由氛围，不受约束。教师要按照师生平等原则与鼓励思考原则，创造轻松、自由的线上讨论氛围，鼓励学生从不同层次、不同角度大胆想象，勇于标新立异，让思维自由拓展，提出更多更具独创性的想法。

（2）引导学生注重假设变量产生的数量。在讨论时间内，教师要引导各小组所有成员尽量思考，多提假设变量，后期环节中讨论与甄别假设的合理性与科学性。就某种角度而言，头脑风暴产生的设想越多，创造性的设想出现的可能性就越高。

2.提供在线学习资源，作为脚手架，提高假设支撑度

教师线上上传资源包至每个学习小组，学生进行阅读，并初步定下讨论的

内容——影响植物蒸腾作用的因素包括阳光、土壤、温度、水分以及植物的自身条件，针对以上方面，小组同学展开讨论。线上讨论过程中，学生主动搜索相关知识，如水分对蒸腾作用的影响等，生成较多的在线学习资源，教师选择优质资源分享至其他各组。30分钟后，讨论基本结束，按照分工，对假设进行整理，并组内分享收获。

资源型学习支持是指对学生进行在线学习的各种支持手段，帮助学生及时准确地获得所需的信息资源，激发学生的学习兴趣。合理的网络资源可以引导学生的学习面，对实现学习目标起主导作用。在线资源则通过视觉、听觉等多种感官刺激，激发学生的学习热情，提升学生专注力，从而提高学习效率。在充分了解学生认知及能力基础的前提下，教师以学生的视角设计在线资源。

预设性在线学习资源分类

序号	资源内容	资源媒体形式
1	光照强度	视频
2	温度	图片
3	空气流动速度	
4	气孔	图片、文字
5	叶片表面积	实验视频
6	根冠比	视频

（三）假设的验证与完善

学生按照教师引导对思维导图进行最终修改，教师引导学生就某一变量设计实验。教师要向学生强调控制变量的重要性，鼓励学生大胆尝试，具体感知控制变量的方法。这一环节让学生亲自尝试设计实验方案，尝试交流并修正实验方案，通过交流研讨，深化学生对控制变量的认识。教师在引导学生分析以

"土壤"为变量的实验时，增加这样一个问题：土壤是一个变量吗？如果是，你认为如何设计实验证明你的想法？要求用简洁的语言说出实验方案。学生说："土壤和水是一个变量。"从学生的回答可见，学生在设计实验方案时考虑到了单一变量原则，但对变量的可验证性考虑不足。教师引导："土壤是整体，有很多个指标可以用来描述土壤：湿度、温度、无机盐含量，等等。"学生很快就表示理解，修改假设为"土壤湿度能够影响蒸腾作用的强度"，并再次进行设计，变量更明确，实验设计更易操作。在该环节中教师要注意以下三点：

1. 小组讨论过程中，成员间要互相补充、互相学习。在此过程中，学生将对导图中的假设进行修正与重组，实现自我反思，利于学生批判思维的培养。该形式中，学生讨论中容易产生分歧，教师需在线上巡视的过程中，强调合作，掌控课堂教学秩序。

2. 教师要引导学生从生活经验中寻找证据，尝试用假设解释其他现象，对其假设的科学性进行验证，使学生体会到证据在科学研究中的重要性。

3. 教师可以组织学生以小组为单位，围绕产生的假设，尝试设计探究的实施计划，体会假设的可验证性以及假设在探究中的导向作用。

（四）作出假设的评价

学生作出的假设需要学生对自己的思维进行不断监控、选择、调整与评价，尽可能提高假设结果的合理性和科学性。作出假设的评价作为该流程的最后环节，教师应重视学科知识与推理思维的能力，引导学生提高思维导图、在线学习资源的使用效率，将思维能力的培养充分融于课堂教学中，一方面注重假设的规范性、可验证性，另一方面也要考虑学生通过发散思维、类比、归纳等方法来进行自主学习。通过评价，学生可以发现假设思维过程中的缺陷，从而在不断反思中提高自己作出假设的能力。

以小组为单位自评与互评，评价前对评价标准解读，以加深学生对作出假设的认识。评价内容分为假设评价、工具使用评价及合作情况评价三个部分，其中假设评价主要涉及变量数多少、语言是否规范、假设是否科学、可验证、独创性五个方面，涵盖了作出假设相关特点；工具的使用评价，主要涉及思维导图及在线学习资源的使用情况，目的是引导学生更有效地利用思维工具，巩固学生在资源中搜集信息、提取知识的意识；合作情况评价主要涉及小组成员间的分工及参与情况。

三、对模式的反思

本研究以思维工具及在线资源为教学支架，为生物学科，尤其是中学生物学科提供了一个可借鉴的流程。通过实验研究与访谈，我们发现该策略与传统教学策略相比，学生的科学假设能力、学习兴趣、合作能力等都有提高。但是由于时间较为紧张，个人研究水平有限，研究还存在不足。第一，研究深度不足。研究实施三轮后，经过多个平行班应用，通过观察记录与访谈的方式评价模式的应用效果，后期应对该模式继续深入实施。第二，信息化手段应用不充分。虽然在整个过程中运用了多种思维工具，但信息技术化程度还远远不够，在今后将尝试将多种信息化手段合理地应用于该模式的研究中。

李晓茹、李昌艳 / 济南市钢城区金水河学校

参考文献：

[1] 黄鹤 . 初中生物学科探究教学现状分析 [D]. 长春：东北师范大学，2012.

[2] 许应华，徐学福 . 论科学假设能力的结构与培养 [J]. 课程·教材·教法，2012，32（4）:86-91.

[3] 邵江樵 . 生物教学中构建学生科学探究能力的策略 [J]. 中学生物教学，2007(11):22-25.